개정판

글로벌시대 공존전략

글로벌 시대 공존전략

조혜원·고영구·김희진·이민주 공저

개정판

동문사

머리말

우리는 한 국가의 시민이자 세계시민으로서의 공존을 고민해야 하는 글로벌 시대에 살고 있다. 글로벌 시대라고 하면 국제화나 세계화라는 단어가 떠오를 것이다. 국제화(internationalization)는 국가 단위의 활동이 자국을 벗어나 다른 국가로 진출하는 것으로서 한 나라가 경제 · 정치 · 사회 · 문화적으로 다른 여러 나라와 교류하는 것을 의미한다. 여기에서 더 나아가 세계화(globalization)는 국가 개념에서 벗어나 세계가 하나의 체계로 나아가는 현상을 가리킨다. 예를 들어, 경제의 측면에서 봤을 때, 국경에 따라 시장을 구분하지 않고 전 세계를 하나의 시장으로 보고 경쟁하는 것을 의미한다. 세계화 시대, 즉 글로벌 시대에는 대한민국 밖에서 일어나는 세계 경제와 국제 정책의 영향, 그리고 전염병 같은 보건 위기 등이 우리나라에도 직접적인 영향을 준다. 최근 예로는 전 세계를 뒤흔든 코로나바이러스감염증-19(코로나19) 사태가 있다. 호흡기전염병인 코로나를 예방하기 위해 마스크 착용과 사람 간의 거리두기가 생활화되었고, 재택근무와 수업이 일반화되었다. 독일 정부는 코로나19 사태를 2차 세계대전 이후 최악의 참사라고 규정하였고, 일본 정부는 2020년 도쿄 올림픽을 1년 연기하였다. 이처럼 한 국가에서 발생한 전염병이 이동 수단의 발달과 일상화된 해외여행 등으로 인해 사람을 통해 삽시간에 세계로 전파되어 영향을 미친다.

세계화는 경제, 정치, 사회, 문화, 환경 등의 여러 방면에서 영향을 미쳤고, 오늘날의 국제환경에서 고려해야 할 필수 불가결한 요소라고 할 수 있다. 물론 그에 따른 부작용도 있다. 경제적 · 정치적으로 우세한 세력에 종속되는 현상 강화, 자문화에 대한 정체성 약화, 무분별한 외래 대중문화의 유입 등이 그것이다. 이런 문제들을 인식하고 현명하게 대처해나가는 것 또한 이 시대를 살아가는 우리가 해나가야 할 일이다. 그러므로 우리는 이 책을 통해 이전 어느 때보다도 다양한 문화의 영향권 내에 있는 현세대를 위해 글로벌 시대의 흐름을 이해하고, 이 시대를 살아가는 데 필요한 능력과 정신은 무엇인지를 제시하고자 한다. 이와 더불어 정부교육정책에 부합하고 학문 및 실용 분야에 적합한 교양교육과정의 필요성을 반영하여 수요자 중심의 융복합 교육 개발에 이바지하고자 한다.

우리는 어떠한 시대에 살고 있고 이 시대에서 무엇을 추구하며 살 것인가? 시대 흐름 속에서 개인의 역할은 무엇이고, 삶의 과제 · 목표들을 어떻게 설정해야 하는가? 또한, 그 목표를 이루기 위해서는 어떠한 능력이 필요한가? 이와 같은 질문에 대한 답을 고민하면서 현시대를 인식하고 필요한 역량과 자세를 갖출 수 있도록 이 교재 내용을 구성하였다.

이 책은 크게 세 부분으로 구분된다. 첫 번째 부분(Chapter 1~3)은 글로벌 시대에 필요한 소통 능력의 중요성을 강조한다. 글로벌 인재의 필수 조건이라고 할 수 있는 글로벌 언어소통 이해, 외국어 능력의 필요성과 습득에 관해 설명한다. 그리고 상황에 맞게 세련된 소통을 할 수 있도록 다양한 문화 내에서의 매너를 제시하고, 우리와 다른 문화의 관습 등을 보여준다. 두 번째 부분(Chapter 4~6)은 국제사회와 타문화를 이해하는 능력의 중요성을 강조한다. 인종차별, 국제분쟁, 국제 개발 협력 등을 이해하며 세계시민의식을 키우고, 기후변화, 바이러스 팬데믹, 빈곤 등의 국제사회 문제 등을 인식하도록 돕는다. 또한, 문화 간 커뮤니케이션과 문화적 맥락의 개념을 배우고, 미디어와 문화 콘텐츠를 통한 다문화 이해와 감수성에 대해 논의한다. 마지막 부분(Chapter 7~9)은 글로벌 인재가 되는 데 필요한 도전정신을 강조하면서, 자기 탐색을 통한 목표설정, 그 목표 달성을 위해 꾸준히 나아가는 데 필요한 자신감과 열정, 그리고 자신의 능력을 향상시키기 위한 적극적인 자세 등을 이해하도록 도움을 준다.

이 책은 다양한 전공 분야의 집필진이 참여하였다. 여러 가지 어려운 상황 속에서도 성실히 집필해주신 고영구, 김희진, 이민주 교수님에게 책임저자로서 감사 말씀드린다. 아울러 책을 출판해 주신 동문사 관계자분들에게도 감사를 드린다. 많은 학생이 글로벌 시대에 필요한 능력을 개발하고 자신의 비전과 목표를 성취하는 데에 이 책이 일조할 수 있기를 바란다.

2023년 1월

조혜원

Chapter

01

글로벌 언어소통

1. 외국어 구사의 필요성[1)]

외국어 교육이란 다른 나라의 언어를 습득시키는 교육으로, 외국어 학습을 통해 그 나라의 문화와 사상 등을 올바로 이해하는 데 그 목적을 둔다. 언어에는 한 민족의 생활양식 · 민족성 · 역사 등 모든 것이 반영되어 있고, 언어와 문자를 통해서 이들을 접할 수 있으므로 외국어는 그 민족을 이해하는 열쇠가 된다고 할 수 있다. 따라서 외국어 교육은 다른 나라의 문화를 습득하고 사상(思想)을 교환하며, 경제적 교류를 하는 등의 활동을 원활하게 그리고 직접적으로 할 수 있는 기초적 능력을 길러주는 것이라 하겠다. 따라서 문화의 상호교류가 국가적 측면에서 본 외국어 교육의 의의라면, 개인적으로는 널리 국제적 시야에서 사물을 통찰할 수 있는 인간의 양성이라는 데 그 의의를 두고 있다(한국학중앙연구원, 2007). 특히 21세기는 산업화, 정보화, 국제화가 가속화되는 사회변화의 추세에 비추어 국제적인 인재 양성의 필요성이 강조되고 있다. 동양과 서양의 여러 언어와 문화에 대한 연구를 통해, 인간의 정신과 삶을 이해하는 동시에 세계화의 흐름에 맞추어 실용적 언어 구사 능력을 갖춘 인재를 필요로 하고 있다. 세계화 시대를 주도할 인재 양성을 위해서는, 동 · 서양의 여러 언어와 문화 연구를 통해 외국의 문화를 이해하고 시대의 흐름에 맞춰 외국어 언어능력을 갖춘 글로벌 인재를 양성해야 한다.

글로벌 시대를 맞이하여 부각되는 것이 언어의 세계화 현상이다. 인류의 역사에서 고대에서 중세기간 중에는 라틴어가 서양의 세계어로 공용화되었고, 그 후 수 세기 동안 프랑스어, 스페인어 등이 주로 서양에서 세계어로 사용되었으며 지금까지도 광범위하게 사용되고 있지만, 근대 이후로 영어가 지배적인 세

1) 김상철(2012). pp.277-279; 유종현(2010). pp.33-36 참고 보완.

계어로 통용되고 있다. 더욱이 21세기 세계화 시대를 맞이하여 전 세계 인류가 상이한 언어 장벽에서 비롯되는 의사소통의 어려움을 극복하고 편리하게 사용할 수 있는 공통언어로서의 세계 공용어를 필요로 하게 되었다. 영어권 지식인들은 "세계는 영어다."라고 주장하기도 하였는데, 언어학자 조슈아 피셔맨(Joshua Fishman)은 세계의 많은 언어 중에서 국제어로 상용될 수 있는 언어의 구비 조건을 첫째, 특정 인종집단에 속하지 않을 것. 둘째, 특정 종교집단의 언어가 아닐 것. 셋째, 특정 이데올로기 집단에 속하지 않을 것 등을 강조하며 영어의 국제 공용화 가능성을 주장하였다. 프랑스어나 스페인어도 세 가지 조건을 구비하고 있지만 현실적으로 영어가 지배적으로 사용되고 있음을 부인할 수 없다.

영어는 현재 세계의 공통어로서 세계 전 지역에서 통용되고 있다. 영어는 과거 영국의 식민지였던 영연방 53개국에서 100여 년간 교육과정을 거쳐 자유롭게 사용되고 있다. 영연방 인구는 약 15억으로 추산되며 지구촌의 어디에서든 여러 민족 간 또는 서로 다른 문화와 언어를 가진 사람들 사이에서 의사소통 매체로 쓰이고 있다. 뿐만 아니라 현대 학술, 첨단 과학과 기술 용어로 거의 보편화되었으며 특히 인터넷 디지털 시대를 맞이하여 국가 경쟁력 향상에 필수적 언어로 자리 잡고 있다. 오늘날 유엔의 각종 회의에서는 영어, 프랑스어, 러시아어, 중국어가 공동으로 사용하고 있으며, 기타 국제회의에서는 영어만 사용하기도 한다. 유럽연합(EU)에서는 27개 회원국들이 모두 각각의 고유 언어를 사용하더라도, EU의 공식문서는 영어로 번역하도록 의무화하고 있다, 일본은 영어를 제2공용어로 채택하였으며 한국에서도 영어 사용의 중요성을 강조하고 있다. 그러나 영어가 전 세계 공용어로서 통용되는 현상에 대한 비판의 목소리도 만만치 않다. 이른바 영어의 국제 공용어화를 영어 제국주의(English imperialism)라고 평가하는 시선이 바로 그것이다. 영어와 더불어 영미문화를 동시에 수용해야 하는 것은 물론 영어가 국제어로 널리 통용됨으로써 다른 언어의 지위가 상대적으로 낮아지게 될 것이고 이로 인해 그 나라의 민족적 전통

성과 정체성 상실을 우려하는 인식 때문이다. 이처럼 영어공용화에 대한 비판적인 시각은 주로 탈민족주의라는 점에서 반대하고, 민족 정체성 소멸에 대한 우려를 그 이유로 들고 있다. 그러나 글로벌 시대를 맞이하여 치열한 국제 경쟁에서 살아남으려면 영어를 비롯한 외국어 학습은 필수적이라 하겠다. 아시아 국가인 싱가포르는 1950년대에 영어 구사의 중요성을 인식하고 영어를 집중 교육시킨 결과 1975년에 이미 40대의 27%가 영어를 구사하였고, 20세 미만에서는 90% 이상이 영어를 능숙하게 구사할 수 있게 되었다. 또한 영어의 세계 공용어화에 가장 적극적으로 반대하였던 프랑스는 2002년부터 초등학교 5학년에 해당하는 학생들에게 영어를 비롯한 외국어 교육을 의무화하였고, 2008년부터는 초 중등학교에서 본격적인 영어 몰입교육을 실시하기 시작하였다. 이러한 영어 중심의 외국어 학습 추세는 현재까지 이어져 비영어권 지역에서는 영어를 선호하고, 영어권 지역에서는 중국어를 선호하는 경향으로 나타나고 있다. 영어 공용화 논쟁은 지속되겠지만 글로벌 시대에서 세계 공용어의 필요성은 점점 높아지고 있으며, 전 세계 정보의 80%가 영어로 소통되고 있다는 점을 반드시 인식하고 있어야 한다.

오늘날 세계는 미국, 유럽(EU), 아시아(한국, 중국, 일본 등)의 3대 세력으로 재편되고 있다. 아시아의 일원인 한국인으로서 글로벌 시대를 맞이하여 치열한 국제 경쟁에서 살아남으려면 영어 학습은 필수이며 외국어 교육은 매우 중요하다. 지구촌을 무대로 활동할 세계인으로서, 21세기를 살아가기 위해서는 반드시 영어를 비롯한 외국어 능력을 향상시켜야만 한다. 국제 경쟁력을 갖추기 위해서 영어 구사능력을 양성하는 것은 주요한 과제이며 바로 개인과 국력의 척도가 된다는 점을 잊지 말고 외국어 학습에 매진해야 할 것이다.

워크시트

1. 외국어 학습 경험

내가 학습했던 외국어는 무엇인지 말해보시오.	
언제 처음 외국어를 학습하기 시작했는지 말해 보시오.	
어디에서 외국어를 학습하였는지 말해 보시오.	
어떤 방식으로 외국어를 학습하였는지 말해 보시오.	
간단한 외국어 자기소개를 하시오.	
스스로 평가하는 외국어 수준을 말해보시오. (상/중/하)	

2. 외국어 학습 유형 파악하기

□ 혼자 공부하기보다 친구나 선생님과 함께 학습하는 것을 선호한다.

□ 조용히 앉아서 학습하는 것보다는 움직이며 학습하는 것을 선호한다.

□ 교재나 책보다는 영화, 드라마와 같은 영상물로 학습하는 것을 선호한다.

□ 선생님의 학습 방법보다는 내가 주도적으로 학습하는 것을 선호한다.

□ 외국어 노래 듣기를 좋아하고 춤추는 것을 좋아한다.

□ 내가 잘하는 것을 주변 사람들에게 자랑하고 싶어 한다.

□ 외국어 학습 시간이 오기를 기다린다.

□ 외국어에 대한 자신감이 높은 편이다.

□ 리더십이 있는 편이다.

10~9개: 집중력이 다소 약한 산만한 유형
8~6개 : 친구를 좋아하는 사교적인 유형
5~3개 : 알고 있는 내용을 말로 전하기 힘들어하는 유형
2개 이하: 외국어(영어)를 싫어하고 기피하는 유형

출처: https://m.blog.naver.com/PostList.naver?blogId=clumsy0 참고 보완

2. 외국어 능력과 학습

1) 글로벌 역량과 외국어 능력

글로벌 역량은 세계화 시대를 살아가는 이들이 갖추어야 할 능력이다. 이는 다양한 역량을 포함하는 개념으로서 그중 하나가 외국어 능력이라고 할 수 있다. 글로벌 인재를 육성하는 데 필요한 외국어 능력과 학습에 관해 설명하기 전에, 글로벌 역량에 대한 개념부터 이해할 필요가 있다. 글로벌 역량에 대한 개념은 UN의 지속가능발전 의제 및 OECD의 국제학업성취도평가(PISA)와 관련하여 설명할 수 있다. 2015년 UN 총회에서 '2030 지속가능발전 목표'를 발표하였다. 여기에서 설정된 17개의 목표는 인류의 번영과 평화, 생태계 보전 및 개발의 조화, 그리고 글로벌 파트너십을 위하여 전 세계 공동의 행동과 노력을 촉구한다. 지속가능한 발전목표의 네 번째 목표인 '양질의 교육'의 세부목표 중 하나가 세계시민의식(Global citizenship)과 문화 다양성(Cultural diversity) 등의 교육을 통한 필요 지식 및 기술 습득이다(UN, 2015). 세계시민의식과 문화 다양성의 교육은 글로벌 역량 증진 교육과 일맥상통한다.

글로벌 역량에 대해 구체적인 척도를 제시한 OECD의 국제학업성취도평가(2018)는 글로벌 역량을 다차원적인 평생 학습 목표라고 정의하고, 세부적으로 지식, 인지 기술, 사회적 기술과 태도, 가치관 등의 네 가지 영역으로 구분한다. 예를 들어, 글로벌 이슈를 검토하려면 특정 이슈에 대한 지식, 이런 이슈를 깊이 이해하기 위한 기술, 이슈를 다양한 문화적 관점으로 보려는 태도와 가치관 등이 필요하다(p.169). 글로벌 역량을 갖춘 인재는 지역, 세계, 문화 간 이슈를 검토하고, 타인의 관점과 세계관을 이해하며, 타인을 존중하면서 성공적으로 소통할 수 있어야 하고, 집단의 복지와 지속성에 대해 책임감을 갖춘 인물을 뜻한다(그림 1-1). 이처럼 글로벌 이슈와 사회적 현상을 이해하고, 타인 및 문화 간 소통을 위해서는 외국어 능력 향상 및 학습이 매우 중요하다.

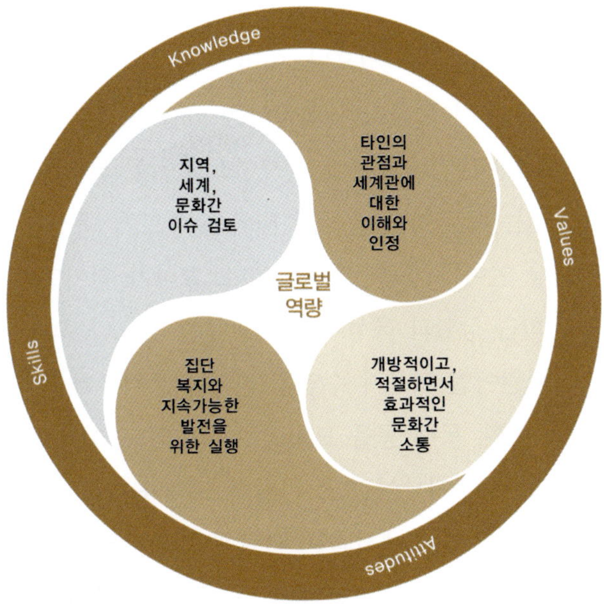

그림 1-1 글로벌 역량 구성요소: 지식, 기술, 태도, 가치관

출처: OECD(2018). p.169.

2) 외국어 학습의 특성

우리는 태어나고 자라면서 자연적으로 모국어를 습득하여 구사한다. 그리고 대부분의 외국어 학습자는 모국어를 습득하고 난 후에 자연적 혹은 인위적 환경에서 외국어를 배우게 된다. 외국어 학습은 모국어와 다른 언어를 배우는 의식적 과정을 의미한다. 많은 언어학자는 외국어 학습 과정을 연구하기 위해 모국어를 어떻게 배우는지를 이해하려고 노력해 왔다. 이에 대한 다양한 관점과 이론들이 있는데 예를 들어, 반복된 자극과 반응으로 인한 습관 형성, 타고난

언어습득장치 이용, 사회적 관계를 통한 모국어 발달 등이 그에 해당한다(Ellis, 2015).

이처럼 모국어 습득 이론을 통해 외국어 학습을 설명하려는 시도에서 알 수 있듯이 습득과정에서 유사점이 있으나, 여러 면에서 외국어 학습은 모국어 습득과는 차이가 있다. 우선 모국어와 외국어는 학습 환경부터 다르다. 예를 들어, 한국인은 태어난 순간부터 주변에서 자연스럽게 한국어를 접하면서 습득하나, 영어를 배울 때는 모국어를 습득할 때와는 다르게 특정한 학습 환경, 즉 교실 환경에서 해당 언어를 주로 접하게 된다. 교사가 원어민인지 비원어민인지에 따라 교실의 학습 상황과 특성이 달라질 수는 있으나, 외국어 학습 환경에서는 일반적으로 비원어민 교사가 수업을 진행하는 경우가 많다. 교사는 개별적인 외국어 문법, 어휘, 독해 등을 모국어로 설명하고, 학습자는 이를 이해하는 방식으로 수업 활동이 이루어진다. 이렇게 교사와 다른 학생들이 존재하는 교실 상황에서는 자연적 환경에서와는 다르게 외국어를 이용한 의미 타협이 그다지 발생하지 않는다. 그리고 또 다른 중요한 차이점은 외국어를 배울 때 모국어 간섭 현상이 일어난다는 점이다(이은실, 2020). 모국어 간섭 현상이란 모국어의 언어 체계가 외국어를 배울 때 방해하여 학습자의 오류나 실수로 나타나는 것을 의미한다. 이런 이유로 언어 간의 차이가 학습을 어렵게 한다고 보는 관점도 있다. 예를 들어, 한국어를 모국어로 사용하는 학습자는 한국어와 문장 구조 체계가 다른 영어를 외국어로 배울 때, 유사한 어순을 가진 일본어를 배울 때보다 더 어렵게 느낄 수 있다는 것이다. 물론 이에 대한 반대 주장도 존재한다. 두드러지는 언어의 차이가 오히려 학습자에게 그 차이점을 기억하게 하고 학습하는 데 도움이 된다는 주장도 있지만, 많은 학습자가 외국어로서의 영어에 어려움을 느끼는 것은 주위에서 흔히 볼 수 있다.

위와 같은 언어 간 차이 외에도 외국어 학습을 어렵게 느끼는 요인으로 외국어 불안감을 들 수 있다. 외국어 불안감은 정서적인 요인으로서 일반적인 불안감과는 다르게 언어를 학습할 때 존재하는 불안이다. 이는 교실 상황에서 외국어 학습자가 갖는 자기인식, 느낌, 그리고 학습자의 행동을 복합적으로 포함한다(Horwitz, Horwitz, & Cope, 1986). 이와 같은 외국어 불안감은 학습자의 언어 능숙도 수준 등에 영향을 미치고, 학습자의 학업 수행에도 영향을 미쳐 결과적으로 불안감이 외국어 발달을 방해하는 것으로 나타난다(Aida, 1994; Cho, 2018; Liu & Jackson, 2008).

외국어를 학습하는 데에는 학습자의 특성에 따라 그 결과에 차이가 있을 수 있다. 한국어를 모국어로 사용하는 학생들이 중고등학교 시절에 영어를 배우면서 경험했듯이 외국어 발달 과정에는 학습자 개인 차이가 존재한다. 발달 과정에서 영향을 미치는 학습자 요인은 상당히 많지만, 그중에서 주요한 요인으로는 지능, 적성, 동기, 성격 등을 들 수 있다(Lightbown & Spada, 2013). Ellis(2015)는 위와 같은 요인을 일반적인 요인이라고 설명하고, 개인적인 요인으로 교사와 교과목에 대한 학습자의 태도, 개인별 학습 기법 등을 들었다. 그리고 위의 요인에 기반을 둔 좋은 외국어 학습자의 개념을 제시하였는데, 그에 따르면 좋은 학습자는 자신이 배우는 외국어를 사용할 기회를 찾으려 하고, 그 외국어에 반응할 기회를 최대한 활용하며, 대화에서 의미를 파악하기 위해 노력한다. Brown(2007)은 성공적인 외국어 학습자는 그 외국어를 접하는 상황에 따라 전략이나 학습 스타일을 맞춰서 적용할 수 있는 학습자라고 보았고, 좋은 외국어 학습자의 14가지 특징을 정리하였다(표 1-1). 이런 특징을 이해하고 활용하는 것이 외국어 학습에 도움을 줄 수 있다.

표 1-1 좋은 외국어 학습자의 특성

1. 자신만의 학습 방법이 있고 자신의 학습을 주도한다.
2. 학습한 외국어에 대한 정보를 정리한다.
3. 창의적이고, 문법과 어휘를 사용하여 언어 감각을 익힌다.
4. 교실 내외에서 외국어 사용 기회를 만든다.
5. 잘 이해하지 못해도 당황하지 않고 이해할 수 있는 내용에 집중하여 모호함을 견뎌낸다.
6. 암기법과 배운 내용을 연상하는 기억 전략을 사용한다.
7. 실수를 통해서 배운다.
8. 모국어를 포함한 일반적인 언어 지식을 활용한다.
9. 문맥적 상황을 이용하여 내용을 파악한다.
10. 합리적인 추측을 활용한다.
11. 전형적인 언어 패턴을 이용한다.
12. 대화를 지속시키기 위한 요령을 배운다.
13. 자신감 부족을 메우기 위한 표현전략을 배운다.
14. 다양한 스타일의 말하기와 쓰기를 배워서 상황에 따라 다르게 사용한다.

출처: Brown, H. D. (2007). pp. 259-260.

워크시트

3. 외국어 학습 경험의 개인 차이를 보기 위해 아래 문항에 답하시오.[2)]

외국어를 몇 살에 처음 배우기 시작했는가?	
외국어를 배울 때 학습에 대한 선택권이 있었는가? 혹은 필수이기 때문에 배웠는가?	
현재 외국어를 자주 사용하는가?	
외국어를 자주 이용하여 정보를 찾거나 여가를 즐기는가?	
외국어 학습 교실에서 언어 학습 경험은 얼마나 되는가?	
현재 외국어를 매일 사용하지 않는다면, 외국어를 대략 몇 년 정도 배우고 사용했는가?	
외국어를 배우기 위하여 얼마나 많은 시간을 강의실에서 보냈는지 대략 측정해보시오.	
외국어를 사용하는 지역이나 국가에서 얼마나 거주해 보았는가?	
외국어를 이용하여 학교에서 다른 주제의 강의를 들어본 적이 있는가?	
개인적으로 외국어에 애착이 있는가?	
외국어 문법 공부를 좋아하는가?	
외국어 단어를 배우는 것을 좋아하는가?	

2) Lightbown, P. M. & Spada, N. (2013). pp.76-77에서 인용

4. 자신이 좋은 외국어 학습자라고 생각하는가? 그 이유를 설명하시오.

5. 외국어 학습 능력과 관련된 아래 문장을 읽고 1부터 5중에서 선택하시오.[3)]

1 매우 그렇지 않다	2 그렇지 않다	3 보통이다	4 그렇다	5 매우 그렇다

1. 외국어는 성인이 돼서 배워도 충분히 잘 할 수 있다.	1 2 3 4 5
2. 외국어를 배워서 그 나라에 여행하거나 유학하고 싶다.	1 2 3 4 5
3. 외국어를 열심히 배우면 나도 유창하게 말할 수 있을 것이다.	1 2 3 4 5
4. 외국인 친구를 사귀고 싶다.	1 2 3 4 5
5. 외국인과 대화가 막힐 때, 더 열심히 노력해야겠다는 생각이 든다.	1 2 3 4 5
6. 다양한 외국 문화를 경험하고 싶다.	1 2 3 4 5
7. 나는 외국어를 배우는 데 재능이 있다고 생각한다.	1 2 3 4 5
8. 외국어 영화를 자막 없이 보고 싶다.	1 2 3 4 5
9. 글로벌 시대에 외국어를 하는 것은 중요하다고 생각한다.	1 2 3 4 5
10. 외국어로 말할 때, 틀리거나 실수해도 신경 쓰지 않는다.	1 2 3 4 5
11. 외국어를 배우는데 시간을 투자하는 것이 아깝지 않다.	1 2 3 4 5
12. 나는 외국어를 잘 말하고 싶다.	1 2 3 4 5
13. 나는 외국 원어민 친구를 사귀고 싶다.	1 2 3 4 5
14. 외국어를 배우는 것을 내 목표 성취에 도움이 된다.	1 2 3 4 5
15. 외국어를 배울 때, 원어민과 말해도 그다지 떨리지 않는다.	1 2 3 4 5

총점:__________

3) Horwitz(1988)의 질문지 중에서 일부를 발췌하여 수정 보완함.

Chapter

02

글로벌 매너

지구상에는 다양한 인종과 민족 그리고 국가가 존재하며, 이들은 각기 고유한 문화와 전통을 가지고 있다. 20세기 글로벌 사회를 살아가는 우리는 지구촌 각 지역의 다양한 문화권을 바르게 이해하고, 여러 나라 사람들과 소통할 수 있는 문화적 소양을 함양해야 한다. 이를 위한 첫걸음은 바로 글로벌 매너를 이해하고 실천하는 것이다.

독일의 사회학자 노르베르트 엘리아스(Norbert Elias)는 '매너란 곧 문명화(civilizing process)이고, 지식과 교육으로 습득되는 것'이라고 말했다. 우리가 살아가는 모든 곳에는 반드시 지켜야 할 매너 혹은 에티켓이 있다. 지구촌 시대를 살아가는 우리가 지켜야 할 예의범절은 글로벌 에티켓, 글로벌 매너이다. 글로벌 매너란 인종, 민족, 문화, 국가, 지역 등의 차이에 관계없이 전 세계인들이 지켜야 할 예절을 의미하기 때문이다(매일신문, 2011.06.16).

1. 글로벌 매너와 글로벌 역량

오늘날 세계화, 국제화라는 시대적 흐름과 정보통신기술 및 교통수단의 발달은 외국과의 교류를 빈번하게 만들었고, 이에 따라 글로벌 문화의 이해를 근간으로 하는 매너의 필요성은 더욱 부각되고 있다. 매너에 대한 이해와 실천은 개인적으로는 품위를 고양시키고, 인격을 돋보이게 하며, 상대방으로부터 신뢰를 얻고, 글로벌 시대에 변화하는 환경에 적합한 대인관계 유지를 위해 더욱 필요로 한다. 많은 사람들이 매너에 대해 '남자가 여자에게 예의 있게 대하는 것'으로 오해하고 있다. 사람과 사람 사이에는 반드시 지켜야 할 도리와 규범이 있다. 이를 동양에서는 "예의범절(禮儀凡節)", "예절"이라고 하며, 서양에서는 "에티켓(etiquette)", "매너(manners)"라고 한다. 매너(manners)는 라틴어에서

'마누아리우스(manuarius)'를 어원으로 한다. 즉, '마누스(manus)'와 '아리우스(arius)'의 합성어이다. '손(hand)'이라는 뜻의 '마누스(manus)'는 행동이나 습관이라는 의미로 해석할 수 있으며 '아리우스(arius)'는 '방법' 또는 '방식'을 말한다. 따라서 매너란 사람들의 행동방식을 의미한다(장순자, 2015:23-24).

매너는 기본적으로 상대를 대하는 태도, 행동방식에서 드러나는 타인에 대한 배려이다. 특히 매너를 타인에게 보여주기 위한 행동으로 생각하기보다는 스스로의 가치를 높일 수 있는 수양으로 여기는 것이 올바른 자세라 하겠다. 따라서 타인의 배려에 감사하고 사과하는 것은 기본 중의 기본이다. 감사와 사과를 어려워 말고 즉시 표현하는 기본적인 방법만으로도 매너를 지닌 사람이 될 수 있다. 또한 상대방이 사양했음에도 억지로 배려하는 태도는 주의해야 한다. 강요에 의해 배려받는 사람은 불편하고 부담스럽게 느껴질 수 있기 때문이다(세계일보, 2015.05.11.).

영화 <킹스맨: 시크릿에이전트>에서 해리(콜린 퍼스)의 대사로 유명해진 말이 있다. "Manners, maketh, man.(매너가 사람을 만든다.)" 이 말은 매너를 지킬 때 교양 있는 사람, 품위 있는 사람이 된다는 의미이자 현대 사회와 인간관계에서 매너가 얼마나 중요한지 단적으로 나타내는 표현이다. 나아가 매너교육과 매너의 실천은 사람다운 사람, 교양 있는 사람을 만들뿐 아니라 글로벌 인재의 필수 요소이기도 하다.

그림 2-1 영화 킹스맨 포스터
출처: 네이버영화 <킹스맨 시크릿에이전트>

현대 사회에서 비즈니스를 통해 국제사회를 경험하는 일은 흔히 볼 수 있는 일이며, 다국적 비즈니스 과정에서 문화적 차이로 인해 오해의 상황이 발생하기도 한다. 글로벌 매너란 이렇듯 서로 다른 문화 차이를 극복하고 올바른 커뮤니케이션을 가능하게 만드는 교육이다. 다양한 비즈니스에서 국가별 특징과 상황에 따른 이문화(異文化)를 이해하고 올바른 매너와 에티켓을 습득하여, 자신감과 경쟁력을 향상시키고 돌발 상황과 문제점을 예측하고 방지할 수 있기 때문이다.

우리가 살고 있는 세계는 국경을 초월한 글로벌 시대이다. 이 글로벌 시장은 전 세계로 확대되고 경쟁은 날로 치열해지고 있다. 그러나 글로벌 역량과 글로벌 경쟁력을 함양한다면 세계 시장을 확보할 수 있는 새로운 기회이다. 방탄소년단이 바로 글로벌 역량과 글로벌 경쟁력을 확대하여 세계무대를 공략해 성공한 대표적인 사례이다. 글로벌 트렌드를 반영한 경쟁력 있는 음악 콘텐츠, 팬클럽 아미(ARMY)를 중심으로 한 두터운 팬덤, 리트윗 수 세계 1위를 할 정도로 활발한 소셜미디어(SNS) 소통 그리고 사회문제에 대한 진정성 있는 메시지를 담은 노래 가사 등은 글로벌 시장에서 인기를 지속할 수 있게 만든 원동력으로 손꼽힌다(박용정 외, 2019). 그렇다면 우리 대학생들이 이러한 글로벌 역량을 지닌 글로벌 인재로 성장하기 위해서 무엇을 어떻게 해야 하는 것일까? 먼저 세계화를 선도할 글로벌 인재가 되기 위해 필요한 역량이 무엇인지 알아보기로 하겠다.

글로벌 인재라고 하면 해외 유학이나 외국 체류 또는 외국 근무 경험, 외국어 능력을 글로벌 역량으로 판단해버리는 경우가 대부분이다. 외국어를 능수능란하게 구사한다면 과연 글로벌 인재일까? '글로벌(global)'의 사전적 의미를 보면, '세계적인'이란 뜻 외에도 '포괄적인', '보편적인', '전반적인'과 같은 뜻을 내포한다. 그리고 우리가 흔히 알고 있는 '세계적인'이란 뜻도 세부적으로 살펴보면, 다수 국가를 아우르는 '全지구적인'이란 뜻으로 풀이할 수 있다. 따라서 미국에 대해 잘 알거나 혹은 중국에 대해 잘 알고 있는 사람은 특정 국가 전문가이지 엄밀히 말해 '글로벌 인재'라 할 수는 없다. 글로벌 인재에 대한 핵심적인 정의는 '전 세계 어디서든 통용될 수 있는 보편적 역량과 자질을 갖춘 인재'일 것이다. 전 세계 어디서든 통용될 수 있는 보편적 역량을 갖기 위해 필요한 것은 '다양성에 대한 이해력과 이에 대한 포용력(Diversity and Inclusion)'이다. 어느 국가, 민족, 집단이건 그 특유의 가치 · 문화 · 행동 양식 · 관습을 갖는데, 이는 내가 소속된 집단과 매우 다를 수 있다. 이때 이 다름을 불편하고 나쁜 것으로 여겨 배척하기보다는 관심과 흥미를 갖고 구체적으로 무엇이 어떻게 다르며, 그 배경과 이유가 무엇인지 이해하고 받아들이려는 자세와 태도가 무엇보다 중요하다(매일경제, 2016.07.25.).

글로벌 인재가 갖추어야 할 글로벌 역량은 국제화 시대에 요구되는 의사소통 능력과 다문화 및 이(異)문화 상황에 개방적으로 대처할 수 있는 역량이라고 말할 수 있다. 이러한 글로벌 역량을 자세히 설명하면 다음과 같다.[1)]

첫째, 글로벌 시각(관점)을 갖춘다. 전 세계 또는 특정 지역이나 국가에서 벌어지는 글로벌 이슈와 트렌드에 관심을 갖고 그것이 어떤 영향을 미칠지 판단하고 발 빠르게 대응할 수 있도록 시야를 넓혀야 한다. 둘째, 다른 나라의 문화를 이해한다. 다양한 문화에 적응할 수 있는 능력을 갖추고 다른 나라의 문화와 관습을 충분히 이해할 수 있어야 한다. 또한 우리의 문화를 설명하고 다른 문화와 비교할 수 있도록 준비한다. 셋째, 글로벌 커뮤니케이션 능력을 구비한다. 영어(또는 현지어)를 능숙하게 구사하고, 토론이나 프레젠테이션을 자신 있게 수행하며, E-Mail이나 보고서도 효과적으로 작성할 수 있도록 외국어를 익힌다. 넷째, 외국 사람들과의 신뢰와 공감을 바탕으로 좋은 인간관계를 형성하고, 다양한 사람으로 구성된 팀을 효과적으로 이끌 수 있는 능력을 기른다. 다섯째, 글로벌 수준의 윤리의식, 안전의식, 환경보호, 인격존중, 일관성 등 글로벌 스탠더드에 맞는 행동을 하고 글로벌 매너를 함양한다. 여섯째, 글로벌 협상 능력을 기른다. 다양한 상황에 맞추어 글로벌 협상을 효과적으로 수행하고 분쟁이나 갈등을 조정할 수 있어야 한다. 일곱째, 거래 또는 교류할 나라의 사업 환경과 비즈니스 방식이나 관례, 각종 법규에 대해 잘 이해하고, 필요한 계약서도 작성할 수 있도록 습득한다.

1) 효성그룹 사보(2014.03,11.) '글로벌 인재란, 글로벌 역량을 갖추고 원칙을 지키는 사람!' 요약.

글로벌 역량의 구비, 글로벌 원칙의 준수 등 준비해야 할 것이 많다고 여겨 글로벌 인재가 되는 것을 어렵게 느낄 수도 있겠지만, 차근차근 준비를 한다면 핵심 인재로 성장할 수 있을 것이다. 글로벌 역량 중 외국어와 커뮤니케이션은 특히 중요하며 시간이 많이 소요되므로 일찍 시작하는 것이 유리하다. 그리고 글로벌 무대에서 일하다 보면 국내보다 더욱 높은 기준을 세워 준수해야 하는 경우가 많다. 따라서 글로벌 스탠다드를 인식하고 글로벌 원칙을 지키는 습관을 익히도록 해야 한다. 국내 시장이 포화 상태에 도달하면서 많은 기업이 새로운 기회를 찾아서 해외 시장으로 진출하고 있다. 그러나 많은 기업들은 글로벌 인재의 부족으로 인한 어려움을 겪고 있으며 해외에 진출한 외국계 글로벌 기업들 역시 동일한 문제를 경험하고 있다. 글로벌 인재는 글로벌 기업과 비즈니스를 성공적으로 이끄는 있는 사람이다. 우리 대학생과 청년들이 글로벌 역량을 갖춘 글로벌 인재로 성장한다면 앞으로 세계에서 자신의 능력을 발휘할 많은 기회가 생길 것이다.

MEMO

워크시트

1. 아래 기사를 읽고 물음에 답하세요.

글로벌 스탠더드(global standard)란?

정보통신의 발달은 기존의 시간과 공간 개념을 축약시키고 있으며, 이에 따라 세계는 하나의 생활권 안에 놓이게 되었고, 개인이나 기업은 국제적인 경쟁력을 갖출 것이 강조되고 있다. 따라서 세계적인 생활 기준을 몸에 익히는 것도 필요 충분 조건의 하나가 되었다. 이처럼 국가와 기업의 시스템이 세계적으로 통일된 기준에 부합하여야 하는 상황이 나타나게 되었는데, 이를 글로벌 스탠더드라고 한다. 개인이나 기업은 물론 국가의 법이나 제도도 세계적인 기준과 통일성을 기해야 하고, 문화적으로도 세계적인 보편성이 강조되는 것이 글로벌 스탠더드 사회의 모습이다. 이러한 사회에서 무작정 국제적인 요구나 조건에 따라가기보다는 국제 경쟁력을 갖추어 우리의 것이 세계적 기준이 되도록 노력하여야 한다. 다음은 글로벌 스탠더드의 예시이다

첫째, 차별하지 말자. 피부색, 성별, 나이, 신체적인 특성 등이 사람마다 '서로 다름'을 인정하고 인간 존엄성을 실현하는 것은 인류 공공의 가치이며, 차별은 없어야 한다.
둘째, 공평하게 행동하자. 공명정대하고 규칙과 질서를 잘 지키는 것은 준법 의식을 의미한다. 공공질서를 지키지 않는 행동은 거짓말을 일삼는 것과 같이 공평하지 못한 행동이다. 동일한 상황에서 이루어지는 일에 대해 편견 없이 그 가치와 공로를 평가해야 한다.
셋째, 시간을 지켜라. 시간은 누구에게나 똑같이 중요한 것이므로 서로의 시간을 존중하고 아끼는 정확한 시간관념이 필요하다. 비즈니스 상담이나 공식적인 회의와 행사에 참가할 때는 정확하게 시간을 잘 지키는 것이 기본이다.
넷째, 서로의 종교를 존중하자. 세계에는 많은 종교가 있고 종교에 따른 교리가 있으며, 종교의 가르침을 믿고 따르는 인간 생활의 지침이 있다. 다른 종교를 비난하는 것은 좋지 않은 행동이며 서로의 종교를 존중하고 대화를 통해 이해하려는 노력이 필요하다.

출처: 네이버 지식백과 '글로벌 스탠더드', 홍미화 외 공저(2010) 글로벌 에티켓 교육. p.34 참조.

1) 글로벌 스탠더드의 개념을 설명하세요.

2) 글로벌 스탠더드가 필요한 이유를 설명하세요.

3) 글로벌 스탠더드의 구체적인 사례를 설명하세요.

4) 글로벌 스탠더드를 익히기 위해 '나'는 무엇을 할 수 있는지 설명하세요.

워크시트

2. 아래 기사를 읽고 물음에 답하세요.

스마트한 글로벌 인재가 갖춰야 할 조건

1. 빠르게 움직이는 글로벌 경영 환경에서 열심히 일하는 직원보다 글로벌 마인드를 갖춘 '스마트한' 인재상이 요구되고 있다
2. '스마트'한 글로벌 인재가 되기 위해서는 흔히 생각하는 영어 능력만으로는 부족하다. 실제 비즈니스 세계에서는 단순한 의사소통을 넘어 의견과 주장을 관철시킬 수 있는 커뮤니케이션 능력과 글로벌 마인드가 더욱 절실하다.
3. 언어보다 더 중요한 것은 글로벌 비즈니스에 부합하는 합리적인 사고이다. 사고방식이란 가정과 학교 등 성장하면서 보고 듣고 느낀 모든 의식을 포괄하여 형성되는 것이기 때문에 단시간에 바뀌기 어렵다. 어려서부터 다양한 사고와 경험이 가능한 가정 · 교육 환경을 조성해야 한다.
4. 글로벌 인재가 되기 위한 첫 번째 조건은 바로 글로벌 에티켓이다. 글로벌 에티켓의 기본은 다른 나라의 문화를 이해하고 배려하며 더불어 살아가려는 노력이다. 세계화(化)에서 세계화(和)로 변화하는 시대인 만큼 다른 나라 사람들과 화합하려는 자세가 필요하다.
5. 기업은 글로벌 기준에 맞는 문화를 조성해야 한다. 우선 직원들에게 재충전의 기회를 주어야 한다. 몸과 마음을 재충전할 여유도 없이 과연 얼마나 창의적이고 혁신적인 아이디어가 나올 수 있겠는가.
6. 글로벌 마인드를 키우기 위해서는 직급이 낮은 직원들에게도 과감히 해외 근무 기회를 제공해야 한다. 1년 혹은 2년이라도 해외 근무를 해 본 직원과 안 해 본 직원의 안목과 업무 방식에는 큰 차이가 있다.
7. 더 이상 열심히 일한다는 이유 하나로 우수한 인재가 될 수 없다. 세계화 시대에 적합한 글로벌 마인드를 갖춰야 스마트한 글로벌 인재로 거듭날 수 있다. 한국인이 가진 특유의 열정과 성실함에 몇 가지 요소만 더해진다면 세계 모든 기업이 원하는 인재상이 될 것이다.

출처: 매경춘추 2010.06.25. '스마트한 글로벌 인재', 한국경제 2018.09.28 '글로벌 인재가 갖춰야 할 세 가지 조건' 요약.

1) 글로벌 인재란 무엇인지 설명하세요.

2) 글로벌 인재가 되기 위한 조건은 무엇인지 설명하세요.

3) 내가 생각하는 글로벌 인재의 개념과 조건은 무엇인지 설명하세요.

4) 글로벌 인재가 되기 위해 '나'는 어떤 준비를 할 것인지 설명하세요.

2. 일상생활 매너

매너는 어떤 장소와 상황에 적용되는 것일까? 가정, 사회, 직장, 학교, 여행 등 우리의 일상생활 속 다양한 상황에서 요구되고 적용되는 것이 매너이다. 특히 글로벌 시대에는 일상생활 자체가 지구촌 공동체 생활이라고 여기는 인식이 중요하다. 국내와 해외에서의 생활이 크게 다르지 않다고 생각하고 일상생활 매너를 지켜야 한다. 생활 속에서 지켜야 할 에티켓과 매너는 성실히 학습하고 익히는 것이 좋다. 언제 어디서나 필요하기 때문이다.

읽을거리

매너와 에티켓의 특징에 대하여

일반적으로 예절은 사회생활을 하는 가운데 개개인이 지켜야 할 도리로서 서양에서는 '에티켓(etiquette)' 또는 '매너(manner)'라고 한다. 이와 비슷한 의미인 의전(儀典)은 어떤 조직, 국가, 국제 간 등 공식적인 관계에서 정해진 격식에 따라 진행되는 건전한 상식에 입각한 의례로서 서양에서는 '프로토콜(protocol)'이라고 한다.

- **매너((manner)**
  - 의미: 어떤 행동이나 일에 대한 태도, 버릇, 몸가짐
  - 어원: '마누아리우스(manuarius)'에서 유래, 손을 의미하는 'Manus'와 방식을 의미하는 'Arius'가 합쳐진 말이다. 자동차 문을 열어 준다거나 물건을 대신 들어주는 행위 등과 같이 상대를 위하여 손으로 할 수 있는 행동들을 의미한다.
- **에티켓(etiquette)**
  - 의미: 예절, 예법, 타인에 대한 마음가짐과 몸가짐
  - 어원: 고대 프랑스어 'estiquier(붙이다)'에서 유래, 나무 말뚝에 붙인 안내 표지 또는 꼬리표를 이르는 말이었다. 유래에 관해서 여러 가지 설이 있으나 프랑스 궁중에서 행사의 일정한 순서와 형식을 지키기 위해 일정한 절차를 사용하기 시작하였는데, 프랑스 궁중에서 이루어졌던 일정한 절차를 이르는 말이 에티켓으로 오늘날 예절의 의미가 되었다.
- **매너와 에티켓의 구별:** 오늘날 매너는 일상생활 속 습관이나 몸가짐 등 통상적인 예의를 의미하고, 에티켓은 매너보다 수준 높은 규칙, 예법, 의례 등을 의미한다. 매너와 에티켓은 비슷한 표현으로 혼용되어 사용되고 있다. 유사한 부분도 있지만 다소 차이가 있기 때문에 구분해 생각할 필요가 있다. 먼저 매너는 판단의 기준이 주관적이므로 개인마다 인식의 차

이가 있다. 즉, '해도 그만 안 해도 그만'으로, 반드시 지켜야 하는 것은 아니지만 내가 지키지 않으면 다른 사람이 불쾌해진다. 반면에 에티켓은 말로 하지 않아도 반드시 지켜야 하는 '무언의 법칙'으로 최소한의 예의라 할 수 있다. 따라서 관례화되어 있고 내가 이를 지키지 않으면 다른 사람이 불편해진다. 이러한 매너와 에티켓은 다양한 사회생활과 비즈니스 활동, 교류 등에서 가장 기초적인 부분에 해당한다고 하겠다.

- **의전(protocol):** 국가 간의 외교 의례를 이르는 말이다. 원래 풀이나 접착제를 뜻하는 말로, 그리스어에서 유래, 합의된 관습이나 행동규칙이 사회를 결합하는 접착제 역할을 한다는 의미에서 사용되기 시작하였다.
- **매너와 에티켓의 기본 정신:** 여성존중사상(Lady First), 자택 중심의 사교, 현지 우선 관행, 상호주의, 상석(Place of Honor) 문화, 의전(protocol)

출처: 이인경(2015). pp.176-179.

1) 관람 매너[2)]

(1) 박물관, 전시장 관람 매너

입장 후 안내원의 지시에 따라 차분한 마음으로 차분히 감상을 시작한다. 전시품은 눈으로 감상하고, 함부로 손대거나 파손해서는 안 되며, 전시품에 대한 의견 교환을 할 때에도 주위에 방해가 될 정도의 큰소리로 대화하는 행위는 삼간다. 외국에 체류하거나 여행을 하는 경우 방문하는 곳이 박물관이다. 입장객이 많아 줄지어 관람할 때에는 한 곳에 지나치게 오래 머무르며 진행을 방해하는 태도는 금지다. 관람 상황에 따라 먼저 통과해야 하는 경우에는 양해를 구하고 조용히 관람자 뒤로 지나간다. '출입금지구역'과 '사진촬영금지' 규정은 꼭 지킨다. 다만 연구자료 등으로 필요한 경우에는 허가를 얻어 진행한다. 특히 플래시를 사용하는 촬영은 가급적 관람객이 적은 시간에 찍는 것이 바람직하다. 입장 전, 휴대금지품목(촬영장비, 소음발생 장비나 물건, 음료수 등)은 지정

2) 김상철(2012) 글로벌 교양과 리더십. pp.154-156; 장순자(2015) 서비스 매너. pp.320-323. 참고 보완.

하는 장소에 맡긴다.

(2) 공연장(음악회, 영화관 등) 관람 매너

공연이나 영화가 시작되기 전에 미리 도착해서 자리를 확인한다. 차례를 지켜 질서 있게 입장한다. 음악회에서 부득이하게 자리를 뜨게 될 경우에는 막이 끝날 때까지 기다렸다가, 다른 사람의 시야를 가리지 않도록 몸을 조금 낮춘 상태에서 이동한다. 특히 영화관에서 영화 내용을 일행에게 빠짐없이 설명하거나 핸드폰을 켜서 문자 확인 또는 통화까지 하는 행위는 절대금지이다.

2) 교통수단 이용 매너[3]

(1) 운전 매너

오늘날 차량 보유와 차량 이용이 증가함에 따라 교통수단 이용에도 승차예절이 중시되고 있다. 개인이 차를 운행할 때는 도로 교통법규를 준수하면 되지만, 다른 사람과 동승할 때는 승차 매너를 지켜 실례를 범하는 일이 없어야 한다. 도로 위에 달리는 차를 보고 “인격이 다닌다.”는 표현을 쓰기도 하는데, 차를 어떻게 운전하는지를 보면 운전자의 인격을 알 수 있기 때문이다. 운전 시에는 반드시 면허증을 소지하고, 안전벨트를 착용해야 한다. 차량 밖으로 침을 뱉거나 쓰레기 투척, 특히 핸드폰 사용은 절대금지이다. 운행 중 무리하게 끼어들지 말고, 상대 차량이 끼어들었다고 상향등(high beam)을 비추거나 경적을 울려 불쾌감을 표시하면 안 된다. 선행 차량과의 거리를 반드시 지키고, 긴급 차량이 접근하면 한쪽으로 비켜주어야 한다. 그리고 경적은 비상시에만 울리고 가급적

3) 장순자(2015). pp.329-332; 권경리 · 한광종(2014). pp.217-218 참고 보완.

사용을 자제한다. 초보 운전자가 운전미숙으로 인해 저지른 실수를 보고 손가락질하거나 욕설을 해서는 안 되며, 전조등을 번쩍이는 행위로 위협해서도 안 된다.

(2) 탑승 매너

자동차 승차 및 하차에도 매너가 필요하다. 직장 상사, 연장자, 가족 내 어른과 동승하는 경우 손윗사람이 먼저 승차하도록 안내 후 탑승한다. 하차 시에는 먼저 신속하게 내려 동승자가 안전하게 하차할 수 있도록 돕는다. 여성과 동승하는 경우 여성이 먼저 승차하게 배려하고 하차 시에는 남성이 먼저 내려 차문을 열어 준다. 이때 손윗사람이나 여성은 고맙다는 인사를 전하는 것이 좋은 매너이다.

(3) 이동 매너(엘리베이터, 에스컬레이터, 무빙워크, 출입문 등)

에스컬레이터나 무빙워크를 이용해 이동할 때에는 연장자, 상사, 고객이 우선이며 안내자가 뒤따른다. 엘리베이터 탑승 시, 사람이 전부 나온 후 타는 것이 상식이다. 남성은 아주 복잡하지 않는 한 여성이나 어린이, 연장자가 먼저 타고 내릴 수 있도록 배려한다. 특히 내릴 때 'OPEN' 버튼을 누르고 기다리는 것이 예의이다. 출입문 사용에서도 여성, 노약자, 상사가 먼저 들어가거나 나가도록 돕고, 닫을 때에는 뒷사람을 위해 문을 잡아준다. 계단을 올라갈 때는 남성이 여성보다 앞서 가지만 내려갈 때는 반대로 여성이 앞서는 것이 매너다. 계단 경사가 급하거나 미끄러울 때는 남성이 앞서도 상관없다.

〈사례 1〉 교통수단 이용에도 예절이 있다!

- 자동차 운전에서 여행을 가거나 업무상 여러 사람을 탑승시키는 경우가 발생한다. 직장 동료나 상사, 거래처 손님, 친구, 가족 등과 함께 자동차에 탑승할 때에는 지켜야 할 예절이 있다.

1) 운전사가 있는 경우

그림 2-2 자동차 안에서의 상석 배치도

그림 2-3 자동차 안에서의 상석 배치도

2) 차 주인이 직접 운전할 경우

그림 2-4 자동차 안에서의 상석 배치도

(출처: 외교부 홈페이지 '의전과 의례')

3) 기차 탑승 매너

1번 : 진행 방향 창가 쪽이 첫 번째 상석, 2번 : 상석 옆자리가 차석
3번 : 상석 맞은편 창가 쪽이 세 번째 상석, 4번 : 통로 쪽 옆자리가 가장 말석

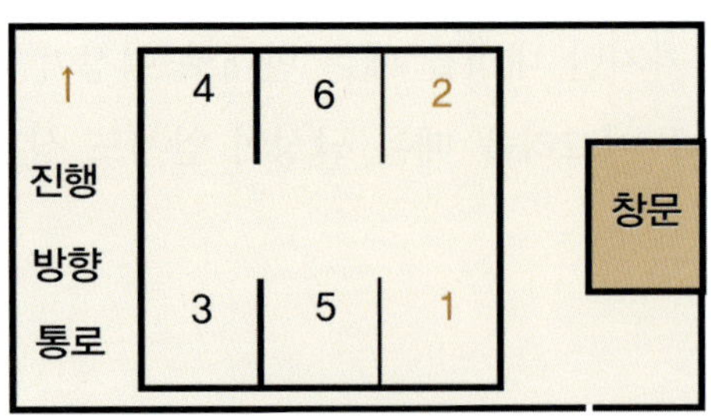

그림 2-5 기차 안에서의 상석 배치도

4) 엘리베이터 탑승 매너

엘리베이터 내에서의 상석은 들어가서 버튼의 대각선 방향 뒤쪽 위치이며, 버튼 바로 앞이나 옆자리가 최하위석이다. 버튼이 양쪽에 있을 시에는 뒤쪽 가운데가 상석이다.

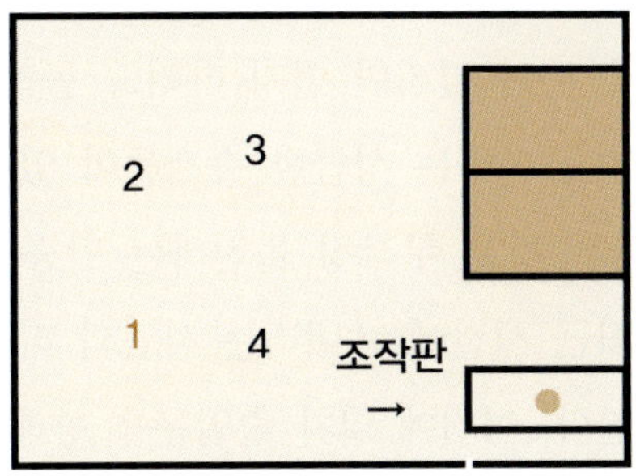

그림 2-6 엘리베이터 안에서의 상석 배치도

(4) 보행 매너

길을 걷거나 앉을 때에 남성은 여성을 우측에 위치하도록 하는 것이 예의이다. 단, 차도 옆의 보도에서는 여성을 보호하기 위해 남성이 차도 쪽에서 걷는 것이 예의이다. 여러 사람이 함께 걸을 때에는 일행 중 연장자나 상급자, 여성이 길 안쪽에서 걸어갈 수 있도록 한다. 많은 인원이 함께 걸을 때에는 다른 보행자들에게 방해가 되지 않도록 걸어간다. 보행 중 우연히 만난 지인들과 장시간 이야기하는 것을 삼가고, 도로 건너편이나 앞서 걸어가는 지인의 이름을 큰 소리로 부르는 행위는 자제한다.

보행 중 휴대폰을 장시간 사용하는 행위, 흡연, 껌을 씹는 행위, 침이나 가래를 뱉는 행위, 음식을 먹는 행위, 빙판길이나 미끄러운 길에서 장난치는 행위는 하지 않도록 한다. 혼잡한 노상에서 노약자나 장애인과 마주쳤을 때에는 걸음을 잠시 멈추거나 옆으로 비켜서서 그들이 지나갈 수 있도록 배려한다.

(5) 대중교통 매너(지하철과 버스)

지하철 매너의 기본은 '내리고 타자'이다. 비워야 채울 수 있는 것처럼, 열차에서 승객이 내려야 기다리던 승객이 탈 수 있다. 지하철 플랫폼에서 줄서기가 점차 보편화되면서 열차 문이 열리면 먼저 타려고 몰려드는 행위는 줄었지만 여전히 문이 열리자마자 돌진하는 성급한 승객들이 있어 많은 불편을 초래한다. 무엇보다 문제가 되는 것은 무작정 돌진하는 탑승객 때문에 열차 운행이 지연된다는 점이다. 출퇴근 시간에는 내리는 사람과 타는 사람이 많기 때문에 운행 지연이 자주 발생한다. 여기에 열차 출입문을 향해 무작정 달려들어 타려고 한다면 누구도 내리거나 탈 수도 없는 상황이 되고 만다. 하나의 문으로 승하차가 동시에 이루어지는 지하철에서 가장 기본적인 매너와 에티켓은 바로 승객이 하차 후 승차하는 것이다. 줄을 서서 기다리고, 열차의 문이 열릴 때는 한 걸음 뒤로 물러나 내리는 승객들을 배려해준 후 한 사람씩 차례로 타는 것이 매너이다.

혼잡한 지하철 안에서 나의 가방이나 소지품이 때론 다른 승객에게 불편을 끼칠 수 있다. 지하철 안에서 불편을 주는 대표적인 소지품은 바로 백팩(배낭)이다. 부피가 크고 무거운 백팩은 그 뒤의 승객들이 제대로 서 있을 수 없게 만든다. 한때 '백팩족'이라는 말이 생길 정도로 커다란 백팩을 멘 사람들을 향한 비난의 목소리도 있었다. 비좁은 공간에서 커다란 백팩을 어깨에 멘 사람들의 무의식적인 행동 때문에 다른 승객의 소지품이 걸리거나 옷이 찢어지기도 한다. 따라서 큰 가방은 앞으로 메거나 바닥에 내려놓고, 가방을 멘 상태에서 급하게 몸을 돌리는 행동 역시 주의해야 한다.

더운 여름, 시원한 음료로 무더위를 날리기 위해 혹은 추운 겨울 따뜻한 음료로 몸을 녹이기 위해, 테이크아웃 음료를 들고 버스에 탑승하는 승객들이 종종 있다. 하지만 자칫 잘못하면 쏟을 위험이 있는 테이크아웃 음료뿐만 아니라 냄새가 강한 음식을 들고 대중교통을 타는 것을 삼가야 한다. 특히 2018년 1월부터 서울시 시내버스에 음식이나 음료 반입을 금지하고 있다. 뜨거운 음료나 얼음 등이 담긴 컵을 들고 버스에 탔다가 실수로 음식물을 쏟아 승객들의 안전을 해치거나 분쟁이 발생하는 일을 방지하기 위해서이다. 자신에게는 시원하고 따뜻한 음료일지라도 함께 타고 있는 다른 승객에게는 불쾌한 음식일 수도 있다(서울관광재단, 2019.09.05.).

3) 대학생이 지켜야 할 캠퍼스 매너

대학생의 품위는 어디서 찾을 수 있을까? 아마도 지성인이라는 이름에 걸맞게 학문을 닦는 강의실과 도서관일 것이다. 대학교 강의실은 많은 학생들이 수업을 듣는 곳이며 학문의 기초를 쌓는 곳이다. 동시에 대학교를 비추는 얼굴이기도 하다. 기본 예의를 지켜 서로 존중하고 품격을 지켜야 한다.

(1) 강의실 매너

강의 시작 5~10분 전에 미리 강의실에 도착하여 수업 준비를 해야 한다. 수업에 지각한 학생이 앞문을 열고 들어오면 교수님 강의와 다른 학생의 학습에 방해가 되기 때문이다. 강의 시작 전에 핸드폰은 매너 모드로 바꾸거나 꺼놓는다. 특히 필기를 하지 않고 칠판 내용을 카메라로 찍는 학생들이 늘어나고 있다. '찰칵'거리는 소리는 다른 학생들은 물론 교수자에게도 방해가 된다. 공공장소에서는 항상 스마트폰 사용을 자제해야 한다.

〈사례 2〉 2012년 한국을 방문한 버락 오바마 미국 대통령의 OO대학교 특강에서, 해당 대학교의 일부 학생이 옆 사람과 잡담을 하거나 스마트폰을 만지작거리는 모습이 언론을 통해 전해졌다. 이후 해당 대학교 커뮤니티에 몇몇 학생들의 매너 없는 행동을 비난하는 글들이 올라오며 논란이 되었다.

강의가 끝난 후 강의실 안을 살펴보면 학생들이 먹다가 남긴 과자봉지나 쓰레기, 음료수 용기 등을 발견할 수 있다. 강의실에 자신이 갖고 들어간 물건이나 사용한 것들은 스스로 처리하는 것이 매너이다. 이외에 강의 중 잡담이나 장난, 화장(化粧)하기, 게임, SNS하기, 헤어롤 말기 등 부적절한 행동을 자제하고, 강의 내용에 집중하도록 노력해야 한다. 강의 중 출입을 삼가며 수업에 성실하게 임하는 것은 기본인 동시에 최소한의 예의이다. 학생들 스스로 예의를 지키고 조금만 신경을 쓴다면 멋진 강의실로 만들 수 있을 것이다.

(2) 도서관과 열람실 매너

도서관을 이용할 때 불쾌감을 주는 경우들이 있다. 조용한 도서관 복도나 계단을 울리는 '또각또각' 구두소리, 시도 때도 없이 울리는 휴대폰 소리, 열람실 좌석을 맡아두는 행위 등 누구나 한 번쯤은 경험했을 것이다. 도서관에서 들리는 구두소리는 귀를 자극해 집중력을 방해한다. 휴대폰 소리는 학습자를 깜짝 놀라게 만들고, 책상 위를 울리는 진동소리 역시 놀라고 불쾌하기는 마찬가지이다. 가장 많은 학생들이 모여드는 시험기간에, 열람실 좌석에 가방만 놓고 수업을 들으러 다닌다면 다른 사람들은 발걸음을 돌릴 수밖에 없다. 많은 사람이 함께 사용하는 공간, 특히 도서관 이용에도 대학생으로서 서로가 지켜야 할 매너가 있다. 다른 사람의 이러한 행동을 비난하며 정작 내가 따라하는 것은 아닌지 스스로 생각하고 점검해야 한다.

4) 방문 매너[4)]

(1) 방문에서 가장 신경을 써야 할 부분은 언제 방문할 것인가를 상대방에게 알려주는 것이다. 방문 약속을 정할 때에는 상대방의 상황에 따라 정하는 것이 좋다.

(2) 현관에서 인사를 나누고 실내로 들어오면, 모자나 레인코트 등은 벗어야 하며, 외투 등은 벗지 않아도 무방하다. 그러나 머무는 시간이 길어질 경우라면 벗는 것이 예의이다. 그러나 시간이 걸리는 방문이라도 여성은 외투를 벗지 않아도 무방하다.

(3) 실내에서 이곳저곳을 기웃거리거나 살피는 행동을 삼가하고 자리에 앉을 때에는 주인이 권하는 자리에 앉는 것이 무난하다. 출입구에서 먼 쪽이 상석이며 그 반대가 하석이다. 긴 소파와 1인용 의자가 있을 경우 긴 소파가 손님용이다.

(4) 방문은 15~20분 정도가 적당하며 방문을 받았을 때는 답방의 의미로 상대방을 초대해야 한다. 외국에서 남의 집에 머물렀다면 감사의 편지를 보내는 것이 예의이다.

5) 경조사 매너[5)]

경조사(慶弔事)란 사전적으로 慶事과 喪事를 의미한다. 우리는 경사스러운 일

---

4) 조영대(2018). 글로벌 에티켓과 매너. 2장 3절 '방문 에티켓과 매너' 참조 인용.
5) 권경리, 한광종(2014). pp.209-213; 장순자(2015). pp.335-336 참고 보완.

이 생긴 사람에게는 축하를 해주고 즐거움을 같이 나누며, 불행한 일을 당한 사람에게는 위로를 해주고 아픔을 서로 나누는 相扶相助의 경조사를 통해 사회생활을 영위하는 인간관계의 상호작용을 배운다. 이는 사회 구성원들에게 행동의 방향을 제시하는 매너이자 일종의 규범적 성격을 띠기도 한다. 현대인에게 있어 매너는 사회생활을 영위하는 데 중요한 인적 자원이므로, 매너에 대한 습득과 수행은 경조사 문화의 측면에서도 필수적이다(김은겸, 2008: 3). 경조사 매너에서 가장 중요한 것은 마음에서 우러나오는 성의를 다하는 모습이다. 자신의 마음을 진심으로 표현했을 때 상대방은 축하와 위로를 받았다는 느낌을 갖게 될 것이다. 경조사 매너는 생활예절로서, 마음과 정성을 다하여 행동으로 실천하는데서 그 의미를 찾을 수 있다.

(1) 장례식

최근에 장례식장에서의 의복 문화가 조금씩 유연해지고 있지만 최소한 지켜야 할 매너가 있다. 여기서 가장 중요한 것은 '존중'의 태도이다. 고인과 유족들에 대한 존중을 찾아볼 수 없는 옷차림은 무조건 피해야 한다.

조문객의 옷차림으로 남성은 검정색 양복과 타이가 기본 매너이다. 불가피하다면 감색이나 회색 계열의 복장도 실례가 되지는 않는다. 여성은 검정색 정장에 가급적 가방이나 구두도 검정으로 통일시키고 색채 화장은 피한다. 문상에 지나친 액세서리의 착용이나 현란한 색상이나 대담한 디자인의 옷차림, 맨발에 슬리퍼 차림 역시 피한다. 장례식장에 도착하면 핸드폰을 반드시 진동으로 바꾸어 놓고 상가에 들어가는 것이 좋다. 고인의 영좌 앞에 고개 숙여 분향을 한 다음 절을 두 번하거나 기도 또는 묵념을 한다. 맞절을 한 번 하거나 종교에 따라 그냥 선 채로 상제에게 애도 표시 또는 위로의 인사말을 전한다. 유족에게 말을 많이 걸거나 술을 지나치게 권해서는 안 되며 술잔 건배는 하지 않는다.

① 인사말

- 삼가 조의를 표합니다.
- 얼마나 마음이 비통하시겠습니까?
- 어떤 위로의 말씀을 해야 할지 모르겠습니다.

그림 2-7 장례식장 모습

출처: 픽사베이

② 헌화할 때에는 국화꽃의 줄기 부분을 잡고 꽃봉우리가 자신을 향하게 한 후 공손히 올린다.

③ 부의금을 상주에게 직접 건네는 것은 결례이다. 조문 전후에 부의금 함에 직접 넣는다. 부의는 상부상조하는 우리의 전통 미풍양속으로 자신의 경제 상황에 적합하게 전달하는 것이 중요하다. 무리하게 과도한 금액을 전하는 것은 상대방에게 부담스럽기도 하지만 결례가 되기도 한다. 부의금 봉투에는 부의(賻儀)라고 쓰는 것이 보통이나 근조(謹弔), 조의(弔意)를 적기도 한다.

(2) 병문안

병문안을 할 때에도 지켜야 할 매너가 있다. 병원에서 지정한 면회시간을 준수하여 병문안을 해야 한다. 식사시간, 회진시간은 피하고, 방문 전에 미리 환자 가족에게 연락하여 약속을 잡아야 한다. 병문안을 갔는데 주치의가 회진 중이라면 환자의 곁에 있기보다는 잠시 복도에서 회진이 끝날 때까지 기다리는 것이 좋다. 많은 인원보다는 최소 인원이 조용히 방문하고 오래 지체하지 않는다. 수술 직후이거나 중환자인 경우 환자 본인을 만나려 하기보다는 가족을 만나 쾌유의 마음을 전한다. 환자복을 입고 입원해 있는 환자를 배려해, 지나치게 화려한 옷이나 검정색 옷은 피하고 진한 화장, 향수 사용 등도 주의해야 한다.

입원 중에는 병원에서 환자의 식사가 제공되기 때문에 음식과 같은 선물은 삼가야 하고, 꽃 역시 알레르기를 유발할 수 있기 때문에 주의한다.

◎ **인사말**

- 우환이 있으시니 얼마나 걱정이 되십니까?
- 요즈음은 병환이 좀 어떻습니까? 차도가 좀 있으신지요?
- 곧 완쾌되시리라 여깁니다. 쾌유를 기원합니다.

(3) 결혼식

결혼식에 초대받았을 경우 여성 하객은 상의와 하의 전부 흰색인 의상을 입지 않는 것이 기본 매너이다. 결혼식에서 흰색은 신부를 상징하므로 결혼식의 주인공인 신부가 가장 빛날 수 있도록 같은 색상의 의상은 피하도록 한다. 신부보다 더 주목받거나 다른 하객들의 시선을 끄는 화려한 의상도 피하는 것이 매너이다. 남녀를 불문하고 청바지, 트레이닝복, 시스루 의상 등을 입는 것은 삼가야 한다. 결혼식에 참석하여 신랑 신부를 축복하며 축하 인사를 전하는 것이 좋다. 예식 시작 전에 식당으로 가는 행동을 삼간다.

① **인사말**

- 결혼을 진심으로 축하드리며 행복만이 가득하길 바랍니다.
- 두 분의 앞날에 행복이 있길 기원하며, 행복한 가정을 이루시길 기원합니다.
- 항상 지금처럼 아름답고 행복한 일만 가득하시길 바랍니다.
- 너무나 잘 어울리는 두 사람의 결혼을 진심으로 축하드립니다.

② **축의금**

축의금 봉투에는 축결혼(祝結婚)이나 축화혼(祝華婚)을 적는 것이 일반적이나 축성혼(祝聖婚), 축성전(祝盛典) 등을 쓰기도 한다.

MEMO

워크시트

3. 다음 기사를 읽고 물음에 답하세요.

어려운 '축 華婚' 대신 "결혼을 진심으로 축하드립니다."

농촌진흥청(농진청)이 한자만 적혀있던 경조사 부조 봉투 문구를 한글로 바꾸는 시도를 하면서 눈길을 끌고 있다. 이 변화를 주도한 이는 한글사랑을 실천해 온 성제훈(54) 대변인이다. 그는 최근 자신의 사회관계망서비스(SNS)에 "농진청 대변인실에서는 한자로 썼던 경조사 봉투를 한글로 바꿨다."며 바뀐 경조사 봉투 사진을 올렸다.
농진청 대변인실에 따르면 "우리 글자는 한글이고 한자는 중국 글자"라며 "경조사 봉투에 '結婚(결혼)', '華婚(화혼)', '謹弔(근조)', '賻儀(부의)' 등 한자를 쓰는데 우리 글자가 없다면 모를까, 한글이라는 멋진 글자가 있는데 굳이 한자를 쓸 까닭이 없다고 본다."고 취지를 밝혔다. 농진청이 26일부터 도입한 새 경조사 봉투에는 '祝華婚(축화혼)' 대신 "결혼을 진심으로 축하드립니다.", '賻儀(부의)' 대신 "삼가 고인의 명복을 빌며 깊은 애도를 표합니다."라는 한글 문구가 적혀 있다.
성 대변인은 28일 한국일보와 통화에서 "대학 다닐 때 교재에 한자말이 굉장히 많았다."며, "예를 들어 '다비(多肥 · 거름이 많음)하면 도복(倒伏 · 작물이 비바람에 쓰러짐)한다.'는 말이 있다. 일반인은 알아듣기 힘드니 '비료를 많이 주면 잘 쓰러진다.'고 쓰면 좋을텐데 일본식 전문 용어를 그대로 따서 쓰더라."고 말했다.
그는 "공부를 하면서 되도록 한자보다는 깨끗한 우리말을 쓰는 게 좋겠다는 생각을 하게 됐다."며 "1998년 공직에 들어선 후 2003년부터는 주위 동료들에게 한글을 쓰자는 이메일을 보내기 시작했다."고 회상했다. 한두 명에게 보내면서 시작된 '우리말 편지'는 공직 생활을 하면서 점점 늘어나 이제는 받는 사람만 수만 명에 이른다.
사실 성 대변인이 공공기관 경조사 봉투를 한글로 바꾼 것은 이번이 처음이 아니다. 그는 앞서 농진청 행정법무담당관실, 산하기관인 국립농업과학원 수확후관리공학과 · 스마트팜개발과에서도 경조사 봉투에 한글을 새겼다. 그는 "결혼, 애도 등도 따져보면 사실 한자로 구성된 말이긴 하지만 적어도 표기를 할 때는 알기 쉬운 한글을 쓰면 좋겠다고 생각했다."며 "안팎으로 많은 분들이 호응해주셔서 감사하다."고 덧붙였다.

출처: 한국일보 2020.08.29. 기사 요약

1. 기사를 읽고 토론해 보세요.
2. 경조사 예의를 알지 못해 당황했던 경험이 있는지 말해 보세요.
3. 경조사 예의가 왜 필요한지 토론해 보세요.
4. 한글로 바꿔 사용할 수 있는 경조사 용어를 조사하고 토론하세요.
5. 예의 있는 생활을 위하여 경조사 표현과 용어를 연습해 봅시다.

워크시트

4. "매너가 사람을 만든다." 내 매너점수는?

다음은 재미로 풀어보는 매너 진단 문항이다. 지정된 정답들은 상황과 상대에 따라 다르게 적용될 수 있으니 너무 딱딱하게 생각할 필요는 없다. 일상 속 자신의 매너가 어떻게 보일지 생각해 보자. 과연 당신은 매너남일까.

재미로 보는 남자의 매너 모의고사

성 명	

1. 여성과 골목을 걷고 있는데 뒤에서 차량이 달려온다. 다음 중 누가 가장 매너남인가?
철수: 뛰어난 반사신경으로 능숙히 피한다.
영수: 여성을 슬쩍 인도 안쪽으로 유도한다.
민수: 황급히 여성을 잡아끌며 괜찮으냐고 묻는다.
준수: 위험한 운전자에게 욕설을 퍼붓는다.

〈정답〉
영수
* 매너남들은 대부분 인도 바깥쪽으로 걷는다. 또한 여성을 잡아끄는 행동은 상황에 따라 부담스럽게 느껴질 수 있다.

2. 다음 중 괄호에 들어갈 말은 무엇일까? (주관식)

> … 부서원들 모두가 식사를 마쳤는지 확인한 매너남 최부장은 "그럼 이제 일어날까?"라고 말했다. 법인카드로 식대를 지불하고 난 뒤 직원들과 함께 식당을 나서며 (   ). 식후 커피를 마시러 가자는 장대리의 말에…

〈정답〉
("잘 먹었습니다"하고 식당 주인에게 인사를 했다.)
* 안녕하세요, 감사합니다, 잘 먹었습니다 등 점원들에게 친절한 말을 건넬 줄 안다면 진짜 매너남.

3. 전화를 잘못 걸었다. 올바른 대처는 무엇인가?
① 상대의 시간을 낭비해선 안 된다. 즉시 끊는다.
② 상대에게 가슴 깊이 반성하며 사죄하고 끊는다.
③ 전화를 잘못 걸었음을 밝히고 간단히 사과한다.

〈정답〉
③
* 간단하게 사과하고 '상대방이 먼저 끊도록 기다리는 것'이 포인트다. 사소하든 아니든 당신의 실수이니 먼저 전화를 끊는 것은 예의가 아니다.

4. 극장에서 영화 관람 중 대단히 급한 전화가 걸려왔다. 당신이 할 행동은?
① 최대한 빨리 받고 간결하게 통화한다.
② 화면 밝기를 줄인 후 작게 통화한다.
③ 급한 전화이므로 확인하자마자 밖으로 달려나간다.
④ 남에게 유익한 내용이니 큰 소리로 통화한다.
⑤ 전화하거나 말거나 받지 않는다.

〈정답〉
⑤
* 극장에 입장하며 적어도 광고가 끝날 쯤에는 전화를 꺼둬야 한다. 애초에 반드시 받아야 할 전화가 있다면 영화시간을 조정하든지, 영화를 포기하라.

5. 다음 중 '비매너' 사례를 모두 고르시오.
① 지하철에서 최대한 다리를 벌려 편안히 앉는다.
② 횡단보도를 건너며 담배를 피운다.
③ 시끄러운 윗집에 주의를 준다.
④ 친구의 지루한 말에 스마트폰 게임을 한다.
⑤ 자주 지각하는 직속 후배에게 훈계한다.

〈정답〉
①, ②, ④
* 무조건 참는다고 매너남이 아니다. 매너를 지키되 '호구'가 되지는 말아라.

6. 다음 중 매너남이라고 보기 어려운 것은?
① 뒤에 오는 사람을 위해 문을 잡아준다.
② 상사와 함께 자리할 때 가장 안쪽으로 들어간다.
③ 언제나 시간 약속을 지키려 노력한다.
④ 짧은 옷을 입은 여성이 앉아 있을 때 외투를 건넨다.

〈정답〉
②
* 흔히 알고 있듯 직장생활에서는 상석이라는 개념이 있다. 가장 편하고 좋은 자리는 상사에게 양보하고, 직급이 낮은 이가 다소 불편을 감수해야 하는 자리에 앉는다.

출처: 세계일보 2015.05.11. 재구성

3. 의사소통 매너

1) 의사소통이란?

의사소통(communication)은 삶의 중요한 한 부분이며 일상생활을 유지하는 수단이다. 인간은 다른 동물에 비해 월등한 의사소통 능력을 지니며 태어났고, 누구나 의사소통을 더 많이, 더 잘하고자 하는 욕구를 지니고 있다. 사회생활에서 매우 중요한 인간관계 역시 커뮤니케이션, 즉 의사소통을 통해 이루어진다.

의사소통(communication)의 원래 뜻은 '상호 공통점을 나누어 갖는다.', 라틴어 'communis(공통, 공유)'에서 유래하였다. 화자와 청자 간의 대화를 말하며 전달자가 수용자에게 사실, 생각, 감정을 알려주고 의사교류를 통해 공통적인 이해를 가지며 수용자의 생각, 감정, 행동이 변화를 일으키도록 영향력을 미치는 행동이다. 따라서 의사소통이란 결코 혼자 하는 것이 아니며, 누군가와 나누는 것이며, 인간으로 하여금 사회적 존재로서 살아가게 만드는 도구가 된다(이인경, 2015. pp.96-97).

2) 의사소통의 올바른 태도

사회학자 찰스 호튼 쿨리(Charles Horton Cooley)는 "커뮤니케이션은 우리가 관련을 맺고 있는 사람 혹은 세상을 통해 메시지를 보내고, 받고, 해석하는 과정"이라고 핵심을 설명하였다. 의사소통은 내가 상대방에게 메시지를 전달하는 과정이 아니라 상대방과의 상호작용을 통해 메시지를 다루는 모든 과정이다. 성공적인 의사소통을 위해서는 자신이 지닌 정보와 의견을 상대방이 이해하기 쉽게 표현하고 상대방이 어떻게 받아들일 것인가를 반드시 고려해야 한다.

지금까지 의사소통이라고 하면 무조건 기계적인 정보의 전달만으로 잘못 이해되어 왔다. 의사소통은 정보 전달 이상의 것이다. 다른 이해와 의미를 가지고 있는 사람들이 공통적으로 공유할 수 있는 의미와 이해를 만들어 내기 위해 서로의 언어 또는 문서 그리고 비언어적인 수단을 통해 상호 노력하는 과정이다. 따라서 일방적인 말하기나 전달이 되지 않도록 의사소통의 정확한 목적을 알고, 의견을 나누는 자세가 필요하다. 우리 속담 중 '가는 말이 고와야 오는 말도 곱다.'는 말도 결국 이러한 맥락에서 이해할 수 있다. 커뮤니케이션, 즉 의사소통은 예측이 불가능한 게임과 유사하다. 테니스를 칠 때 우리는 상대방 선수가 공을 보낸 방향과 지점에서 재빨리 공을 받아넘겨야 한다. 따라서 내가 공을 어떻게 치는가 하는 것은 전적으로 나에게 속한 일이 아니다. 상대방이 공을 어떻게 받아 치는가 그리고 내가 과연 어느 정도의 실력을 갖추었는지에 따라 좌우된다. 이런 의미에서 의사소통은 어느 한쪽의 공이 네트를 넘기지 못할 때까지 지속되는 테니스 경기와 같다고 말할 수 있다(오미영, 2013. pp.2-4).

3) 언어소통 매너[6)]

의사를 표현할 때에는 언어적 방법과 비언어적 방법이 복합적으로 작용된다. 언어적 소통 방법은 인간이 말이나 문자를 사용하여 이루어지는 것이며, 인간의 감정이 몸짓이나 소리를 통해 신호를 만들어 자신의 의사를 전달하여 이루어지는 것을 비언어적 방법이라고 한다.

(1) 대화 매너

말을 능수능란하게 구사하는 사람을 일컬어 '언변이 좋다.', '언변이 뛰어난

6) 장순자(2015). pp.179-186 참조.

사람'이라고 한다. 그러나 말솜씨가 서툴러도 진심을 담은 말 한마디는 상대방의 마음을 움직일 수 있다. 언제든지 진실성 있는 태도로 말을 해야 한다. 보통 말하는 사람과 듣는 사람은 약 50-60cm 거리를 두고 마주 보며 편안한 자세로 대화를 나누는 것이 좋다. 이때 상대방의 얼굴을 강하게 쳐다보거나 손으로 턱을 받치거나 한눈을 파는 것은 예의에 벗어나는 행동이다. 대화는 육하원칙(언제, 어디서, 누가, 무엇을, 어떻게, 왜)을 응용하면 편리하고 정확하다. 상대방의 말을 경청함으로써 말하는 사람이 중심이 되었다는 느낌을 줄 수 있다.

① **대화의 기술:** 말은 침착하고 조용히 간결하게 한다. 말을 잘 하는 것도 중요하지만 듣는 것이 더 중요하다.

- 말에는 적당한 유머가 있으면 더욱 부드럽게 대화를 나눌 수 있다. 상대방의 눈을 바라보고 말하며, 혼자 아는 척해서는 안 된다.
- 타인의 비밀이나 상대방이 싫어하는 것을 화제로 삼아 말하지 않는다.
- 상대방의 말을 가로채서는 안 되며, 바른 자세로 말한다.
- 풍부한 화제와 화술이 있다면 좋겠지만 거짓과 과장은 절대금지이다.
- 외국어 단어나 표현, 어려운 말을 남용해서 말하지 않는다.

② **호감 가는 대화 매너:** 대화를 통해 상대방에게 좋은 인상을 주려면, 상대방 입장에서 생각하고 말할 수 있는 효과적인 대화법을 활용하는 것이 좋다.

- 플러스(+) 화법을 사용한다. 부정형보다 우회적 긍정형과 대안 제시형으로 대화를 한다.
- 명령형보다 권유형이나 의뢰형의 표현을 사용한다.
- '너 전달법'보다 '나 전달법'을 사용해서 대화한다.
- 경어(敬語)나 겸양어(謙讓語)를 바르게 사용한다.

③ **바람직한 경청 태도:** 이야기를 들을 때에는 중간 중간에 호응과 반응을 보이며 끝까지 잘 듣는다. 상대방이 이야기를 하고 있는 도중, 대화를 중단시킨다면 말하는 사람은 이야기를 지속하고 싶은 흥미가 떨어지게 된다. 싫증난 표정을 짓지 말고 미소띤 모습으로 상대방의 말을 끝까지 듣는 아량이 필요하다.

(2) 전화 매너[7)]

친절하고 정중하게 받은 전화는 짧은 시간이라도 오랫동안 좋은 기억으로 남지만, 그 반대라면 불쾌하고 좋지 않은 인상을 준다. 전화는 상대방의 얼굴을 보지 않고 오직 음성으로만 대화하기 때문에 직접 대면할 때와 다르다. 어투나 말씨에 각별히 신경을 써야 한다. 아무리 화가 나더라도 소리를 지르거나 전화를 그냥 끊어버리는 일을 해서는 절대 안 된다. 전화 예절은 자신의 가정, 소속된 학교, 직장, 단체와 직접 관련이 있고 영향을 주기 때문에 전화 사용과 관련된 올바른 매너를 익히고 실천해야 한다.

① 전화 받기

- 가급적 전화벨이 3-4번 이상 울리기 전에 받도록 하는 것이 좋다.
- 직장인이라면 첫 인사말과 함께 본인의 소속과 이름을 밝힌다.
- 상대방의 용건을 경청하고, 통화 시 상대방의 이름을 함께 사용한다. 펜과 메모지를 준비하여 메시지를 받아 적어 둘 수 있도록 한다.
- 메모하면서 중요 사항을 다시 확인하고 통화를 마치고 추가적인 필요사항을 확인 후 작별 인사를 한다.
- 상대가 전화를 끊은 것을 확인 후 끊는다.

7) 장순자(2015). pp.198-211; NCS 직업기초능력 (10)직업윤리 '직장예절' 참고 보완.

② **전화 걸기**

- 통화 목적에 맞게 적절한 준비를 한 다음 전화를 건다. 정보를 얻기 위한 것이라면 확인하려는 내용을 미리 메모해 통화를 통해 얻으려는 정보를 빠뜨리지 않도록 한다.
- 전화를 건 이유나 목적을 파악하여 대화를 나눌 수 있도록 준비한다.
- 업무 전화라면 근무 시간에 통화를 하는 것이 좋다.
- 원하는 상대와 통화하지 못한 경우에는 동료나 다른 사람에게 메시지를 남기도록 한다.
- 전화는 직접 걸도록 한다. 동료나 친구, 가족 등 다른 사람을 통해 전화를 건다면 상대방으로 하여금 당신의 시간이 상대의 시간보다 더 중요하다는 느낌을 갖게 만든다.
- 용건이 끝나면 감사의 끝인사를 전하고 끊는다. 일반적으로 업무전화는 전화를 건 사람이 먼저 끊는다. 그러나 상대방이 연장자이거나 상위 직급에 있다면 상대방이 끊은 것을 확인 후 수화기를 내려놓는 것이 매너이다.
- 전화 요청 메시지를 받고 전화를 거는 경우에는 가능한 48시간 안에 걸도록 한다. 하루 이상 자리를 비우게 되어 다른 사람이 대신 전화를 받아줄 수 없다면 자리를 비우게 되었다는 메시지를 남기는 것이 매너이다.

(3) 휴대 전화

때와 장소를 가리지 않고 울리는 휴대 전화를 뽐내던 시절은 이미 지나간지 오래다. 자칫하다간 난처함을 넘어 몰상식한 사람으로 전락할 수도 있다. 상가에서 조문하는데 “날 좀 보소, 날 좀 보소~” ‘밀양아리랑’ 벨소리가 울려 당혹했다는 얘기도 있다. 몇 해 전 미국 뉴욕 필 교향악단의 말러 <교향곡 9번> 공연 도중 전화 벨소리가 거듭 울리자 지휘자가 연주를 중단하고 “휴대전화를 꺼달라.”고 부탁한 일은 국제뉴스의 화제거리로 보도된 바 있다(한겨레

2013.04.29.). 휴대 전화의 발달과 보급으로 인해 우리의 삶은 편리해졌지만 이에 따라 지켜야 할 예의도 생겨났다. 휴대 전화 사용과 관련된 예의를 학습하고 실천하여 상대방과 타인에게 불쾌감을 주지 않도록 해야 한다.

직장, 학교, 도서관 등 공공장소에서는 휴대 전화를 꺼두거나 진동모드로 설정한다. 영화관이나 공연장에서 고개를 숙인 채 작은 소리로 통화하는 사람이 있는데 어떤 상황을 막론하고 커다란 결례이다. 영화 혹은 공연 내용을 휴대 전화로 촬영하거나 사진 찍는 것은 위법이다. 버스, 지하철, 공항 등 공공장소에서는 최대한 목소리를 낮추고 짧게 통화한다.

병원에서는 의료 기기에 전파 장애를 일으킬 수 있으므로 휴대 전화 전원을 꺼둔다. 또한 장시간 통화하거나 시끄럽게 통화하면 다른 환자들에게 불편을 줄 수 있으므로 가급적 사용하지 않는다.

상대방에게 통화가 가능한가를 먼저 확인 후 대화를 시작한다. 국제 전화 등 상대방이 추가 요금을 지불하게 만드는 휴대 전화 사용은 피한다.

전화가 잘못 걸려 왔을 때 친절히 "전화가 잘못 걸렸습니다."라고 말한다. 전화를 잘못 걸었을 경우에는 "죄송합니다. 전화를 잘못 걸었습니다."라고 사과의 뜻을 전한다. 통화가 끝나면 전화를 건 사람이 먼저 끊는 것이 원칙이나 상대방이 상사나 어른이라면 먼저 끊기를 기다린다.

운전하면서 휴대 전화를 사용하지 않는다. 휴대전화를 사용하는 운전자는 소주 6-7잔을 마시고 운전하는 것과 같고 사고 발생률이 4배 이상 상승한다고 한다.

4) 사이버 공간에서의 매너[8)]

컴퓨터와 정보통신기술의 비약적인 발전으로 인터넷은 단순한 기술적인 정보통신망에 그치지 않고 인간행위의 장이자 일상생활을 규정하는 새로운 인간 환경으로 자리 잡았다. 이러한 사이버 공간에서 사람들은 실제 삶 속에서는 할 수 없는 다양한 의식과 행위들을 표출하고 있다. 네티켓은 사이버 공간에서 지켜야 하는 예절을 뜻한다. 네티켓은 통신망을 뜻하는 '네트워크'와 예절을 뜻하는 '에티켓'의 합성어로, 네티즌이 사이버 공간에서 지켜야 할 매너를 말하며 비공식적인 규약이라고 할 수 있다.

네트워크(network) + 에티켓(etiquette) = 네티켓(netiquettee)

인터넷이라는 가상공간은 익명성과 쌍방향성이라는 특성으로 인해 오해를 사거나 다른 사람들의 감정을 상하게 할 수 있다. 따라서 현실공간에 비해 오히려 더욱 예의 있고 매너를 지닌 자세가 필요하다.

(1) 전자우편(E-Mail) 네티켓

- 메시지는 가능한 짧게 작성한다. 메일을 보내기 전에 주소가 정확한지 다시 확인한다.
- 제목은 메시지 내용을 함축해서 간략하게 써야 한다.
- 메시지 마지막에 성명, 직위, 단체명, 메일주소, 전화번호 등 서명을 간략하게 표시한다.
- 타인에 대해 언급할 때에는 정중함을 지키고 타인에게 피해를 주는 언어

8) NCS 직업기초능력 (7)정보능력. '사이버공간에서 지켜야 할 예절' 인용 · 보완.

(비방이나 욕설)는 쓰지 않는다. 메일은 쉽게 전파될 수 있기 때문이다.

(2) 온라인 대화(채팅) 네티켓

- 입장과 퇴장할 때, 서로에게 인사를 나눈다.
- 마주보고 이야기하는 자세와 상대방을 존중하는 마음으로 임한다.
- 진행된 대화의 내용과 분위기를 경청하고 이에 맞는 대화를 한다.
- 자신의 글을 올리기 전에 한 번 더 생각한다.
- 상대방에게 불쾌감을 주는 대화, 유언비어, 속어와 욕설 게재는 삼가고, 상호비방의 내용은 금한다. 광고, 홍보 등을 목적으로 악용하지 않는다.

(3) 게시판 네티켓

- 게시판 글은 짧고 간결하게 요점만 작성한다.
- 게시판에 이미 같은 내용의 글이 없는지 확인 후, 게시물 내용을 잘 파악할 수 있는 단어를 사용하여 제목을 쓴다.
- 게시판에 사실과 다른 내용의 글은 올리지 않는다. 올린 글 중 틀린 내용이 있다면 빨리 수정하거나 삭제한다.
- 게시판의 주제와 관련 없는 내용은 올리지 않는다.
- 특히 타인을 비방, 욕하는 글은 절대 금지이다.

(4) 자료실 네티켓

- 불법 소프트웨어, 상업용 소프트웨어, 음란물 등을 올리지 않는다.
- 자료를 올리기 전에 바이러스 감염 여부를 확인한다.
- 가급적 자료를 압축해서 올리고, 자료를 올릴 때에는 출처를 밝힌다.
- 자신에게 필요한 자료를 받았을 때에는 감사 인사를 전한다.

(5) 온라인 게임 네티켓

- 게임 상에서 경어를 사용하고 함부로 반말을 쓰지 않는다.
- 온라인 게임은 오락일 뿐 지나치게 몰입하거나 집착하지 않는 자세를 갖는다.
- 온라인 게임을 스포츠로 여기고 스포츠맨십을 보인다.
- 게임 도중 일방적으로 퇴장하는 것은 무례한 행위이다.
- 승패와 상관없이 게임이 종료되면 정중히 인사를 나눈다.

(6) SNS 네티켓

소셜네트워크서비스(Social Networking Service)란 사용자 간의 자유로운 의사소통과 정보 공유, 그리고 인맥 확대 등을 통해 사회적 관계를 생성하고 강화해주는 온라인 플랫폼을 의미한다. SNS에서 가장 중요한 부분은 이 서비스를 통해 사회적 관계망을 생성, 유지, 강화, 확장해 나간다는 점이다(위키피디아). 전 국민의 메신저가 되어 버린 카카오톡을 비롯해 Facebook, Instagram, Band 등 SNS를 어떤 이는 폐쇄형으로 사용하는가 하면, 누구나 접근해 내용을 볼 수 있는 오픈형으로 사용하기도 한다. 그러나 어떤 형태를 선택하든 SNS는 비밀보장이 안 된다는 점에서 다음과 같은 예절과 매너를 필요로 한다(미디어인뉴스, 2020.09.01).

정치, 종교 등 특정 성향의 게시글은 자제한다. 지나치게 정치적인 부분은 SNS의 순기능을 망칠 수 있고 나아가 친구를 맺은 다른 이와 소통을 해칠 수 있기 때문이다. 정치, 종교 등 특정 성향의 글은 같은 성향의 그룹 공간을 통해 표현하는 것이 바람직하다.

다른 사람의 사생활을 침해하거나 공격하는 게시글이나 댓글 작성을 삼간다.

친구 신청 시 자신을 먼저 소개하고 과도한 친구 신청을 통해 네트워크를 확대하는 데 집중하지 않는다.

친구 추가를 강요하지 않는다. 상대방이 원하지 않을 수도 있기 때문이다. SNS가 소통의 공간이지만 다른 한편으로는 개인적인 공간이다. 서로 잘 모르는 사이이거나 가까운 사이가 아닌데도 친구 추가를 요구하는 것은 초대하지 않았는데도 무조건 집으로 놀러 가겠다는 것과 동일하다.

확인되지 않은 정보나 허위성 정보 등을 공유하거나 유포하지 않는다. 사생활 침해가 될 수 있는 타인의 소식이나 사진 등을 허락 없이 올리지 않는다. 자신의 어린 자녀나 이웃의 아이들 사진을 함부로 올려서는 절대 안 된다. 욕설, 저속한 표현, 성적인 표현은 사용 금지이다.

저작권에 문제가 있는지 생각해 보고 이러한 콘텐츠를 공유하지 않는다.

SNS는 불특정 다수에게 노출된다. 댓글을 올리기 전에 상대방의 입장에서 생각해야 한다.

〈사례 3〉 '온라인 강의 에티켓' 제대로 알고 지키자!

가상공간이 교실이 된 가운데, 이제는 참여자 모두가 학습 효율을 높이기 위해, '가상 교실'에서 '온라인 에티켓'을 명확히 적립하고 실행할 필요가 있다.

'온라인 에티켓'의 필요는 절반이 넘는 비대면 수업이 그 배경이다. 2020.09.10일 교육부에 따르면 7일 기준으로 전국 332개 대학(일반대학교 198, 전문대 134) 중 196개(59%) 대학이 2학기 개강 이후 전면 비대면 수업에 들어갔다. 사실 교수자의 사전 동영상 녹화로 제공되는 수업은 이렇다 할 에티켓이 크게 필요하지 않다. 하지만 Zoom(줌)과 같은 실시간 채팅 프로그램을 이용한 화상 수업은 달랐다. 수업 초창기에는 '등교하지 않아도 된다.'라는 안도감에 잠옷을 입고 나타나는 학생도 있었고, 수업 중 '개인 먹방'을 하는 학생도 있었다. 물론 이러한 행동이 온라인 수업에 아주 큰 방해가 되지는 않지만, 분명 오프라인 수업이었다면 실현되지 않았을 일이기도 하다.

- "온라인 수업에도 예의가 있어요.": 원활한 온라인 수업을 위해 학생이 지켜야 할 '비대면 실시간 화상 강의 유의사항' 여섯 가지

1. 가능한 한 조용한 장소에서 수업 참여: 비대면 수업 시 혼자 수업에 집중할 수 있는 장소에서 수업을 듣는다. 이동 중 모바일 기기로 접속하는 경우가 있는데, 이는 다른 수강생들에게 방해가 된다. 수업에 지각하더라도 카메라를 고정할 수 있는 곳에서 자리를 잡고 수업에 접속한다.

2. 비대면 수업에서 영상과 음성을 모두 ON!(교수자와 강의에 따라 변경 가능) : 비대면 수업은 세미나 수업과 동일하다고 본다. 영상이나 음성이 부재할 경우에는 결석 처리한다.

3. 가상공간에서도 T.P.O(Time Place Occasion)는 지키자 : 비대면 수업이 가상공간에서 이뤄져도 '공적인 공간'이므로 이에 합당한 자세로 임해야 한다. 자리를 비울 시 음성과 영상을 끄고 강의실을 나가 듯 행동해야 한다.

4. 안정적인 수업 접속을 위한 기기와 네트워크 환경 확인 : 수업 참여에 사용하는 전자기기의 전원선 및 배터리 충전을 확인하고, 특히 수업 중 인터넷 접속을 느리게 만드는 다른 프로그램이나 애플리케이션은 꺼둔다.

5. 비대면 수업은 녹화 금지 : 비대면 수업은 저작권 및 수업 참가자 초상권에 유의한다. 비대면 수업 시 다른 사람이 수업에 참여한다면 사전에 허락을 받고 청강한다.

6. 비대면 수업도 대면 수업과 동일하다. : 비대면 수업이라고 해서 특별히 다른 점은 없다. 어디까지나 비대면 수업도 공적 수업이다. 모르는 부분이 있다면 교수자에게 질문하면 된다.

출처: 한국대학신문 2020.09.14

〈사례 4〉 교수님께 메일 보내는 일, 어렵지 않아요!

많은 학생들이 불가피하게 결석하였거나 과제에 대해 문의할 때 그리고 중간고사와 기말고사를 치른 후 성적에 대해 궁금한 점이 있을 때 메일을 통해 교수님께 문의하곤 한다. 그렇다면 교수님께 무슨 내용을, 어떤 기준에 맞춰 작성해서 발송해야 하는지 알아보자.

1. 자신이 누구인지 그리고 메일을 보내는 이유를 간략하게 제목에 작성하자.
   예) [만화애니메이션학과 21학번 000] 창의적 글쓰기 중간 과제 문의드립니다.
   [대중문화와 인문학] 출결석에 대해 문의드립니다.– 간호학과 000드림
   00대학교 00학과 000입니다(영화를 통해 이해하는 현대중국 성적 문의).
2. 첫 인사말을 남기고 메일 작성의 목적과 내용인 본론을 시작하자. 간단한 인사말을 적은 후 자기소개를 한다. 교수님이 담당하는 과목과 학생들이 다양하고 많기 때문에 보다 자세한 본인소개를 해야 누구인지 확인할 수 있기 때문이다.
3. 본론에 해당하는 메일을 작성하게 된 목적을 명확하게 밝히고 표현은 완곡하게 하자. 인사를 하고 자신을 소개하였다면 메일을 쓰는 목적을 분명하고 간략하게 작성한다. '말 한마디에 천 냥 빚을 갚는다."라는 속담처럼, 표현은 완곡하게 하는 것이 좋다. 가급적 이모티콘의 사용은 자제한다.
4. 첫인사와 마찬가지로 끝인사를 남기고 마무리한다.
5. 메일을 전송하기 전에 교수님의 이메일 주소를 다시 확인하자.
6. 과제나 서류를 제출한다면 첨부했는지 확인하자.
7. 메일 제목칸이 비었는지 그리고 맞춤법과 오타 등은 없는지 확인하자.

출처: 김희진(2019). 창의적 글쓰기 강의노트 재구성.

MEMO

워크시트

5. 의사소통에 관한 설명 중 맞으면 ○를, 틀리면 ×를 표시하세요.

내 용	○	×
의사소통은 내가 상대방에게 메시지를 전달하는 과정이다.		
의사소통은 정보의 전달 이상은 아니다.		
의사소통에서 상대방이 어떻게 받아들일 것인가에 대한 고려가 바탕이 되어야 한다.		

6. 전화 매너에 관한 설명 중 맞으면 ○를, 틀리면 ×를 표시하세요.

내 용	○	×
도서관 안에서는 휴대 전화 진동이 울려도 괜찮다.		
버스 안은 시끄럽기 때문에 큰 소리로 전화를 받아도 된다.		
공공장소에서 음악을 들을 때는 이어폰을 사용한다.		
영화관에서 영화를 보다가 소리가 울리면 전화를 받으러 밖으로 나간다.		
강의 시간 중에는 휴대 전화 전원을 끄고 쉬는 시간에만 사용한다.		
작업 중에는 휴대 전화를 보관 장소에 보관하여 작업에 방해가 되지 않도록 한다.		
전화를 걸기 전에 확인하고자 하는 내용을 미리 메모해서 준비하는 것이 바람직하다.		
전화를 요청하는 메시지를 받으면 내가 편한 시간에 아무 때나 하면 된다.		
비서가 있다면 비서를 통해 전화를 거는 것이 고객이나 상대방에 대한 매너이다.		
전화벨이 울리면 가급적 3–4번 이상 울리기 전에 받도록 노력해야 한다.		
상대방의 대답을 듣기 전에 내가 준비한 멘트를 빨리 하는 것이 유리하다.		
다른 사람의 휴대전화를 빌려 통화하는 경우 오래 사용해도 무방하다.		

워크시트

7. 다음을 읽고 물음에 답하세요.

1. 사이버 공간에서 지켜야 할 예절을 '네티켓'이라고 부르는데, 두 가지 용어의 합성어이다. 어떤 합성어인지, 다음의 빈칸에 알맞은 용어를 넣어보세요.

[ ] + [ ] = 네티켓(netiquette)

2. 사이버 공간에서도 지켜야 할 에티켓과 매너가 있다. 전자우편, 채팅, 게시판, 온라인 게임 등을 이용할 때 지켜야 할 예의에는 어떠한 것들이 있는지 각각 적어보세요.

① 전자우편(E-mail)을 이용할 때의 네티켓

② 온라인 대화, 채팅할 때의 네티켓

③ 게시판을 사용할 때의 네티켓

④ 온라인 게임을 할 때의 네티켓

4. 글로벌 비즈니스 매너

오늘날 국경을 초월해 개방화, 정보화, 세계화가 이루어지면서 여러 나라를 방문하거나 외국인을 만나 거래해야 할 상황이 많아졌다. 국제적인 식견과 능력을 가지고 새로운 경쟁과 시장 환경에 적응해야 할 필요성이 증가하고 있는 것이다. 글로벌 경쟁력을 갖추기 위해 알아두어야 할 글로벌 매너에 대해 살펴보기로 하겠다.

1) 인사의 의미와 중요성

인사(人事)란 말 그대로 '사람의 일', '사람이 해야 할 일'이다. 사람이 사람다움을 나타내는 가장 아름다운 행위이며 사회생활에서 인간관계를 열어주는 첫 번째 행위이다. 따라서 인사를 할 때에는 자신의 인격이 드러나도록 언행에 흐트러짐이 없어야 하며, 상대방을 존중하는 마음이 담겨 있어야 한다. 특히 직장이나 비즈니스 관계에서 인사는 모든 예절의 기본이며 상호관계를 원활하게 이어주는 가장 중요한 예절이다. 따라서 모르는 사이라도 먼저 인사하면 알게 되고, 아는 사이라면 계속 인사를 나누면서 더욱 가깝게 지낼 수 있기 때문에 반드시 인사는 습관적으로 실천해야 한다(장순자, 2015. pp.91-92).

표 2-1 인사의 종류

간단한 인사 목례(10도 정도)	• 업무 중이거나 통화 중에 인사하기 곤란할 때 • 무거운 짐을 들었을 때 • 조용한 장소에서 마주칠 때	
보통 인사 (30도 정도)	• 가장 많이 상용하는 인사법 • 일상생활에서 어른이나 선생님, 상사를 만날 때 • 고객 환영과 고객 환송 때	
정중한 인사 (45도 정도)	• 가장 격식 있는 인사 • 집안 어른이나 ceo, vvip와의 만남 • 감사의 인사 또는 사죄의 뜻을 전할 때	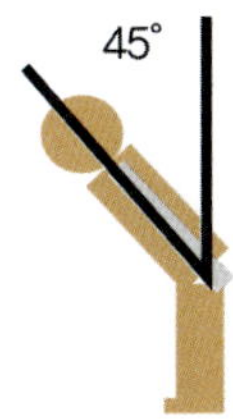

〈올바른 인사의 순서〉

1. 바른 자세로 선다.
2. 상체를 정중히 숙인다.
3. 잠시 멈춘다.
4. 천천히 든다.
5. 바로 서서 상대의 눈을 보며 미소로 마무리한다.

2) 글로벌 인사 매너

인사의 사전적 의미는 “마주 대하거나 헤어질 때 예를 표함 또는 그런 말이나 행동”으로 풀이할 수 있다. 세계 각 나라의 인사법에는 그 나라 고유의 문화가 숨겨져 있다. 동서양 여러 나라에는 어떠한 인사 방법이 있고, 인사에 담긴 의미는 무엇인지 살펴본다. 글로벌 인재로 성장하기 위해 각 나라의 인사법과 인사 예절을 배움으로써 글로벌 역량을 키울 수 있다.

(1) 나라별 인사 매너[9)]

① 한국의 인사

한국에서는 허리를 굽히고 고개를 숙여 인사를 한다. 자신보다 손윗사람일수록 고개를 더욱 숙여 상대를 향한 높은 존중과 예의를 표시한다. 이렇게 함으로써 행동과 마음으로 예의를 드러내는 것이다.

그림 2-8 한국에서의 인사 방법 1

출처: 공유마당, 한국저작권위원회.

그림 2-9 한국에서의 인사 방법 2

출처: 공유마당, 한국저작권위원회.

② 미국의 인사

미국의 인사법인 악수는 서로 마주 서서 손을 잡고 상하로 흔들어 움직이는 동작을 말한다. 우리가 흔히 알고 있는 악수의 방법이다. 미국뿐 아니라 일반적

9) pmg 지식엔진연구소(2017)의 세계의 다양한 인사법; kotra-국가정보를 참조·보완 정리.

인 비즈니스 만남에서 행하는 인사법이다. 그 유래를 살펴보면 과거 낯선 사람을 만나면 우선 상대를 의심하며 자신이 지닌 무기(칼)를 먼저 찾았다고 한다. 그렇게 경계를 하면서 천천히 다가가 얼굴과 몸을 살핀 후 서로 싸울 의사가 없다는 것을 확인하면 무기(칼)에서 손을 떼고 오른손을 들어 악수하는 것이다. 이런 의미에서 악수는 만나서 반갑기보다 경계부터 해야 했던 과거의 역사를 반영한 인사법이라 할 수 있다(이인경, 2015. 86-87).

③ 이스라엘의 인사

수천 년 동안 이스라엘 사람들이 사용해 온 인사말은 '샬롬'이다. 인사말과 함께 악수를 나누고 친한 사이라면 서로 등을 토닥이거나 주무르는 방식이 일반적이다. 지금도 이스라엘 사람들이 만나고 헤어질 때 가장 보편적으로 사용하는 인사법이다(위키트리, 2015.03.06). 가까운 사람들 사이에서는 '샬롬 샬롬' 두 번 반복해 친근감을 표하기도 한다. 본래 샬롬은 "온전하다", "완전하다"는 뜻이다. 이러한 기본적인 뜻을 바탕으로 여러 가지 경우와 맥락에 따라 다양한 의미를 표현한다. 결혼하는 신랑 신부에게 "샬롬"은 '행복하게 잘 사세요', 환자에게 "샬롬"은 쾌유를 빈다, 어부에게 "샬롬"은 물고기를 가득 잡아 만선으로 돌아오라 의미이다. 사실 인간의 언어 가운데 이보다 더 좋은 말이 있을 것 같지 않다. 이렇듯 '샬롬'은 다양한 상황, 대상, 조건 등을 초월해 사랑, 건강, 평화, 희망, 정의 등 여러 가지 좋은 뜻을 담은 종합적 의미의 말이다(중앙일보, 1996. 05. 26.).

④ 하와이의 인사

하와이에서 만나거나 헤어질 때 "알로하"라는 인사말을 한다. '알로하'는 하와이 원주민어로 '안녕', '아주 좋아', '걱정할 거 없어' 등을 의미하며 양보와 배려의 관용 정신을 표현한다. 또한 주먹을 쥔 상태에서 엄지와 새끼손가락만 펴고 손등을 보이는 것을 "샤카"라고 부르는데 '알로하'의 의미를 상징하는 손

인사법이다. 그 뜻을 강조하고 싶을 때는 더욱 빠르게 흔든다.[10] 특히 미국의 오바마 전 대통령이 재임 중 하와이 동향(同鄕) 사람을 만날 때 '샤카' 인사를 해서 더욱 널리 알려졌다(뉴시스 2011.05.19.).

⑤ 태국의 인사

태국에서는 두 손을 기도하듯이 가슴에 모으고 고개를 숙이며 인사말을 건네는데, 이를 '와이'라고 한다. 태국의 전통 인사법인 '와이'는 젊은 사람이 먼저 하며, 연장자가 같은 방법으로 답례한다. 태국의 아이들은 학교에 갈 때, 부모님에게 존경의 마음을 보이며 '와이' 인사를 한다. 학교에서 돌아와서도 마찬가지이다. 이러한 와이는 타인에 대한 존경과 경의의 마음을 표시하는 것으로, 상대가 나이가 많거나 신분이 높을수록 고개는 더 숙이고 손은 더 높이 올려야 하며, 상대가 와이 인사를 하면 반드시 와이 인사로 답례해야 한다. 이는 인도 문화권의 인사 '나마스테'와 비슷하다. 동남아시아, 남아시아에서 널리 이용되고 있는 합장 인사의 일종이다.

그림 2-10 다양한 인사방법 1

출처: 위키피디아.

그림 2-11 다양한 인사방법 2

출처: 위키피디아.

10) 하와이안항공 홈페이지. '샤카의 기원' 참조
https://www.hawaiianairlines.co.kr/hawaii-stories/culture/origin-of-the-shaka

⑥ 뉴질랜드 마오리족의 인사

뉴질랜드 마오리족에겐 '홍이(hongi)'라고 불리는 인사법이 있다. 코끝을 서로 맞대며 인사하는 독특한 방법이다. 서로 영혼을 교환하고 섞는다는 의미를 담고 있다고 한다(위키피디아).

⑦ 일본의 인사

일본에서 가장 정중한 인사는 "오지기"이다. 오지기는 감사나 경의를 표할 때나 사과할 때, 뭔가를 부탁할 때 상대방에게 한다. 서 있는 채로는 다리를 모으고 똑바로 서서 상체를 굽히고 머리를 숙인다. 가벼운 목례인 "에샤쿠"에서 몸을 90도로 숙여 인사하는 오지기까지 정중함의 정도에 따라서 머리를 숙이는 각도가 다양하다. 타타미방에서는 반드시 앉아서 인사를 한다. 정좌(正座)의 자세에서 몸을 숙이고 양 손을 앞바닥에 가지런히 모아놓고 고개를 숙인다. 일본인도 악수로 인사하는 경우가 있는데, 일본인과 외국인, 입후보자와 유권자, 탤런트와 팬 등의 특수한 경우에 국한되어 있다.

⑧ 프랑스, 이탈리아 등 유럽의 인사

비즈니스 미팅 또는 공식적인 자리에서는 보통 악수를 하지만 남녀라도 친한 사이에서는 '비주(bisou)'라는 인사를 한다. 상대방과 양쪽 볼을 번갈아 맞대며 입으로 '쪽' 하는 소리를 내는 것이다. 일종의 볼뽀뽀 또는 볼키스이다. 볼에 하는 입맞춤 제스처로, 친구나 가족 사이에서 친근감과 우정, 존중, 위로 등을 전한다고 한다. 우리에게는 다소 낯설고 민망하지만 프랑스, 이탈리아, 스페인 등의 국가들에서 일반적으로 사용하는 인사 방식이다.

⑨ 인도의 인사

턱 아래 두 손을 모은 뒤 고개를 숙이며 '나마스떼(Namaste)'라고 인사말을 전한다. 나마스떼는 인도 고대어인 산스크리트어에서 유래하였으며 '당신께 영광을'이라는 뜻을 갖고 있다.

⑩ **티베트의 인사**

티베트 인사법은 조금 독특하다. 우리나라에서 '메롱'으로 통하는 제스처가 바로 티베트식 인사이기 때문이다. 티베트인들은 친근감의 표시로 자신의 귀를 잡아당기면서 상대방을 향해 자신의 혀를 내미는 전통적인 인사 방식이다.

나라마다 전통과 풍습이 다르듯 인사하는 방법도 각양각색이다. 세계 각국의 인사말과 인사 방식 속에는 그 나라 사람들이 공감하는 독특한 문화와 관습이 자리 잡고 있다. 세계 각국의 인사법은 지역마다 민족마다 특색 있고 다양하지만 각기 다른 오랜 문화적 배경과 관습을 통해 전해 내려온 전통이라는 점은 동일하다. 따라서 다양한 인사법들이 우리에게 때로 낯설고 생소하더라도 인사에 담긴 의미를 생각하며 존중해야 할 것이다.

(2) 소개 매너[11)]

소개는 모르는 두 사람이 처음 만났을 때, 편하게 느낄 수 있도록 도와주는 행위이다. 비즈니스에서 소개를 할 때는 직장 내에서의 직급이나 서열과 나이를 고려한 순서를 따른다. 외국인을 호칭할 때 Mr.나 Mrs.를 붙여서 부르는데, 성과 이름의 구별이 쉽지 않기 때문에 미리 확인하는 것이 좋다. 또한 남성은 자신이 소개될 때에는 자리에서 일어나야 한다.

나이 어린 사람을 연장자에게 먼저 소개한다.

자신이 속해 있는 회사의 관계자를 타 회사의 관계자에게 소개한다.

신입 직원을 기존 직원에게 소개하고, 동료 임원을 고객 혹은 손님에게 소개한다.

---

11) NCS, 직업기초능력 (10)직업윤리. '직장 예절' 발췌 수정.

비임원을 임원에게 소개한다.

반드시 성과 이름을 함께 말한다. 상대방이 항상 사용하는 경우라면, Dr. 또는 Ph.D. 등의 칭호를 함께 언급한다. 정부 고관의 직급명은 퇴직한 경우라도 항상 사용한다.

천천히 그리고 명확하게 소개한다.

각자의 관심사와 최근의 성과에 대해서도 간단히 언급한다(권경리 · 한광종, 2014. pp.84-85).

(3) 명함 교환 매너[12)]

비즈니스에서 명함은 없어서는 안 되는 업무 소도구이다. 명함은 상대방에게 비즈니스의 첫인상을 주는 동시에 가장 오래도록 지속될 인상을 남긴다. 명함을 주고받을 때 유의할 점은 다음과 같다.

명함은 반드시 명함 지갑에서 꺼내고 상대방에게 받은 명함도 명함 지갑에 보관한다.

상대방의 명함을 받은 즉시 호주머니에 넣지 않는다.

명함은 하위에 있는 사람이 먼저 꺼내는데 상위자에 대해서는 왼손으로 가볍게 받치고 동위자나 하위자에게는 오른손으로만 쥐고 건넨다.

명함을 받으면 그대로 집어넣지 말고 명함에 관해서 한두 마디 대화를 나눈다. 쌍방이 동시에 명함을 꺼낼 때는 왼손으로 서로 교환하고 오른손으로 받는다.

영미권의 업무용 명함은 악수를 한 후 명함을 교환하며, 아랫사람이나 손님이 먼저 꺼내 오른손으로 상대방에게 주고, 받는 사람은 두 손으로 받는 것이 예의이다. 받은 명함은 한 번 보고나서 탁자 위에 보이게 놓고 대화를 하거나, 명함지갑에 넣는다. 명함을 꾸기거나 혹은 계속 만지는 것은 예의에 어긋난다.

12) NCS 직업기초능력 (10)직업윤리. '직장 예절' 발췌 수정.

(4) 악수 매너[13)]

악수는 전문성, 진실성 그리고 신뢰성을 느끼게 하는 신체상의 접촉이다. 악수는 말을 시작하는 전 단계에서 강력한 비언어적 메시지를 전달한다.

악수를 할 때는 오른손을 사용하고, 너무 강하게 힘을 주어 잡지 않는다.

악수는 서로의 이름을 말하고 간단한 인사 몇 마디를 나누는 정도의 시간 안에 끝낸다. 악수를 할 때는 상대를 바라보며 미소를 짓는다.

악수는 다른 사람에게 소개될 때, 자기 자신을 직접 소개할 때, 작별 인사를 할 때 등 거의 모든 경우에 있어 적합한 행동이다.

외국인과 처음 만날 때도 대부분 악수를 한다. 그러나 문화에 따라 인사법이 다를 수 있으므로 상대방의 인사법을 알아둔다.

영미 문화권에서 악수할 때 손끝만 잡는 것을 예의에 어긋나는 것으로 생각한다. 따라서 자리에서 일어나 상대방의 눈이나 얼굴을 보면서, 오른손으로 상대방의 오른손을 잠시 힘주었다 놓아야 한다.

이름이나 호칭을 자신의 마음대로 부르지 않고 어떻게 부를지 먼저 물어보는 것이 예의이다.

인사를 하거나 이야기할 때 너무 다가가서 말하지 않고 상대방의 개인공간(personal space)을 지켜줘야 한다.[14)]

---

13) 장순자(2015). pp.114-116 참조.
14) NCS, 직업기초능력 (9)조직이해능력 교수작용, '글로벌 시대의 국제 매너.' p.137.

3) 글로벌 식사 매너[15)]

(1) 한국의 식사 매너

① 밥상 앞에서는 단정한 자세로 앉는다. 어른이 먼저 수저를 들고 식사하는 것을 지켜본 후에 식사를 시작한다. 가능한 한 다른 사람들과 보조를 맞추며 조용히 식사한다. 식사를 마쳤더라도 어른보다 먼저 자리에서 일어나지 않는다.

② 양손에 숟가락과 젓가락을 들고 동시에 사용하지 않는다. 식탁을 두들기거나 수저가 그릇에 부딪혀서 소리가 나지 않게 하며 식탁과 밥상 위에 팔꿈치를 고이거나 턱을 괴지 않는다.

(2) 서양의 식사 매너[16)]

① 냅킨은 첫 요리가 나오기 직전에 펴서 반으로 접은 뒤 접힌 쪽이 안쪽으로 놓이도록 무릎 위에 올려둔다.

② 앞에 놓인 큰 접시를 기준으로 왼쪽 빵과 오른쪽 물이 자신 것이다. 이른바 '좌빵우물', 와인도 물과 같이 오른쪽에 놓인 것이 자기 것이다. 빵은 손으로 뜯으며, 절대 칼을 대지 않는 것이 테이블 매너 가운데 하나이다. 또한 빵은 입맛을 정돈하기 위해 먹는 것이므로 가능한 적게 먹는 것이 좋다.

③ 스프를 먹을 때는 몸의 바깥쪽으로 뜨고 소리 나지 않게 먹는다. 뜨거운 스프는 입으로 불어서 식히지 않고 스푼으로 저으면서 식혀야 한다.

---

15) 권경리, 한광종(2014). pp.98-109; 장순자(2015). pp.311-316 참고 보완.
16) 동아일보(2010.03.12.). '좌빵우물'… 냅킨은 무릎에 한 번 익히면 '해외서도 당당' 수정 보완.

그림 2-12 서양의 식사 매너 1

출처: 공유마당, 한국저작권위원회

그림 2-13 서양의 식사 매너 2

출처: 공유마당, 한국교육방송공사

④ 빵은 수프를 먹고 난 후부터 먹으며 디저트 직전 식사가 끝날 때까지 먹을 수 있다. 빵은 한 입 크기만큼 손으로 떼어서 버터나이프로 버터나 잼을 발라 먹는다.

⑤ 포크, 나이프는 바깥쪽에서 안쪽 순서로 사용한다. 포크는 왼손으로, 나이프는 오른손으로 사용하며 식사 중에 포크와 나이프를 접시 양쪽에 걸쳐 놓고, 식사가 끝나면 접시 오른쪽에 모아 놓는다. 포크, 나이프가 바닥에 떨어졌을 때는 종업원에게 다른 것으로 요청한다.

⑥ 생선요리는 뒤집지 말고, 스테이크는 처음에 다 잘라놓지 않고 잘라가면서 먹는 것이 좋다.

⑦ 식사 중 자리를 뜰 때는 옆사람에게 양해를 구한다. 식사 중 재채기를 하는 경우 "죄송합니다."라고 양해를 구한다.

(3) 중국의 식사 매너

① 중국음식은 지역에 따라 북경요리, 사천요리, 광동요리, 상해요리 등으로 구분한다. 원형 탁자가 놓인 자리에서 안쪽 중앙이 상석이고, 입구 쪽이 말석이다. 식탁 중앙에 있는 회전판을 돌려서 개인접시에 덜어먹으며, 전체 인원수에 대한 할당량을 생각해서 음식의 양을 덜어서 먹는 것이 좋다.

특히 생선요리는 뒤집지 않은 채 발라서 먹는다. 뒤집는 것은 배신을 의미한다.

② 국물이 있는 탕을 먹을 때 스푼을 사용하고, 젓가락은 밥이나 국수 등 다른 요리를 먹을 때 사용한다. 젓가락으로 요리를 찔러 먹어서는 안 되며, 식사 중 젓가락을 사용하지 않을 때는 접시 끝에다 걸쳐놓고, 식사가 끝나면 상 위가 아닌 자신의 받침대에 올려놓는다.

(4) 일본의 식사 매너

① 밥을 먹을 때는 밥그릇을 왼손에 들고 오른손에는 젓가락을 사용하여 먹는다. 수저는 사용하지 않는다. 음식을 먹을 때에는 한 손에 밥그릇을 올리고 다른 손으로 젓가락을 집어 입 가까이에 대고 흘리지 않도록 먹는다.

② 그릇을 받을 때나 들 때, 두 손을 사용한다. 국은 그릇을 들고, 한 모금 마신 후 건더기를 젓가락으로 건져 먹은 다음, 상위에 놓는 식으로 여러 번 들고 마신다. 밥그릇에 국물을 부어 먹어서는 안 된다.

③ 젓가락으로 음식을 건네주는 것은 큰 실례이며 절대금지이다. 일본에서 유골을 건넬 때만 젓가락을 사용하기 때문이다.

4) 글로벌 비즈니스 매너[17)]

"Good manner is good business."라는 말이 있다. 좋은 매너가 성공적인 비즈니스를 만든다는 뜻이다. 성공적인 사회생활과 인간관계를 위한 필수요소가 바로 비즈니스 매너(business manner)이다. 특히 국제 비즈니스 환경 속에서

17) NCS, 직업기초능력 (9)조직이해능력 교수자용. '나라별 비즈니스 매너' 재인용; Kotra-국가정보 참고 보완.

더욱 필요하다. 다른 나라의 비즈니스 문화와 매너는 어떤 내용인지, 나라마다 지켜야 할 기본적인 비즈니스 에티켓의 특징을 파악하고 이해한다면 글로벌 역량으로 활용할 수 있을 것이다.

(1) 미국

미국의 경우는 명함을 주고받는 주된 목적이 상대방에게 추후 연락할 필요가 있을 때만 주고받는다. 명함을 받은 후 바로 지갑에 넣어두는 행위는 형식을 따지지 않는 미국인들의 편의주의 사고방식을 이해하면 이를 무례하다고 생각할 필요가 없다.

① **접대문화:** 미국인들에게 조찬모임은 흔한 일이며, 보통 아침 7시나 7시 반에 약속한다. 식사를 하게 되면 미국인들의 식성에 맞게 전채요리부터 와인까지 주문하는 것이 좋다. 식사시간은 최소한 한 시간 이상이 소요되므로 두 시간 정도의 충분한 시간을 생각하고 약속을 정하도록 한다.

② **시간과 약속:** 미국에서는 업무시간과 시간약속에 있어서 정확성을 가져야 한다. 미국은 약속사회라고 불릴 만큼 많은 약속 속에 하루하루를 쪼개어 살며, 약속은 점심이든 저녁이든 적어도 1주일 전에 해야 한다.

(2) 독일

질서와 원칙과 완벽주의를 추구하며, '브레인스토밍', '리스크테이킹(risk-taking)' 또는 원칙과 권위에 대한 도전과 같은 관념들을 좋아하지 않는다. 협상 시 독일인이 어떤 식으로든 실망했다면 즉석에서 사과하고, 보상도 해야 한다.

① **상담 매너:** 독일인은 허세나 과장을 싫어하고 상담 시에도 거래에 있어서 상품에 대한 자세한 정보를 알기를 원한다. 회의 도중 다른 사람의 말을 자르지 않도록 유의하며 각각 자신의 의견을 말할 수 있도록 해야 한다.

독일인의 경우 사업상 신의를 중요하게 여기며 비즈니스 파트너가 곤경에 처하더라도 계약기간 동안 다른 파트너와 계약하는 일은 없다.

② **시간과 약속**: 독일 비즈니스 문화에서 약속시간에 2~3분 늦게 도착하는 것도 결례이다. 금요일 2시나 3시에 업무를 종료하는 회사도 많으므로 금요일 오후에는 약속을 잡지 않아야 한다.

③ **에티켓**: 도착이나 출발을 할 때는 일반적으로 악수를 한다. 얼굴을 맞대고 눈을 보며 말하는 것이 신뢰감을 주며, 아주 친한 사이가 아니면 결혼 여부, 나이와 같은 개인적 사항은 묻지 않는 것이 좋다.

(3) 중국

중국은 하루가 다르게 변모하고 있고 세계에서 가장 잠재력이 큰 시장으로 부각되고 있다. 중국의 비즈니스 문화는 집단적인 분위기와 체면을 중시하는 문화가 농후하다. 중국인은 체면을 중시하고 사업을 시작하기 전 서로에 대해 많이 아는 것을 중요시하므로 개인적 친분을 쌓는 것이 필요하다. 또한 돈과 이익에 대해 철저히 실리적이다. 간혹 '중국의 친구'라고 상대측을 부추기며 협상 테이블에서 여러 형태로 양보 또는 낮은 가격대를 요구하는 압력을 주기도 한다. 이럴 때는 분명한 대답을 피한 채 웃으며 넘겨 버리는 것이 현명하다. 비즈니스 상담 시 가능하다면 전문 통역을 대동하는 것이 유리하며 속어나 어려운 낱말은 피하도록 한다.

① 중국인들은 명함을 교환하는 것을 좋아하므로 반드시 충분한 양을 준비하고 명함의 한쪽은 영어로, 다른 한쪽은 가능하면 중국어로 표기하는 것이 좋다. 중국에서는 황금색이 번영을 나타내므로 명함을 금색으로 인쇄하는 것이 좋다.

② 중국인들은 첫 인사 때 악수나 목례를 하거나 허리를 약간 굽힌다. 중국인 파트너가 하는 방법을 관찰하고 이를 따르는 것이 무난하다.

③ 중국은 결혼 후에도 남편의 성을 택하지 않고 본래의 성을 그대로 갖는다. 많은 중국인들이 서구인들의 편의를 위해 서양식 이름을 같이 쓰고 있다.

④ 중국인들은 선물교환을 중요시 생각한다. 선물은 두 손으로 정중히 받도록 하며, 절대 포장을 그 자리에서 뜯어보지 않는다. 중국인은 겸허함이 미덕이라고 여기기 때문에 중국인과의 비즈니스 협상이나 교제 시 경직된 태도는 좋지 않다.

(4) 일본

일본기업은 신뢰관계를 매우 중요시한다. 주도면밀하고 계획성이 있으며, 의사결정시 시간이 걸리는 편이나 일단 결정되면 빠르게 추진하고 장기적인 비즈니스관계를 중요시한다. 그리고 품질요구 수준이 높고 납기가 엄격하므로 일본시장에 뿌리를 내리기 위해서는 장기적인 안목에서 사업을 진행시켜야 한다. 인맥과 소개자를 매우 중요시하므로 상급자를 통하는 것이 수월하며, 사람을 많이 사귀고 좋은 인상을 남겨야 한다. 일본과의 비즈니스는 인맥을 통하지 않고는 다가가기 어려운 특징이 있다. 따라서 일본기업과 새로운 거래를 하고자 할 때는 반드시 양측을 잘 아는 사람의 소개가 필요하다.

① **호칭:** 보통 성 뒤에 '~ 상'을 붙이면 된다. 보통 이름은 4자로 된 이름이 많은데 앞의 두 자가 성이며 뒤의 두자가 이름이다. 아주 친한 사이가 아니면 이름을 불러서는 안 된다.

② **접대 매너:** 일본에서는 공식적으로 손님을 집으로 초청하는 일이 드물다. 따라서 일본인이 자기 집을 개방한다는 것은 곧 자기의 마음을 연다는 의미이다. 또한 우리의 음주문화와 다르므로 주의한다. 술을 따를 때도 한 손으로 하고 받을 때도 마찬가지인데 전혀 실례가 되지 않으니 오해하지 않도록 한다. 그리고 우리와 달리 첨잔 문화인 점을 참고해야 한다.

③ 일본인의 절의 각도는 서로의 관계를 표명하는 것이므로 상대방의 각도와

맞추어 절을 하도록 한다. 선물은 상대방의 가치와 친분관계를 상징적으로 나타내므로 고급스럽게 포장하여 관련 인사 모두에게 준비한다.

④ 에티켓: 일본인들은 관습적으로 사소한 일에도 '감사합니다.', '미안합니다.'라는 말을 입버릇처럼 한다. 일본인과 대화할 때는 인내심을 가지고 상대의 의견을 끝까지 들으며, 의견이 다소 다르더라도 의견에 반박하거나 틀린 곳을 지적하지 않고, 상대방의 말에 수긍하는 의미로 맞장구를 치는 것도 좋은 매너이다.

(5) 캐나다

캐나다인들은 시간관념이 철저해 상대방에 대한 예의와 신뢰성의 표현으로 약속 시간을 어기는 일은 거의 없으므로 상담시간을 정확히 지켜야 한다. 상담 중에는 'Eye Contact'가 중요하며 동양 문화관습으로 겸손을 표시하기 위해 시선을 아래로 둘 경우 자칫 상대방의 입장에서는 진실이 부족하거나 거짓말을 하는 것으로 오해를 유발할 수 있다.

① 캐나다는 공식적인 상담 시 친숙한 관계가 아니라면 캐주얼한 복장보다 정장 스타일이 일반적이며, 남성은 넥타이 착용 및 여성은 간단한 액세서리로 장식한 단정한 정장 스타일이 무난하다.

② 중요한 상담일수록 바로 본론에 들어가기 전에 날씨, 여행, 유머 등 가볍고 상호 동의할 수 있는 주제로 분위기를 이끄는 것이 좋다. 특히 캐나다인들은 미국과 차별적인 의식이 강하여 미국의 일부라는 등 자존심을 해치는 언급은 절대 피해야 한다.

③ 캐나다인들의 비즈니스 관행은 'give and take'에 입각한 상호 호혜를 중요시하므로 상대방에 대한 일방적인 설득 및 공격적인 협상태도는 바람직하지 않다.

5) 항공여행 매너[18)]

(1) 공항 매너

공항에서는 줄서기, 대기 좌석에 눕지 않기, 통로에 가방이나 짐 놓지 않기, 큰 소리로 떠들지 않기 등 기본 질서를 준수하고 공항 안전 요원의 지시를 따른다. 특히 항공기 정비 점검이나 기상 이변 등으로 인해 출발이 지연되더라도 항공사 직원에게 소리 지르거나 욕설을 해서는 안 된다. 국제선 탑승인 경우 늦어도 출발 2~3시간 전에 공항에 도착해야 여유 있게 항공사 탑승 수속을 할 수 있다. 이때 반드시 신분증(국제선은 여권, 국내선은 주민등록증)을 소지해야 하며, 여권, 비자 등을 안전하고 쉽게 찾을 수 있도록 보관해야 한다. 여권(passport)은 정부에서 발행하는 신분증명서로 해외 체류 시 항상 휴대해야 한다. 여권의 종류는 일반여권, 관용여권, 외교관여권 등 세 종류가 있다. 비자(visa)는 입국 허가증으로 방문 국가의 재외공관에서 여행자의 입국 허가를 확인하는 것이다.

출국 절차(CIQ 순서)는 다음과 같다. ① 공항 도착, ② 탑승 수속(check-in), ③ 수하물(baggage) 탁송 및 휴대, ④ 세관(customs)신고(휴대품 반출신고), ⑤ 출국심사(immigration), ⑥ 검역(quarantine), ⑦ 면세물품 인도, ⑧ 항공기 탑승.

출국 수속을 마치면 탑승권에 적혀있는 탑승구에서 탑승을 기다린다. 탑승 순서는 항공사의 규정에 따라 정해지는데 보통 장애자, 노약자, 아동을 동반한 승객, 일등석 승객, 비즈니스 승객, 일반석 승객 순이다. 그러나 동반하는 일행이 있거나 단체 동승인 경우 직장 상사, 부모님, 연배나 선배, 여성 등이 먼저 타고, 먼저 내리도록 배려하는 게 매너이다.

18) 권경리, 한광종(2014). 159-167; 장순자(2016). pp.290-302. 참조 수정.

(2) 기내 매너

좌석 배열이 세 좌석 유형일 경우, 창측 좌석이 첫 번째 상석, 통로 측이 두 번째, 중앙에 위치한 자리가 마지막이다. 그러나 창측 좌석에 앉을 경우 이동에 불편이 있기 때문에 상사나 연장자인 경우에는 의사를 한 번 더 확인하는 것이 좋다.

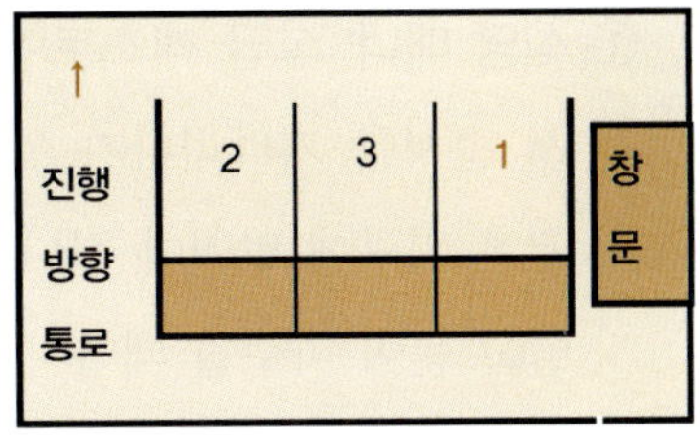

그림 2-14

기내에서는 탑승 수속 시 지정받은 자신의 좌석에 앉아 안전벨트를 매고 이착륙을 기다린다. 안전벨트는 완전히 이륙하여 벨트를 풀어도 좋다는 사인이 나올 때까지 매고 있어야 한다. 항공기 이착륙에서 날씨, 기압 등의 돌발 변수로 인해 안전이 요구될 때 좌석 상단에 있는 붉은 불이 켜진다. 이때에는 본인의 좌석에 앉아 안전벨트를 매고 기다리며 화장실도 사용할 수 없다. 좌석 등받이는 뒷좌석 승객에게 불편을 주지 않도록 주의해서 뒤로 젖혀야 하며, 이착륙 때와 기내식을 먹을 때에는 원위치해야 한다. 통로를 다닐 때에는 신발을 벗지 않는 것이 예의지만 장시간 여행인 경우 슬리퍼를 갈아 신는 것은 무방하다. 그러나 맨발이나 양말차림으로 기내를 돌아다니는 것은 실례이다.

기내 화장실에서는 노크하지 않는 것이 기본 매너이다. 다른 승객이 화장실을 사용 중일 때는 OCCUPIED 빨간불이 켜져 있고, 화장실이 사용 가능할 때는 VACANT 초록불이 켜져 있다. 기내 화장실은 남녀 공용이므로 반드시 문을 잠그고 용무를 보아야 한다. 세면대를 이용한 후에는 화장지나 종이 등으로 물기를 제거해 깨끗한 뒷정리를 하는 것이 매너이다. 이륙과 착륙 때에는 기내 화장실을 사용할 수 없다. 또한 착륙한 비행기가 멈추기도 전에 일어나 좌석 위 짐칸(overhead bin)을 열어서는 안 된다. 기체가 흔들려 짐이나 물건이 떨어져 다칠 위험이 높기 때문이다. 완전히 멈춘 후 움직이고 천천히 순서대로 내리면서 승무원들에게 가벼운 인사를 한다.

(3) 여행지에서의 매너

① **식당 매너:** 고급 레스토랑은 사전에 예약을 해야 들어갈 수 있고, 입구에서 순서를 기다리다가 웨이터의 안내를 받아 좌석으로 들어가며 외투나 짐은 입구에 맡겨야 한다. 식사 때 웨이터를 호출하려면 큰소리로 부르지 말고 눈이 마주칠 때까지 기다리거나 살짝 손짓을 한다. 외국의 고급 식당에는 웨이터들이 테이블을 돌면서, 식사는 맛이 어떤지 필요한 것은 없는지 웃으며 물어보곤 한다. 관심에 대한 부담감 때문에 대꾸 없이 식사에만 열중하기보다는, 웃으며 맛있다거나 필요한 사항을 간단하게 말해 주는 것이 좋다. 뷔페식당을 이용할 경우 순서대로 줄을 서서 자신이 한 번에 먹을 만큼만 덜어서 담는다. 서양 식당에서는 식사가 끝난 표시로 접시 위에 포크와 나이프를 가지런히 놓아두면 접시를 치운다.

② **화장실 매너:** 외국에서는 화장실 실내에서부터 한 줄로 서서 기다리다가 순서대로 이용하고 있다. 따라서 밖에서 사람이 기다리고 있는데 안으로 밀고 들어가는 일이 없도록 주의해야 한다.

③ **관광지 매너:** 단체 여행이나 개인 여행을 막론하고 모든 관광지에서 줄서기가 기본 중의 기본이다. 유명한 관광지에서는 여행을 책임지는 가이드를 주목하고 길을 잃거나 불이익을 당하지 않도록 한다. 특히 촬영 금지, 사진 금지, 출입 금지, 접촉 금지 등의 표지판에 주의한다.

워크시트

8. 다음 기사를 읽고 물음에 답하세요.

마크 저커버그, 허리 굽혀 깍듯이…IT 거물들, 외교관 등 악수 예의도 가지각색

마크 저커버그 페이스북 창업자 겸 최고경영자(CEO)가 18일 박근혜 대통령을 예방한 자리에서 허리를 45도 각도로 숙이면서 악수는 나눈 모습이 화제다. 저커버그 CEO는 전날 입국할 때만 해도 간편한 후드티 차림이었던 것과 달리 청와대엔 검은색 정작과 흰색 셔츠, 넥타이를 착용하고 방문했다. 그는 박 대통령을 만나자 밝게 웃으며 왼손은 내린 채 오른손으로 정중하게 악수를 나눴다. 허리를 굽혀 눈높이를 박 대통령과 비슷하게 한 점도 눈에 띄었다. 그는 박 대통령 예방 후 오후에 삼성전자를 둘러볼 때는 다시 간편한 후드티를 착용했다. 이는 박 대통령을 만날 때 그가 최대한의 예의를 갖추려 했음을 짐작케 한다.
이 장면은 앞서 지난 4월 방한했던 빌게이츠 MS 창업자의 악수 모습과 비교되면서 묘한 여운을 남겼다. 그는 당시 주머니에 한 손을 찔러 넣은 채 박 대통령과 악수를 나누면서 구설수에 올랐다. 일부 빌게이츠를 옹호하는 이들은 “문화적 차이에 불과하다.”며 큰 의미를 두지 않았지만, 미국의 대표적 일간지 워싱턴 포스트는 “상대방 국가의 문화를 이해하지 못한 부적절한 행동”이라고 꼬집었다.

빌게이츠의 태도는 또 같은 달 방한한 래리 페이지 구글 CEO의 모습과도 대비돼 많은 이들의 입방아에 올랐다. 페이지 구글 CEO는 일행과 접견실에 먼저 도착해 기다리다 박 대통령이 들어서자 두 손으로 박 대통령 손을 잡으며 악수를 나눴다. 그는 박 대통령이 “세계 시장에서 한국 스마트폰이 성과를 거두는데 구글과의 협력관계가 원동력이 됐다.”고 말하자 한국말로 “감사합니다.”고 답하기도 했다.

출처: 서울신문 2013.06.18 요약

1) 기사를 읽고 인사 매너에 대해 토론해 보세요.

2) 한국의 인사법과 외국의 인사법에 나타난 차이점을 조사하고 설명하세요.

3) 악수 매너에 대해 설명하세요.

4) 해외여행에서 지켜야 할 다른 매너로는 무엇이 있는지 설명하세요..

워크시트

9. 다음 물음에 답하세요.

▪ 다음을 바른 인사 순서가 되도록 알맞은 기호를 나열하세요. Ⓐ 바로 서서 상대의 눈을 보며 미소 짓는다. Ⓔ 바른 자세로 선다. Ⓓ 상체를 정중히 숙인다. Ⓑ 천천히 든다. Ⓒ 잠시 멈춘다. →
▪ 하와이의 인사법에 대해 설명하세요.
▪ 뉴질랜드 마오리족의 인사법에 대해 설명하세요.
▪ 태국의 인사법에 대해 설명하세요.
▪ 프랑스의 인사법에 대해 설명하세요
▪ 이스라엘의 인사법에 대해 설명하세요.
▪ 티베트의 인사법에 대해 설명하세요.
▪ 인도의 인사법에 대해 설명하세요.

Chapter

03

글로벌 관습

1. 관습의 의미와 중요성

1) 글로벌 시대, 관습의 의미

글로벌 시대를 살아가는 우리와 관습은 어떤 관계가 있는 것일까? 글로벌 시대, 모든 사람들에게 통용되는 글로벌 관습은 아직 그 형태를 갖추지는 못한 것으로 보인다. 그러나 특정 사회의 관습은 굳어져서 법으로 통용될 만큼 그 사회에 중요한 의미를 갖는다. 다양한 사회의 구성원들이 모여 공동체를 이루고 있는 글로벌 사회에서 서로 원활한 소통을 위해서는 특정 사회의 관습이 갖는 의미와 영향력에 대해 인지해 둘 필요가 있다. 먼저 관습이란 무엇이고 어떤 의미를 갖는 것인지에 대해 알아보자.

관행, 관례, 습속, 풍습, 전통 등 관습과 유사하게 사용되는 많은 단어들을 찾아볼 수 있다. 이 중에서 관습(慣習)을 정의하는 것은 쉽지 않은 일이지만, 우선 한자어에서 그 뜻을 유추해 볼 수 있다. 버릇을 뜻하는 한자어 관(慣)과 되풀이해 행한다는 의미의 습(習)자가 합쳐진 단어로, 풀이해 본다면 '되풀이해 행함으로써 버릇이 된 행위'들을 의미한다는 것을 알 수 있다. 그러나 개인이 혼자서만 되풀이하는 행동은 '습관'일 뿐 관습이 될 수는 없다. 관습은 개인이 아닌 특정 사회집단의 구성원이 공통적으로 행하여 받아들여진 집단적 행동원리이다. 여기에, 관습으로 성립되기 위해서는 또 한 가지 필요한 요건이 있다. 바로 '시간 지속성'이 그것이다. 짧은 기간 동안 특정 집단이 반복해서 행했다고 해서 관습이 되는 것은 아니다. 국립국어원의 용어 정의에도 나타나듯이 "어떤 사회에서 오랫동안 지켜 내려와 그 사회 성원들이 널리 인정"해야 관습이 될 수 있다. 유사하게 사용되는 단어로 '전통'이 있는데, 전통은 좀 더 포괄적인 의미에서 과거로부터 전해진 문화유산을 모두 지칭하기 때문에 역사적으로 전승된 물질문화, 사고와 행위양식, 갖가지 상징 등을 모두 포함하는 개념이다. 요컨대 관습이란, 특정 사회집단의 구성원이 오랫동안 되풀이해 행함으로써 받아들여진 집단적 행동원리라고 정의할 수 있겠다.

2) 관습의 다양성과 중요성

관습과 관련하여 생각해 보아야 할 중요한 특성은 관습이 갖는 '상대성'이다. 앞에서 살펴본 관습의 정의를 들여다보면 관습은 '특정 사회'를 전제로 한다. 여기에서 말하는 특정 사회는 한국이나 미국과 같은 국가를 지칭하는 것일 수도 있고, 동남아시아나 북유럽과 같은 대륙일 수도 있으며 공통된 목적을 추구하는 이익집단일 수도 있다. 다시 말해 어떤 집단인가에 따라 관습의 내용도 달라진다. 특히, 관습이 형성되는 과정은 그 집단의 특성, 예를 들어 역사나 자연환경, 종교 등과 밀접한 관련을 갖고 있기 때문에 관습은 더욱 다양한 형태를 띠게 된다. 농경사회에는 한 해 동안의 수확을 감사하는 명절이 있는 것이 일반적이지만 농사를 위해 뿌리내리고 살지 않는 유목사회에는 이와 같은 명절이 없다. 원나라에 공녀를 바쳐야 했던 고려시대에는 이를 피하기 위해 조혼풍습이 생겨났고, 인도를 정복한 아리안족은 소수민족으로서 다수의 피지배민을 다스리기 위해 카스트제도를 만들어냈다. 소를 신성시하는 힌두교에서는 소고기를 먹지 않으며 불교의 영향이 지배적인 곳에서는 화장(火葬)이 널리 받아들여진다. 지역별 혹은 국가별 특이한 관습과 금기에 대해서는 뒤에서 보다 자세히 살펴보게 될 것이다. 확실한 것은 다양한 집단만큼이나 다양한 관습이 존재한다는 사실이다.

관습의 또 다른 특성인 '역동성'과 '가변성'은 관습을 더욱 다양한 것으로 만든다. 관습은 환경에 기민하게 반응하면서 만들어지는 것이기 때문에 환경이

변화하면 관습도 변화한다. 농경이 지배적이었던 시기에 만들어진 관습은 산업 환경에서는 약해질 수밖에 없고, 유교와 불교문화가 지배적이었던 조선시대의 관습은 다양한 종교가 공존하는 현대에 와서는 변형되거나 사라지기도 한다. 게다가, 한 사회의 관습이 다른 사회로 전이되기도 하는데, 대표적인 것이 최근 젊은 층을 중심으로 국내에서 유행하고 있는 '핼러윈(Halloween)' 축제다.

그렇다면, 글로벌 시대를 살아가는 우리에게 상대적이며 다양한 관습들은 어떤 의미가 있는 것일까? 관습의 경우, 일반적으로 통용되는 관습을 구성원이 지키지 않을 때 직접적 혹은 간접적인 비난이나 제재가 따른다는 점에 주목할 필요가 있다. 이는 관습이 그 사회를 유지하기 위해 필요한 과정으로서 역사 속에서 형성되어 구성원의 동의하에 사회를 유지하는 데 기여해 왔기 때문이다. 따라서 사회의 구성원들은 관습에 순응하고, 다른 구성원들도 똑같이 관습에 순응하기를 기대한다. 한 사회의 구성원이라면 다른 사람들로부터 곱지 않은 시선을 받거나 자신이 속한 공동체로부터 배척되기를 원하지 않을 것이며, 이러한 심리는 결국 개인이 자신이 속한 사회의 관습을 학습하고 다른 구성원들처럼 관습을 따르도록 하는 동기로 작용하게 된다. 관습이 굳어져 관습법으로 적용되는 것도 이와 유사한 원리이다. 관습을 따른다는 것은 나아가 사회정의(justice)의 일부가 되기도 하는 것이다.

서로 다른 공동체에 속해 있는 사람들이 원활한 소통을 하기 위해서는 상대방이 속한 공동체의 관습을 그대로 따를 필요까지는 없다고 하더라도, 적어도 그 관습에 대해 인지해 둘 필요가 있다. '시에스타'가 적용되는 시간이나 설날과 같은 큰 명절 기간에 비즈니스 약속을 잡는 것은 상대방의 관습을 배려하지 못한 행동으로 좋은 커뮤니케이션 결과를 기대하기는 힘들 것이다. 종교상의 이유로 돼지고기나 소고기를 섭취하지 않는 사람에게 관련 음식을 대접하는 행위 또한 마찬가지이다. 반대로 다른 공동체에 속해 있는 사람이 내가 따라야 하는 관습을 존중하고 배려하는 모습을 보여 준다면 나 역시 상대방에게 우호적인 커뮤니케이션을 하게 될 것이다. 이는 비즈니스나 국제협력과 같은 거창한 상황이 아니더라도 짧은 기간 동안의 해외여행에서도 쉽게 겪을 수 있는 일들이다.

워크시트

1. 지난 설날이나 추석, 가족들과 무엇을 했는지 떠올려 보고, 이것이 우리 사회의 어떤 관습과 관련되어 있는지 이야기해 봅시다.

2. 글로벌 시대, 모든 사람에게 통용될 수 있는 관습이 만들어질 수 있을지 토론해 봅시다.

3. 다음 기사를 읽고 다른 사회의 관습이 전이된 예나 변형된 사례에 대해 조를 나누어 토론해 봅시다.

읽을거리

참사 빚은 핼러윈 데이 원래 유래는

지난 29일 예상치 못한 압사 참사가 일어난 서울 용산구 이태원동에 수만 명의 인파가 몰리게 된 원인인 '핼러윈'은 미국 어린이들이 1년 내내 손꼽아 기다리는 날 중 하나다.

미국 언론에 따르면 10월 31일인 핼러윈은 미국의 축제로 잘 알려졌지만, 역사학자들은 고대 켈트족이 새해(11월 1일)에 치르는 사윈(Samhain) 축제에서 유래됐다고 본다.

켈트족은 이날에는 사후 세계와 경계가 흐릿해지면서 악마나 망령이 세상에 나타날 수 있다고 여겼으며 사자의 혼을 달래고자 모닥불을 피우고 음식을 내놓았으며 망령이 알아보지 못하도록 변장을 했다고 한다. 이후 8세기 유럽에서 가톨릭교회가 11월 1일을 '모든 성인 대축일'로 지정하자 그 전날인 10월 31일에 사윈 축제를 이어갔고 '신성한(hallow) 전날 밤(eve)'이라는 의미로 이후 핼러윈으로 불리게 됐다.

중세 유럽에서 켈트와 가톨릭 신앙이 혼합된 형태로 발전한 축제는 이후 아일랜드 등 유럽의 이민자들이 미국으로 이주하면서 원주민 문화와 다시 융합돼 오늘날의 형태로 자리 잡았다.

핼러윈의 특징은 사탕과 의상이다. 유령이나 괴물 등으로 분장한 아이들이 집마다 초인종을 누르고 다니며 '간식을 주지 않으면 장난칠 거야'(trick or treat)라고 외치는 모습은 미국 영화나 드라마 등을 통해 한국에도 알려진 풍경이다.

어린이뿐만 아니라 어른들도 드라큘라나 프랑켄슈타인, 미라 등 대중문화를 통해 잘 알려진 괴물 의상을 차려입고 모여 파티를 한다. 집 창문에 모형 거미줄을 걸고 마당에는 호박에 구멍을 파고 등불을 넣은 '잭오랜턴'과 해골 인형을 세워두는 등 동네에서 가장 무서운 집을 꾸미려고 경쟁하기도 한다.

또 식품업계 등의 상업적 이해관계와 맞아떨어지면서 사탕과 초콜릿을 대거 소비하는 기간이기도 하다.

전국소비연맹(NRF)은 올해 미국인이 사탕, 장식, 의상 등 핼러윈용품에 106억 달러(15조 원)를 써 기존 최대 기록인 지난해의 101억 달러를 경신할 것으로 추산했다.

이 가운데 애완동물용 의상에만 7억1000만 달러를 소비할 것으로 예상했다. 이처럼 애초에 핼러윈은 한국과는 상관이 없는 날이었지만 미국 문화가 전 세계로 전파되면서 한국의 젊은 층에서도 유행하기 시작했고, 상업주의와 결탁하면서 축제로 자리 잡아가고 있다.

출처: http://www.dt.co.kr/contents.html?article_no=2022103002109919036003

2. 글로벌 특이문화와 관습

문화란 그 사회가 처했던 환경에 적응하고 극복하면서 형성된 것이기 때문에 다른 환경은 서로 다른 문화를 만들어낼 수밖에 없다. 따라서 지구상의 모든 문화는 주어진 환경을 가장 잘 이용한 훌륭한 것이며, 문화의 높고 낮음이 있을 수 없듯이 우수한 민족, 열등한 민족의 구분도 있을 수 없다. 세계는 '지구촌'으로 표현될 만큼 긴밀해지고 과학기술과 통신의 발달로 인해 지역과 국가 간의 제약은 사라지고 상호교류가 활발한 시대가 도래하였다. 그렇다면 글로벌 시대를 살아가는 우리가 다른 나라의 문화적 특성을 어떻게 이해해야 하는 것일까?

문화를 이해하는 태도에는 크게 세 가지가 있다. ① 자문화 중심주의: 자기 문화의 관점에서 다른 문화를 부정적으로 평가하는 태도이다. 어떤 집단이든 이런 경향을 지니고 있지만 정도가 심해지면 나치스의 유대인 박해와 같은 극단적인 배외주의(排外主義)로 나갈 염려가 있다. ② 문화 사대주의: 자신의 문화를 부정하고 타문화를 좋게 평가하는 태도, 자신들 민족문화의 가치를 과소평가하여 문화적인 주체성을 상실하게 될 우려가 있다. ③ 문화 상대주의: 세계 문화의 다양성을 인정하고 각 문화는 문화의 독특한 환경과 역사적 · 사회적 상황에서 이해해야 한다는 것으로써, 사회의 환경과 맥락을 고려하여 문화를 판단하며, 어떤 문화요인도 나름대로 존재 이유가 있다는 견해이다(최영민 외, 2018. pp.50-51).

글로벌 시대에는 다양한 국적의 다양한 문화적 배경을 가진 사람들 간의 접촉과 교류가 빈번하게 나타난다. 이러한 상황에서 다른 문화를 대할 때 기본적으로 문화 상대주의적 태도를 지니고 문화 간에 나타나는 차이와 각각의 문화가 갖는 고유성을 인정하는 자세가 필요하다. 그렇다고 문화 상대주의가 모든 문화를 무조건 인정하는 것을 의미하는 것은 아니다. 이상적인 문화 상대주의 태도는 인간의 보편적 가치를 바탕으로, 다양한 문화를 그 사회의 맥락에서 이해하고 성찰해야 하는 것이다. 글로벌 특이문화와 금기문화를 바라보는 태도와 관점 역시 마찬가지이다.

1) 일본의 목욕 문화

일본은 '온천의 천국'이라고 할 만큼 온천의 수가 많으며, 작은 시골마을에도 온천 시설이 갖추어져 있을 정도로 온천욕이 발달해 있다. 집안에서 목욕을 하는 것 또한 일본인들에게 중요한 하루 일과 중 하나이다. 뜨거운 물에 몸을 담가 피로를 풀고 몸을 따뜻하게 하면 숙면을 취할 수 있고 건강에도 좋다고 한다. 일본 욕조는 목욕물의 온도를 뜨겁게 유지하기 위해 식으면 다시 따뜻하게 데우는 기능을 갖고 있다. 그래서 물을 한 번 받아놓으면 욕조 내에서 다시 덥혀 가족이 돌아가며 그 물에서 목욕을 한다(공의식 외 공저, 2002).[1] 대가족인 경우 집안의 어른인 할아버지, 할머니를 시작으로 아들, 며느리, 손자, 손녀 순으로 욕조에 몸을 담근다. 욕조의 물을 온가족이 사용하기 때문에 먼저 몸을 깨끗하게 씻고 들어가는 것이 예의이다. 그래서 여러 사람이 이용해도 물이 깨끗하다고 한다. 마지막 사람까지 몸을 담았던 욕조의 물은 세탁기에 연결해 빨래를 할 때 사용한다.

2) 중국의 새해맞이

중국의 설날인 춘절(春節, 음력 1월1일)에 새해를 맞이하여 붉은색의 종이에 새로운 한해의 염원을 대구(對句)로 써서 문의 양쪽에 붙이고, 위에는 가로로

1) 공의식 외(2002). 새로운 일본의 이해. 제4장 현대일본의 대중문화 중 '온천과 목욕문화' 참조.

'횡비(橫批)'라고 부르는 일종의 제목 같은 의미로 글을 붙이는데, 한가운데는 보통 한 글자로 '복(福)'이나 '춘(春)'을 붙여 마무리한다. 그런데 복자나 춘자가 바로 붙어있는 것이 아니라 거꾸로 붙은 것이 대부분이다. 혹자는 福이 뒤집혀서 쏟아지라고 일부러 거꾸로 붙인 것이라 하고, 福이 하늘로 올라가지 말고 내 집 내 땅에 뿌리박기를 염원하는 것이라고도 하지만, 사실은 언어유희에서 기인한 습관이다. 중국어로 '뒤집혔다.'라는 말은 '따오(倒)'라고 하는데 이 말이 '도착하다', '와 닿았다'는 의미의 '따오(到)'와 발음이 똑같기 때문이다. 그래서 '복이 뒤집혔다'는 말이 '복이 왔다.'라는 말로 들리므로, 어서 오라는 염원을 담아서 글을 거꾸로 붙이는 것이다(조선뉴스프레스, 2015.02.03.).

그림 3-1 중국의 새해맞이 풍습 1

그림 3-2 중국의 새해맞이 풍습 2

출처: 위키미디어

3) 동남아시아의 새해맞이: 물벼락을 맞으면서 행운을 빈다.

송끄란은 매년 4월 13일에서 4월 15일까지 태국의 설날을 칭하는 말이다. 송끄란 전후 약 10일 간은 테싸깐 송끄란으로 불리며 휴일은 아니지만 축제를 즐긴다. 원래는 순수하게 신년을 축하하는 행사로 가족들이 모여서 불상의 정화를 행하거나 어른들이 가족의 정화를 실시하는 기간이었지만, 점차 단순한

물의 정화로 발전하였고, 현재는 설날이라는 개념보다는 물 축제라는 색채가 더욱 강해졌다. 이러한 형태의 축제로는 미얀마의 "띤잔", 라오스의 "피 마이" 등이 있다(위키피디아).

그림 3-3 태국의 송끄란 축제

출처: 위키미디어

4) 인도의 카스트제도

2000여 년의 역사를 지닌 인도의 카스트(caste)제도는 1947년 법적으로 금지되었지만, 인도 사회에서 인도인의 정체성을 규정하는 가장 중요한 요소로 여전히 강하게 살아 있다. 카스트제도는 아리안족이 인도를 정복한 후 소수집단인 지배계급이 피지배계급에 동화되는 것을 방지하기 위한 목적에서 시작된 것으로 알려져 있다. 인도 사회는 교육과 직장, 중산층 증가 등 빠르게 현대화되고 사회 규범도 변화하면서 힌두교 사회도 '연애결혼'이 증가하는 추세이다. 그러나 아직도 최상위 브라만 남성은 모든 카스트 여성과 결혼할 수 있지만, 남성은 크샤트리아와 그 아래 카스트 여성과 결혼할 수 있다. 바이샤 남성은 바이샤, 수드라 여성과 결혼할 수 있고, 수드라 남성은 수드라 여성과만 결혼할 수 있다. 인도 대법원은 힌두교 혼인법에 인터-카스트(Inter-Caste: 다른 카스트 신분 간) 결혼이 국익이자 통일적 요소라고 판결했고, '인터-카스트 결혼이나 타 종교 간 결혼을 금지하는 조항은 존재하지 않는다. 인터-카스트 부부를 협박하고 폭력을 행사한 사람은 누구든지 기소될 것'이라고 못 박았다. 그러나 인터-카스트 커플들은 상위 카스트 가족들로부터 협박과 살해 위협에 시달린다. 여성은 '상위 카스트' 남성과 성관계를 맺으면 처벌받지 않지만, 여성이 '하위 카스트' 남성과 혹은 남성이 '상위 카스트' 여성과 성관계를 맺으면 죽음을 각오해야 한다. 인도에서 타 카스트 간의 잘못된 만남은 '금기'이다. 두들겨 맞아서 죽을 수도 있기 때문이다. 인도에서는 아직도 대부분의 결혼 상대를 부모가 결정한다. 여성은 부모가 정해준 남성과 결혼해야 한다. 결혼 상대자들은 카스트, 재산, 피부색, 점술 등을 고려한다. 남녀가 자유롭게 웃고 춤추는 사랑은 발리우드(Bollywood) 영화에서 실현될 뿐이다. 현실 속 결혼은 사랑보다는 카스트와 힌두교가 우선인 셈이다(오마이뉴스 2020.10.14.).

5) 라틴아메리카와 지중해 국가의 낮잠 관습: 시에스타(siesta)

스페인에는 시에스타(siesta)라는 오후 1시부터 4시까지 낮잠을 자는 관습이 있다. 거의 모든 사람들이 상점이나 사무실의 업무를 중단하고 잠을 잔다. 관광지에서도 그 시간에는 문을 닫는 경우가 있다. 한낮이 너무 덥기 때문에 생긴 전통이다. 기후적으로 맑은 날의 비율이 높고 여름 한낮에는 40도 내외까지 올라가기 때문에 외부의 뜨거운 직사광선을 맞으며 노동을 하는 것은 거의 불가능하다. 그래서 무리하게 활동하는 것보다 차라리 한숨 자고 저녁에 움직이자는 취지에서 포르투갈 남부 지방에서 유래되었다. 이후 스페인과 그리스를 거쳐서 남미 쪽에서는 멕시코, 아르헨티나까지 이를 시행하고 있다. 심지어 파타고니아 같은 지역에서도 실시한다고 한다(위키피디아).

6) 이슬람의 베일 문화

이슬람의 의복 문화는 특이할 뿐만 아니라 착용하는 규칙도 엄격하다. 이슬람 여성들이 입는 독특한 의상을 서구에서는 ‘이슬람 베일’이라고 부르는데, 이슬람 국가마다 지역에 따라 가지각색이지만 크게 4가지(부르카, 니캅, 차도르, 히잡/아바야)로 나뉜다. 부르카(burka) → 니캅/니카브(niqab) → 차도르

(chador) → 히잡(hijab)/아바야(Abaya,Abayah) 순으로 노출이 많아지는데, 여성들이 외출할 경우 머리에 이 베일을 써야 한다. 이는 신체적 노출을 꺼리는 풍습 때문이다. 뿐만 아니라 이슬람 성인 여성이라면 히잡으로 얼굴을 가리고 신체의 대부분을 감추는 옷을 착용해야 한다. 노출 있는 옷을 착용하는 것은 상상할 수도, 입을 수도 없다.

부르카 니캅 차도르 히잡 아바야

그림 3-4 이슬람 베일

출처: 김현주 외(2012). pp.152-153 재인용.

이런 '이슬람 베일'을 쓰는 이유는 어디에 있는 것일까? 강렬한 햇볕으로부터 보호하기 위해 착용하기 시작했다는 주장, 이슬람교가 시작된 7세기 이전 아랍 사회에서 유목민 부족끼리 잦은 전쟁이 일어났고 여성들의 피해가 특히 커지자, 여성을 보호하는 최소한의 방편으로 베일을 입게 했다는 주장도 있다. 한때 상류층 여성이 베일을 착용하고 하류층은 그렇지 못하게 함으로써 신분 구별의 수단이 되기도 하였다(연합백과 이슬람베일). 다른 한편으로 서구와 차별화되는 문화적 정체성과 상징성을 나타내고 정치적인 의미도 담고 있다. 알제리 독립 전쟁 기간(1954~1962년)동안 무슬림 여성들은 프랑스에 저항하고, 식민지배에서 독립하기 위해 저항의 상징으로 베일을 착용하여 그들의 정체성을 구현하고 독재와 부패정치에 저항하는 기제로 사용하였다. 이처럼 무슬림 여성들의 '베일' 문화는 단순히 베일에 국한된 문제가 아니라 독특한 이슬람 사회 구조 내에서 '여성의 지위와 인권' 그리고 '문화적 상대주의, '서구와 근대' 등과 관련한 문제를 어떻게 볼 것인가 하는 포괄적인 문제를 상징화한 화두라 할 수 있다(김현주 외, 2012. p.155). 베일 착용을 강요하는 것이 여성 보호인지 아니면 여성 억압과 속박인지의 논란은 지금까지도 진행형이다. 그러나 '히잡' 착용을 옹호하든 반대하든, 강요하지 말고 여성에게 선택을 맡기는 게 성 차별 논란을 불식시키는 길이라는 주장이 설득력 있어 보인다.

7) 미국의 '아미시' 공동체

'아미시'는 현대문명과 단절한 채 자신들만의 전통을 유지하며 생활하고 있는 침례 종파 집단의 일종으로, 17세기 말 스위스에서 시작하여 이후 유럽과 미국을 중심으로 확산되었다. 이들은 전화-자동차-전기 등 현대문명의 산물을 사용하지 않고 교회를 중심으로 가족 단위의 공동체를 형성하고 있다. 남성은 턱수염을 기르며, 여성은 땋아올린 머리에 두건을 쓰고 앞치마를 두르는 것이 특징이다. '아미시' 전통에 따르면 남성에게 수염은 남성성을, 여성에게 머리카락은 여성성을 상징하는 것으로 결혼 후에는 자르지 않는다. 미국 내 '아미시'는 주로 오하이오 · 인디애나 주(州) 등에 집단 거주하고 있으며, 펜실베이니아 주에 20만 명가량으로 가장 많이 거주하고 있다(pmg 지식엔진연구소, 2017).

그림 3-5 아미시 공동체

출처: 위키미디어

8) 세계 각국의 특이한 결혼 풍습[2)]

(1) 독일

독일의 결혼식은 3일에 걸쳐서 진행된다. 결혼식 전야 파티는 하객들이 자신의 집에서 가장 오래된 접시를 가져와 집 앞에 던져 깨뜨린다. 액운을 막고 행운을 가져다 준다는 풍습이다. 접시 깨뜨리기가 끝나면 본격적인 파티가 시작되고 게임과 댄스 등으로 신랑신부를 축하한다. 다음 날 결혼등록소에서 신랑신부가 공식 결혼식을 올리고, 마지막 날에는 성당이나 교회에서 종교적인 의미의 결혼식을 한 번 더 올린다.

(2) 미국

결혼식을 앞두고 신부와 친구들이 Bridal Shower 파티를 한다. 신부에게 우정이 비처럼 쏟아진다는 뜻으로, 필요한 가전제품이나 돈 등을 선물로 준다. 결혼식은 피로연이 가능한 공원이나 교회 등에서 간단하게 진행된다. 예식이 끝난 후 문 밖에서 하객들이 신랑신부에게 부귀영화와 다산(多産)을 기원하며, 쌀알을 던져 축하하고 성대한 피로연을 개최한다.

(3) 프랑스

프랑스는 일반적으로 관공서에서 결혼식을 진행한다. 구청장이나 시장 앞에서 결혼 선서를 하고 혼인신고를 하면서 법적인 부부가 되기 때문이다. 법적인 결혼식이 끝나면 야외촬영을 하고 종교가 있다면 여기에 맞는 결혼식을 한 번 더 올린다. 특이한 점은 프랑스 결혼식의 입장 순서와 방식이다. 프랑스는 신랑

2) 허브줌 라이프데일리(2018.10.29.) '결혼하는 모습도 가지각색인 나라별 독특한 결혼문화' 참고 보완.

과 자신의 어머니가 팔짱을 끼고 먼저 입장하고 그 후 하객들, 마지막으로 신부와 그녀의 아버지가 함께 입장한다.

(4) 그리스

결혼식 날 신부에게 구두 한짝을 아버지가 신겨주고 다른 한짝을 오빠나 남동생이 신겨준다. 가족의 품을 떠나는 딸에게 아버지와 남자 형제가 전하는 축복 의식이라 하겠다. 이때 신발 바닥에 미혼인 신부 친구나 친척의 이름을 적는데 가장 빨리 닳아 없어지는 이름이 다음에 결혼할 사람이라고 여긴다. 하객들은 별도의 축의금을 전달하지 않기 때문에 피로연에서 춤을 추며 신부의 드레스에 화폐를 붙여주는 전통이 있다.

(5) 브라질

브라질의 신랑신부는 결혼 전에 시험을 치러야 한다. 먼저 결혼에 관련한 교육을 일정 시간 이수하고 시험을 거쳐야 하는데, 시험에 떨어지는 사람도 있다. 그럴 경우 유산 상속을 포함해 각종 불이익을 받을 수도 있다. 과거 브라질의 원주민들은 통나무를 짊어지고 운반하거나 강도 높은 채찍을 견디는 등 부족마다 다양한 테스트를 통과해야만 결혼할 수 있었다고 한다. 이러한 원주민의 풍습이 현대에서는 시험의 형태로 변형된 것이다. 그리고 신랑 들러리가 신랑의 넥타이를 몇 조각으로 잘라서 하객들에게 내고 싶은 만큼의 돈을 받고 판매하는데, 이때 모인 돈은 보통 신혼여행 비용에 보탠다고 한다.

(6) 중국

중국의 결혼식은 주례와 주례사가 없이 결혼 증명서를 낭독하는 것이 전부이며, 피로연을 화려하고 성대하게 한다. 피로연 테이블에는 코스 요리와 함께 술, 담배, 사탕 세 가지가 반드시 올라온다. 사탕의 의미는 결혼식에 온 하객들에게 달콤함을 전해주기 위해서, 담배는 이날의 기쁨이 담배 연기처럼 퍼져 나가길 희망하는 의미를 담고 있다.

그림 3-6 중국의 결혼식 풍경

출처: 픽사베이

(7) 아랍 지역

아랍인들의 결혼 풍습은 이슬람교와 매우 밀접한 연관성을 지니고 있다. 이슬람 사회에서 독신으로 산다는 것과 자식이 없다는 것은 치명적인 수치로 간주된다. 아랍 결혼 풍속의 특징으로는 사촌 근친혼, 결혼계약서 작성, 신부대금 지급, 일부다처제 등을 들 수 있다. 이러한 특징들은 모두 이슬람교에 기원을 두고 있거나 이슬람의 이름으로 제도화되어 있다. 아랍 사회는 전통적으로 사촌 간의 혼례를 권장하고 있다. 사촌 관계는 크게 모계와 부계로 나누어지는데 부계 사촌, 즉 숙부의 딸을 신부로 맞이하는 경우가 가장 많다. 아랍의 결혼 문화에서 가장 특징적인 것은 바로 결혼계약서 작성과 신부대금이다. 신부에게 결혼계약서는 결혼 생활의 의무와 권리를 규정하는 테두리가 된다. 신부는 결혼 후 남편이 다른 부인이나 첩들을 두지 말라고 요구할 수 있으며, 이혼 시 위자료를 많이 달라고도 명기할 수도 있다. 이렇게 결혼계약을 체결할 때는 반드시 신부대금에 대해서 명기하는데, 시집살이를 위해 여성이 누릴 수 있는 권리를 모두 포기해야 하므로 이에 대한 보상으로 신부의 집에 지급한다. 이 풍속은 고대 아랍 사회에서 유래되었으며, 신부대금은 신부의 아버지가 받고 대부분 신부를 위해 사용한다고 한다(조선닷컴, 2014.07.14.).

워크시트

6. 다음 기사를 읽고 물음에 답하세요.

한국 거주 외국인 유학생들이 말하는 충격적인 한국문화

1. 수강신청이 선착순이라고요?
수강신청이 선착순으로 정해진다는 게 매우 충격적이에요. 학교에서 전공 수업을 들을 수 없게 하는 상황이 너무 이상하지 않나요? 일본 대학에서는 원하는 수업을 못 듣는 경우가 거의 없어요. 인원이 초과되면 추첨을 통해 수강생을 선정합니다. 그리고 추첨에서 떨어져서 해당 수업을 못 듣게 된 학생에게는, 학교 차원에서 그 수업을 대체할 수 있는 다른 수업을 추천해줘요. – 일본 유학생

2. 한국에서는 왜 모든걸 같이 써요?
친구끼리 모든걸 빌리고 빌려주는 문화가 신기해요. 춥다고 겉옷을 빌려가기도 하고, 립밤을 빌려가고. 제가 아직 허락을 안 했는데 필기구도 집어 가는 사람도 많아서 당황스러웠어요. 또 한국에서는 음식도 공유하더라고요. 개인 메뉴 없이 공통 음식을 주문해서 나누어 먹는 경우 말이에요. 그런데 유럽에서는 피자를 먹더라도 각자 한 판씩 시켜요. 각자 다른 메뉴를 골랐다면서 "한 입 먹어보라"고 권하는 분위기도 낯설어요. 한 입씩 나눠주고 나면 정작 제가 먹을 게 없어서 속상할 때도 있어요.– 유럽 출신 교환학생

3. 한국 사람들 너무 자주 모여서 술 마셔요
처음에 한국에 왔을 때, 학과 단위로 모여서 술을 마신다고 해서 놀랐어요. 오리엔테이션할 때, 학기가 시작될 때, 학기가 끝날 때, 행사가 있을 때마다 모여서 술을 마시더라고요. 베트남에는 한국 같은 뒤풀이 문화가 없어요. 술을 마시니까 다들 말을 정말 빠르게 하고, 목소리도 너무 커지고요. 모두가 술을 많이 마시고 취해 가는 게 무서워서 교수님이 집에 갈 때 함께 나왔어요.– 베트남 유학생

4. 성인인데 기숙사에 왜 통금이 있죠?
미국 대학교엔 통금이 아예 없어요. 성인이라면 몇 시에 자고, 몇 시에 일어날지 정도는 스스로 결정할 수 있어야죠. 통금뿐만 아니라 한국 기숙사에는 이해할 수 없는 규칙이 너무 많아요. 미국은 남녀 기숙사가 분리되어 있지 않은 경우가 많아요. 또 아무리 보수적인 학교(기독교 학교)라도 이성 간 기숙사 자유 출입이 가능해요. – 미국 유학생

5. 분리수거 복잡하고 어려워요
한국 분리수거가 복잡하다고 생각해요! 패스트푸드점에서 분리수거를 제대로 안한다고

혼난 적도 있어요. 중국에서는 분리수거를 두 가지 종류로만 하거든요. 재활용 가능과 재활용 불가능으로요. 그리고 중국에는 따로 분리수거를 해주는 사람이 있어요. 그리고 쓰레기봉지값을 왜 내야 하는지 모르겠어요. –중국 유학생

6. 여기선 나이가 똑같은 사람하고만 친구할 수 있어요?
미얀마에선 나이 차이가 별로 안 나면 서로 이름을 불러요. 호칭은 나이 터울이 7~8살 정도는 나야 달라져요. 그런데 한국에선 나이가 한 살만 많아도 호칭을 엄격히 구분해서 불러야 하더라고요. 대학에선 나보다 높은 학년을 '선배'라고 부르는 게 일반적이고, 서로 친해져야만 형이라고 부를 수 있다는 걸 나중에 알았어요. –미얀마 유학생

7. 베지테리언 메뉴가 없어서 밥 먹기 힘들어요.
저는 돼지고기를 먹지 않는 파키스탄 사람이라서 학생 식당에서 밥 먹을 때마다 곤란해요. 처음엔 메뉴에 돼지고기가 들어갔는지 매번 물어봤어요. 그랬더니 "이렇게 매일매일 물어보면 귀찮다"고 해서 그 후론 못 물어봐요. 우리를 위한 메뉴가 필요하다고 생각해요. 다른 나라에는 베지테리언 메뉴가 당연하게 있어요. – 파키스탄 유학생

출처: 대학내일 2018.11.27. 요약

1) 기사를 읽고 외국 유학생들이 한국에서 느끼는 문화적 충격에 대해 토론해 봅시다.
2) 문화적 충격이란 무엇인지 설명해 보세요.
3) 내가 느꼈던 문화적 충격에 대해 말해 보세요.
4) 내가 경험한 특이문화에 대해 말해 보세요.

워크시트

7. 다음 물음에 답하세요.

■ 한국의 새해맞이 관습에 대해 설명하세요.
■ 세계 여러 나라의 다양한 새해맞이 관습에 대해 조사하고 설명하세요.
■ 다른 나라의 특이 문화에 대해 조사 후 토론해 보세요
■ 특이 문화의 형성 원인에 대해 조사하고 설명하세요.

3. 글로벌 금기문화와 관습

금기(禁忌)의 사전적인 의미는 "꺼리어서 싫어하거나 꺼림"이라는 뜻이지만 학술적으로는 "신앙이나 관습 등으로 꺼려 금하거나 피함"의 의미를 지닌다. 오랜 세월 동안 한 지역에서 대대로 내려오며 통용되는 것으로, 사회 구성원들이 공유하는 문화이다(한국학중앙연구원, 2004).

금기사항을 학습하는 것은 글로벌 시대를 살아가는 현대인에게 필요한 것이다. 국제 사회에서 상호 금기사항을 알고 지키는 것은 서로 존중하고 예의를 지키는 것과 같다. 반대로 금기사항을 어기고 무시하는 것은 그 지역의 문화를 업신여기는 것과 같은 행위이다. 특히 글로벌 기업의 경영자나 종사자들은 주 대상 고객층의 금기사항을 반드시 파악하고 있어야 한다. 뿐만 아니라 글로벌 시대를 살아가는 학생들도 금기와 관련된 동서양 문화의 뿌리를 이해하고 글로벌 역량과 지식을 함양해야 하겠다.

1) 종교별 금기음식[3)]

(1) 유대교

유대교에서는 '코셔(kosher)'라는 율법에 따라 육류와 동시에 유제품을 먹지 않는다. 그리고 돼지고기나 비늘이 없는 해산물은 판매하거나 먹지 않는 것을 '코셔'라고 한다. 전통적인 유대교의 율법에 따라 식재료를 선택하고 조리한 음식을 일컫는 말이다. 채소와 과일은 모두 먹을 수 있지만, 어류는 비늘이 있

3) 우문호 외(2006). 글로벌 시대의 음식과 문화. 제2절 '종교에 따른 음식 문화'; pmg 지식엔진연구소(2017)의 '각 문화권 금기음식' 참고 보완.

는 것, 조류는 집에서 사육한 것, 육류는 되새김질하고 발굽이 갈라진 동물만 먹는다. 따라서 문어, 오징어, 독수리, 말 등은 먹을 수 없고, 돼지는 부정한 동물로 취급하여 만지지도 않는다. 이스라엘에서 코셔를 지키는 음식점은 간판에 '코셔(kosher)'라고 쓰여 있다.

(2) 이슬람교

돼지고기, 동물의 피, 술 등을 먹지 않는다. 종교적 배경 외에 돼지고기를 먹지 않는 것은 서남아시아의 기후와 관련하여 해석하기도 한다. 돼지를 키우기 위해서는 체온이 올라가지 않도록 물과 그늘이 필요한데, 건조 기후 지역에서는 물을 구하기 어렵기 때문이다.

(3) 불교

사찰에서는 고기를 먹지 않는다. 불교의 계율 중에 살생을 금지하는 항목이 있기 때문이다. 또한 자극적이고 냄새가 강한 마늘, 파, 부추 등을 먹지 않는다. 자극적인 채소들은 화를 돋운다고 여기기 때문이다.

(4) 힌두교

종교적으로 소를 신성시하여 쇠고기를 먹지 않는다. 소는 농경에 이용되는데, 가뭄이 들었을 때 소를 잡아먹게 되면 농사를 짓기 어려워지기 때문이다. 힌두교도가 85%를 차지하는 인도에서는 소가 길거리를 활보하는 모습을 쉽게 볼 수 있다.

2) 종교와 음주

크리스트교는 음주에 대해 어느 정도 관대하지만, 이슬람교는 어떤 종류의 알코올음료도 허용하지 않는다. 크리스트교에서는 포도주가 예수의 피를 상징하는 것으로 여긴다. 따라서 크리스트교가 전파되면서 포도주를 마시는 관습과 포도 재배 지역이 자연스럽게 확대되어 갔다.

이슬람교에서는 코란에 '믿는 자 너희에게 술, 도박, 우상 등은 파렴치한 사탄의 유혹에 불과하다. 그것을 피하라. 그러면 너희는 성공할 것이다.'라고 쓰여 있어 알코올음료에 대한 금기가 자연스럽게 형성되었다.

3) 나라별 금기 문화와 관습[4)]

(1) 인도

① 인도에서 물건을 건넬 때 왼손 사용을 각별히 주의해야 한다. 인도 사람들은 물건을 전할 때도 오른손을 쓰고, 명함을 주거나 악수를 할 때에도 음식을 먹을 때도 마찬가지로 오른손만 사용한다. 인도에서 왼손은 불결한 손으로 간주되기 때문에 악수나 물건을 주고받을 때는 사용하지 않는 것이 좋다.

② 힌두교에서 사람의 머리는 신이 머무는 신성한 것으로 간주하기 때문에 결코 다른 사람의 머리에 손이 닿지 않도록 주의해야 한다. 특히 귀여운 아이를 보면 머리를 쓰다듬는 우리의 습관과는 달리, 인도에서는 절대 피해야 할 행동이니 주의해야 한다.

4) kotra 국가정보; 우문호 외 공저(2006). 글로벌시대의 음식과 문화 제2장 '대륙별 음식과 문화' 참고 보완.

③ 인도인과의 대화 중 파키스탄과 관련한 내용은 절대 꺼내면 안 된다. 또한 카스트제도에 대한 것도 일부러 물어볼 필요 없다.

④ 인도식 제스처 중에서도 누군가를 부를 때, 손가락으로 가리키거나 손바닥을 위로 할 경우 모욕으로 받아들일 수도 있다. 사람을 부를 때는 손바닥을 아래로 향하게 해야 한다. 또 인도에서는 발을 부정한 것으로 인식하고 있기 때문에 발이 상대방에게 닿지 않도록 조심해야 한다.

⑤ 소를 신성하게 여기는 힌두교도에게 소로 만든 가방이나 지갑은 절대로 선물하지 말아야 한다. 재스민 꽃이 인도에서는 장례식에서 사용하므로 선물하면 실례가 된다. 선물 포장으로 흰색, 검정색을 피하고 녹색, 빨간색, 노란색을 쓰는 것이 좋다.

(2) 중국

① **녹색 모자:** 중국에서는 '녹색 모자(綠帽子)'를 쓰지 않을 뿐더러 절대 선물해서도 안 된다. 중국에서는 부인이 정조를 지키지 않고 바람을 피우는 경우, '남자가 녹색 모자를 쓴다.'라고 표현하기 때문이다. 당나라 때 한 여인이 다른 사내와 정을 통하던 중 밖에 나갔던 남편이 갑자기 집에 돌아왔다. 다급히 사내를 숨긴 여인은 논에 물을 대러 다녀오라고 남편을 다시 밖으로 내몰았다. 혹시 남편이 알아챌까봐 햇빛을 가려준답시고 수박껍질로 모자를 만들어 씌워주었다. 수박 모자는 남편의 눈까지 가릴 정도였고 남편은 '녹색 모자'를 쓰고 아무것도 모른 채 집을 나섰다. 이렇게 바람난 아내가 남편에게 녹색 모자를 씌워 내보내는 것을 신호로 삼아 외간 사내를 집으로 불러 들인데서 유래했다고 한다. 또한 몽골이 지배하던 원나라 때 새로 생긴 기방에서 일하던 사내들을 다른 사람과 구별하기 위해 녹색 모자를 씌운 데서 비롯됐다는 설도 있다. 중국에서 '녹색 모자'는 절대금기다. 녹색 모자를 남성에게 선물한다면 굉장히 불쾌하게 여길

것이며, 게다가 녹색 모자를 쓰고 돌아다니면 커다란 웃음거리가 될 것이다(프레시안, 2015.10.15).

② **선교 활동**: 중국에서는 공산당원을 제외하고는 모두 종교의 자유가 있으나 종교 선전이나 대형 종교모임은 불가능하다. 외국인의 중국 내 종교 활동은 '중화인민공화국 경내외국인 종교 활동 관리규정'에 따라 허용한다. 외국인이 중국 내에서 선교 활동을 할 경우 당국의 허가를 받아야 하며, 무단으로 선교 활동을 하거나 외국인과 내국인이 함께 종교 활동을 하는 것은 금지되어 있다.

③ **금기 선물**: 일반적으로 중국, 대만, 홍콩 등을 포함하는 중화권에서 시계, 우산, 손수건, 부채, 칼, 가위 등은 금기선물이다. 중국어의 '우산'은 '이별'이라는 말과 발음이 유사하다. 벽시계를 중국어로 '쫑(鐘)'이라고 하는데 '끝나다'라는 단어 '쫑(終)'과 발음이 동일하다. 심지어 '벽시계를 선물하다'라는 의미인 '쏭종(送鐘)'과 '임종을 지키다'라는 뜻의 '쏭종(送終)'의 발음이 비슷하기 때문에 특히 윗사람에게 벽시계를 선물하면 절대로 안 된다.[5)]

④ 국화꽃과 글라디올러스는 장례와 성묘 시에 사용되며 수건은 장례식에 조문 온 손님에게 주는 선물로, 눈물, 이별, 죽음을 의미하니 주의해야 한다. 한국에서 명절 때 선물로 많이 하는 과일인 배도 이별의 의미가 있어 중국에선 선물로 적합하지 않고 '장수'의 긍정적인 의미를 갖는 거북이는 발음이 중국어 욕설과 비슷해 선물하지 않는다. 중국인은 선물을 권할 때는 선뜻 받지 않는다. 받기 전에 세 번 정도 거절하니 계속 받기를 권해야 한다. 흰색은 죽음, 불행을 의미하므로 주의한다(kotra, 국가정보 중국).

---

5) 타이베이 시장, 英장관에게 시계선물 받고 "고철로 팔아버리겠다" (국민일보 2015.01.27 기사) 참조.

(3) 태국

① 왕실에 대한 믿음과 존경이 강하여 외국인이라도 왕실을 모욕하는 말이나 행동은 금지하며, 극장 등에서 국왕 찬가가 연주될 때는 기립하여 예의를 표하는 것이 관행이다.

② 왼손 사용을 부정하게 여기며 '존두천족(尊頭賤足)' 가치관이 생활에 널리 퍼져 있어 어린이라도 머리를 쓰다듬는 것은 금물이고, 발로 사람을 가리키거나 물건을 건네는 등의 행위도 금물이다.

③ 특히 앉을 때 발끝이 불상을 향하는 것은 절대 금물이다. 전체 인구의 94.6%가 불교 신자이며, 불상과 승려는 신성한 존재로서 경의와 숭앙을 받는다. 따라서 불상 앞에서 사진을 찍거나 만지거나 올라가는 등의 불상 모독은 금물이다(네이버 태국개황, 2019.11).

(4) 일본

일본인이 싫어하는 숫자는 4와 9이다. 또한 칼은 서로의 관계 단절을 의미하며, 하얀색은 죽음을 의미하기 때문에 흰종이로 선물을 포장해서는 안 된다.

(5) 베트남

베트남 사람들은 시험이나 면접 당일에 계란이나 바나나를 절대 먹거나 주지 않는다. 타원형인 계란은 숫자 '0'과 모양이 비슷해 빵점이 나올 거라는 속설 때문이며, 바나나는 그 껍질을 밟아 미끄러지듯 시험이나 면접에서 낙방한다고 여겨 시험과 관련하여 금기시한다(충북인 뉴스, 2009.12.02.).

(6) 말레이시아

국교가 이슬람교이며, 무슬림에게 돼지고기와 술을 선물해서는 안 된다. 돼지가죽으로 된 물건이나 알코올이 첨가된 향수 역시 금지 품목이다. 사물 또는 구역을 가리킬 때 검지를 사용하기도 하지만 정중한 표현은 아니므로 엄지손가락을 사용하는 것이 좋다. 특히 사람을 가리킬 때 검지를 사용하는 것은 무례한 행동으로 간주하므로 조심해야 한다. 외국인에 대해 배타적인 감정이 거의 없으므로 문화 관습에 따른 실수에 대해 관대한 편이긴 하나, 현지의 일반적인 관습을 존중해 주는 것이 좋다(kotra, 국가정보 말레이시아).

(7) 몽골

몽골에서 손가락으로 사람을 가리키는 행동은 금기이다. 동물을 가리키는 것이라고 여기기 때문이다. 사람을 가리킬 때에는 손바닥을 위로 향하게 한다. 몽골에서 남의 발을 밟는다는 것은 상대방을 무시하는 행위이며 나아가 '당신과 싸우겠다,'는 의미로 받아들여진다. 유목민에게 발이란 머리와 심장보다 중요하기 때문이다. 이런 경우 오른손을 들어 악수를 청해야 한다. 그래야만 상대방도 기분 좋게 오른손을 내밀어 화해한다(JTBC뉴스, 2018.09.17). 특히 자연과 더불어 살았던 몽골인들에게 꼭 지켜야 할 금기사항이 있다. 몽골인들은 문지방을 밟으면 주인의 목을 짓밟는 행위와 동일시하고 있다. 또한 몽골의 전통가옥인 '게르' 안에서 휘파람을 부는 행동은 절대금지이다. '게르'는 바람에 취약한 구조로, 그 안에서 휘파람을 불면 바람을 몰고 들어와 '게르'를 넘어뜨릴 것이라는 속설 때문이다. 집안의 화로에 쓰레기를 던지는 행위를 금한다(오마이뉴스 2019.10.14).

(8) 미국

미국은 다인종 다종교 국가이므로, 사람의 피부색, 말투, 사회적 신분, 종교, 정치성향 등에 기준해서 비판하고 차별하는 모습을 보이지 않도록 주의하는 것이 좋다. 특정 종교, 소수민족, 인종, 여성 등에 대한 차별적 발언은 비록 농담이라 할지라도 절대 금물이다. 특히 여성의 외모와 나이, 결혼 여부 등에 대한 언급은 절대로 먼저 하지 말아야 한다. 미국은 개인적인 친분이 쌓이기 전에는 초면부터 나이를 묻지 않는 것이 관례다. 뉴욕, LA, 보스턴, 시카고, 샌프란시스코 등과 같은 대도시 지역에는 여러 인종이 모여 살고 있는데, 이들 각 인종들의 문화와 관습이 다르므로 이상한 손짓이나 몸짓을 하지 않도록 조심하는 것이 좋다. 최근에 LGBT(성 소수자로 동성애자 및 성 전환자를 의미)가 많이 증가하고 있어 이런 사회적인 위치(social status)에 대한 대화를 하지 않는 것이 좋다. 모든 사람은 평등하고 존중받아야 한다는 사실을 항상 명심하고 대화 시 자신도 모르는 사이에 어떠한 차별적인 발언도 하지 않도록 각별히 주의해야 한다(kotra, 국가정보-미국).

(9) 독일

흰색, 검정색, 갈색의 포장지와 리본은 사용하지 않는다. 꽃을 선물할 때에는 짝수가 아닌 홀수로 준비하고 열세송이(13)는 피해야 한다. 비즈니스 방문인 경우 값비싼 선물은 뇌물로 취급받으니 주의해야 한다.

나라 별 주의해야 할 제스처 매너	
손을 사용하는 제스처	① 오라고 부를 때 서구인들은 손바닥을 위로 향해 손짓한다. ② 중동과 극동지역은 손바닥을 아래로 향해 손짓한다.
링 사인	① 한국에서는 돈으로 해석한다. ② 미국에서나 서유럽에서는 OK 사인으로 해석한다. ③ 브라질 등 남미에서는 음탕하고 외설적인 사인으로 간주한다.
V 사인	① 대부분의 유럽 국가에서는 손바닥이 보이게 한다.. ② 그리스인들은 반대로 손등을 보이게 한다. ③ 그 반대로 하는 제스처는 서로에게 지독한 욕이다.
엄지를 올리는 사인	① 중동에서는 음란 행위, 파키스탄에서는 싸우자는 의미 ② 호주에서는 거절, 무례함으로 이해 ③ 독일 1, 일본 5 의미
윙크	① 파키스탄에서는 성적인 메시지를 암시 ② 인도, 대만, 호주에서는 모욕을 주는 행동

워크시트

8. 다음 물음에 답하세요.

■ 금기음식의 관습과 형성 원인에 대해 조사하고 설명하세요.
■ 한국의 금기문화와 관습은 무엇인지 조사하고 설명하세요.
■ 세계 여러 나라에서 금기로 여기는 선물과 그 이유에 대해 설명하세요.
■ 세계 여러 나라에서 금기로 여기는 색깔은 무엇이며 그 이유는 무엇인지 설명하세요.
■ 우리가 사용하는 몸짓이나 손동작이 다른 나라에서는 어떤 의미로 사용되는지 조사하고 설명하세요.

Chapter

04

세계시민의식

1. 인종차별 문제와 평등

1) 끊이지 않는 인종차별

"나에게는 꿈이 있습니다." 마틴 루터 킹(Martin Luther King) 목사의 외침이다. "아직 어린 나의 네 자녀들이 나와 같은 차별을 받지 않고 살아가며, 피부색이 아니라 그들의 능력과 자질만으로 평가받게 되기를 바라는 꿈입니다." 미국에서 노예제가 폐지된지 100여년이 흐른 1963년, 마틴 루터 킹 목사는 이렇게 호소했다. 그가 세상을 떠난지 50여년이 넘었음에도 미국은 인종차별 갈등으로 혼란을 겪고 있다. 지난 2020년 5월, 미국 미니애폴리스에서 백인 경찰의 가혹행위로 인하여 흑인 조지 플로이드가 사망하는 사건이 벌어졌다. 이로 인해 인종차별에 항의하는 시위가 미국 전역에서 들불처럼 번졌다. 경찰관이 무릎으로 목을 조이자 "숨을 쉴 수 없다."고 절규하며 죽어간 흑인에 대한 동정과 차별에 대한 분노가 흑인은 물론 백인 사회에서도 일어난 것이다.

인종차별(racial segregation)은 인종적인 차이를 이유로 특정 인간 집단에 대해 가해지는 차별이다. 역사적으로 보면 눈에 띄는 피부색에 대한 인종차별이 가장 오래 지속되고 있는 사례이다. 그 구성 집단 간에 정치적, 사회적 권력에 차이가 있을 경우, 더 강한 권력을 가진 집단이 약한 집단에 대하여 시민권을 박탈하거나, 제한된 거주지역에 살게 하거나, 학교, 공원, 운동장, 식당, 화장실 등 시설을 사용함에 있어서 이용구역을 분리하는 등의 사례로 나타난다. 남아프리카공화국의 아파르트헤이트(apartheid), 오스트레일리아에서 유색 인종의 이민을 금지하는 백호주의 등이 대표적이다. 오늘날에는 폐지되었으나 여러 민족이 함께 섞여 사는 미국이나 유럽의 여러 나라에서는 아직도 인종차별 문제가 해결되지 않고 있다.

출처: blog.naver.com/satyee(2020)

2) 인종차별 사례와 세계인권선언

(1) 인종차별 역사와 사례

인류 역사에서 집단 사이의 대립과 충돌은 항상 어떤 방식으로든 존재했다. 인종차별은 경제적 · 정치적으로 우월한 집단이 기득권을 유지하려는 수단으로 이용되어 왔다. 역사적으로 보면 구약성서 시대의 이집트인들이 조직적으로 유대인을 탄압한 것이 대표적인 경우이다. 이러한 경우 인종차별은 사실상 민족차별의 형태로 나타난다.

흑인과 백인 차별의 역사는 미국에서부터 이야기가 시작된다. 미국 땅에 흑인이 첫발을 내디딘 시기는 1619년이었다. 버지니아 지방에서 담배농사를 지으면서 돈벌이에 혈안이 된 백인들은 일손 부족을 해결하기 위해 흑인들에게 눈을 돌렸다. 그 해 흑인노예 20명이 네덜란드 배에 실려 온 것을 계기로 이곳에 흑인노예제도가 정착한다. 당시 흑인은 사람이 아니었다. 소나 말처럼 강한 근육을 가진, 부려먹기 좋은 노동력일 뿐이었다. 물건처럼 시장에서 사고 파는 것은 물론, 흑인노예는 그저 말귀를 알아듣는 사유재산으로 취급받았다.

인종차별의 대표적 사례 중에 하나는 아파르트헤이트(apartheid)이다. '분리'나 '격리'를 뜻하는 아파르트헤이트는 남아프리카공화국의 백인 정권이 1948년 법으로 제정한 인종 분리 차별정책이다. 모든 사람을 인종별로 나눠 거주지를 분리하고 생활을 통제하며, 백인지상주의 국가를 지향한 정책이었다. 흑인이나 유색인종들은 그들에게 지정된 구역을 벗어날 땐 통행권을 소지해야만 했고, 개인의 신상명세가 기록된 이 통행권을 백인이 요구하면 반드시 제시해야 했다.

유럽국가들 역시 인종차별에서 예외가 아니다. 과거 신제국주의를 표방한 유럽 열강은 1880년대 아프리카 점령을 본격화해 1910년대에는 아프리카 대륙의 90% 가까이를 식민통치했다. 서구에 의해 자행된 '아프리카 분할(Scramble of Africa)'은 이 지역 국가들이 독립한 뒤까지도 내전과 부족주의, 차별 등 여러 후유증을 남겼다.

호주의 백호주의도 손에 꼽히는 사례이다. 백인만의 오스트레일리아를 주장하여 백인 이외의 인종, 특히 아시아인의 이민을 배척했던 차별주의를 말한다. 금광 개발로 골드러시가 일어나면서 중국과 인도인 등 아시아계 노동자의 유입이 늘자, 백인 노동자 보호를 명분으로 유색 인종의 이민을 금하는 차별정책을 추진한 것이다. 그러나 차별적인 이민 정책은 심각한 노동력 부족 문제를 발생시키는 등 피해가 커지자 1970년대 이후 폐지된 정책이다.

(2) 국제인권조약, 평등과 차별금지

1948년 채택된 세계인권선언 제1조에는 "모든 인간은 태어날 때부터 자유로우며 그 존엄과 권리에 있어 동등하다. 인간은 천부적으로 이성과 양심을 부여받았으며 서로 형제애의 정신으로 행동하여야 한다."라고 명시하고 있다. 세계인권선언은 사회적 편견과 낙인, 차별과 배제가 집단학살이라는 극단적 폭력으로 이어졌던 인류의 비극을 되풀이하지 않겠다는 다짐이고 약속이었다. 그 기초가 되는 원칙이 바로 평등과 차별금지이다. 모든 사람이 단지 사람이기 때문에 응당 누려야 하는 권리인 인권은 평등과 차별금지를 전제로 하지 않고는 성립 불가능한 개념이다.

세계인권선언 이후 인권을 법적 구속력이 있는 문서에 담으려 했던 노력은 일련의 국제인권조약 채택으로 이어졌다. 특히 차별금지와 평등은 국제인권조약에서도 가장 기본적인 원칙이자 권리로 자리매김했다. 세계인권선언과 함께 국제권리장전을 이루며 양대 국제인권 규약이라 불리는 '시민적 및 정치적 권리에 관한 국제규약'(자유권 규약, 1966년)과 '경제적, 사회적 및 문화적 권리에 관한 국제규약'(사회권 규약, 1966년)은 모두 평등과 차별금지를 핵심 조항으로 둔다. '모든 형태의 인종차별 철폐에 관한 국제협약'(1966년), '모든 이주노동자와 그 가족의 권리 보호에 관한 국제협약'(1990년) 등은 차별 철폐와 동등한 권리 보호를 주목적으로 하는 국제인권조약이다.[1)]

3) 한국사회 인종차별 인식

한국사회 안에서도 인종차별 인식이 팽배하다. 이주민 10명 중 7명이 인종차별이 존재한다고 생각하고 있다. 국가인권위원회(2020.3)가 발표한 조사결과를 보면, 이주민 응답자 68.4%, 공무원 · 교원 응답자 89.8%가 '한국에 대체로(매우, 조금) 인종차별이 존재'한다고 응답하는 등 응답자 대부분이 한국사회의 인종차별 문제를 인식하고 있는 것으로 나타났다.[2)] UN 인종차별철폐위원회에

1) 한겨레신문, "유엔 인권기구들 '차별금지법 제정' 한 목소리", 2020.8.13.일자.
2) 국가인권위원회가 인종차별을 철폐하기 위한 대안으로서 인식 개선을 위한 교육과 정보제공, 혐오표현 행위 규제, 인종차별을 금지하는 법규 등에 대해 살펴보고자 2019년 실태조사를 실시한 것이다. 국가인권위원회, 『한국사회의 인종차별 실태와 인종차별철폐를 위한 법제화 연구』 2020.3.

서 지난 2018년, 한국의 인종차별과 외국인 혐오 확산에 크게 우려를 표명하고 인종차별 확산 금지를 위해 모든 노력을 다할 것을 한국정부에 권고한 바 있다. 이주민 당사자 338명에 대한 설문조사 결과에서도, 응답자 중 68.4%가 '한국에 대체로 인종차별이 존재한다.'고 생각하고 있었다. 차별사유로는 한국어 능력(62.3%)과 한국인이 아니라서(59.7%), 인종(44.7%), 민족(47.7%), 피부색(24.3%) 등 여러 가지로 차별을 당하는 것으로 나타났다.

표 4-1 한국사회 인종차별 사유

차별사유	응답비율(%)
출신국가	56.8
한국인이 아니라서	59.7
인종	44.7
민족	47.7
피부색	24.3
종교	18.6
의식주 등 문화적 차이	45.4
한국어 능력	62.3
말투(액센트)	56.6

출처: 국가인권위원회(2020).

4) 인종차별과 편견에 맞서는 방법

인종차별을 어떻게 철폐할 수 있을까? 인류공동체가 끊임없이 성찰하고, 노력해야 하겠지만, 우리 개개인이 인종차별과 편견에 맞서는 노력도 중요하다. 지난 2019년 3월, 뉴질랜드 크라이스트처치에 있는 이슬람사원이 백인우월주의자 테러에 의해 51명이 희생당하는 일이 벌어졌다. 국제앰네스티 뉴질랜드지부에서는 인종차별과 편견에 도전하려는 노력을 배가해야 한다고 주장하면서, 이에 맞서 행동할 수 있는 방법을 제시했다.3) 다음 네 가지로 정리된다.

출처: Amnesty International NZ(2019)

(1) 인종차별을 경험한 사람들 이야기에 귀 기울이자

차별은 농담, 정치적 의견을 가장해, 교묘하고 은밀하게 이루어질 수도 있다. 차별은 항상 명확하게 보이는 것은 아니다. 차별과 관련된 문제를 더 잘 이해할

3) Amnesty International NZ, "인종차별과 편견에 맞서는 여섯 가지 방법", 2019.4.17.

수 있는 가장 좋은 방법은 차별을 경험해 본 사람들과 이야기를 나누는 것이다. 그 사람의 입장을 완벽하게 공감할 수는 없어도, 그 이야기에 더 귀 기울일 수는 있다. 더 많은 이야기를 들을수록 차별을 판단하는 기준이 더 넓어질 것이고, 그때 비로소 누군가에게 소외감을 느끼게 만드는 요소들을 볼 수 있게 된다.

(2) 불편한 대화에 적극적으로 임하자

친구나 가족 또는 처음 보는 사람이 잘못된 이해를 바탕으로 의견을 밝힐 때 이에 대응하는 것은 매우 짜증나는 일일 것이다. 다른 사람의 의견에 반대하는 것은 잘해도 어색한 상황이 되고, 최악의 경우에는 두려운 상황이 생기기도 한다. 의견을 밝힌다고 해도 상대를 설득시키지 못한 채 논쟁만 낳을 수도 있다. 하지만 현명하게 의사소통하는 법을 안다면, 다른 사람들의 마음을 움직일 수 있다. 크라이스트처치 테러 공격은 오래 전부터 필요했지만 불편함 때문에 제대로 하지 못했던 인종과 종교에 대한 대화의 기회를 열어주었다. 이러한 대화에 참여해보자.

(3) 숫자가 아닌, 사람에 대해 이야기하자

인종차별적 의견은 다수의 잘못된 정보를 바탕으로 하고 있다. 이러한 정보에 이의를 제기하는 것은 분명 중요한 일이다. 그러나 실제 사람들의 이야기를 전달한다면 자신의 입장을 전달하기 위해 사실과 통계 수치를 늘어놓는 것보다 더 공감적인 반응을 이끌어 낼 수 있다. 예를 들어, 이민자들에 대해 불평하는 사람이 있다면, 그 사람에게 전 세계 난민의 수와 수용인원에 대한 통계 수치를 늘어놓기만 해서는 안 된다. 그 대신 난민들처럼 위험하거나 희망이 없는 상황에 처했을 때 당신은 어떻게 하겠느냐고 물어보자. 그들도 역시 가족의 안전을 지키기 위해서라면 무슨 일이든 하지 않을까? 자유롭게 살 수 있는 나라로 떠나려 하지 않을까?

(4) 우리가 평소에 사용하는 언어 표현을 성찰하자

어떤 언어는 인간성을 배제시킬 수도 있다. 예를 들어, '이민자'나 '난민'이라는 표현처럼 수백만 명의 사람들을 구분되지 않은 하나의 거대한 집단으로 취급하는 말을 우리는 흔히 들을 수 있다. 집합명사를 사용하는 것은 고정관념을 강화하고, 사람들이 공감할 수 있는 개인의 사연을 모호하게 만드는 데 일조한다. 그러니 그저 '난민'이라고 말하기보다는, '집을 떠날 수밖에 없었던 사람들'이라고 말해 보자. 개개인의 이야기를 공유하고, 지위나 종교만으로 그들을 단정짓지 말자는 것이다.

워크시트

1. 다음 물음에 답하세요.

- 영화 〈셀마〉는 1965년, 투표권 투쟁을 위해 셀마 행진을 계획한 마틴 루터 킹 목사를 다루고 있다. 〈셀마〉를 보고 함께 토론해 봅시다.

- 우리나라에 다문화가정은 꾸준히 증가하고 있으며, 2018년 기준, 35만 가구에 이른다. 외국인 이민자에 대한 나의 평소 생각을 정리해 봅시다.

- 우리 주변에서도 의식적 또는 무의식적 인종차별 사례가 많다. 그 사례를 열거해 봅시다.

- 국제 인권기구 홈페이지를 찾아서 해당 기구의 설립취지와 목적, 사업추진 내용 등을 조사해 봅시다.

2. 지속가능한 발전 추구

1) 지속가능한 발전 개념 등장

지속가능한 발전(Sustainable Development, SD)이란? 미래세대가 그들의 욕구를 충족할 수 있는 기반을 저해하지 않는 범위 내에서 현세대의 요구를 충족시키는 것이다. 이는 인간 사회가 주변 환경과 조화를 추구하면서 자유롭게 발전의 기회를 갖는 것을 의미한다. 이 개념은 인류가 자연과 공존하면서도 인구증가와 경제성장 속에서 파생되는 전 지구적인 문제를 해결하여 풍요로운 삶을 누리고자 하는 의지에서 비롯되었다. 이 용어가 공식적으로 처음 알려진 것은 1987년 개최된 세계환경개발위원회(WCED)에서 제시된「우리들 공동의 미래」(Our Common Future)를 통해서이다. 해당 보고서는 앞서 언급한 지속가능한 발전의 의미를 정의하면서 그 중요성을 역설하였다.

지구 생태계의 자정 능력을 위협하는 개발은 지속되기 어려우며, 미래 세대의 생존권까지 위협할 수 있다. 그러므로 우리는 인류의 발전과 환경 보전을 함께 성취할 수 있는, 이른바 '환경적으로 건전하고 지속가능한 발전'을 추구할 필요가 있다. 자연환경은 누구나 이용할 수 있는 공공의 재화이므로 과도한 개발은 필연적으로 환경파괴를 초래할 것이며, 그 피해는 우리 자신뿐만 아니라 미래 세대에게까지 미친다. '공유지의 비극' 이론과 같이 모두가 자신만의 이익을 극대화하려 한다면, 자연환경이라는 공공의 재화는 황폐해지고 결국 모두가 그 피해를 보게 될 것이다.

2) 지속가능한 발전 모델

환경의 지속성은 영속적으로 환경의 역할을 올바르게 수행할 수 있는 능력을 의미한다. 환경지속성을 위해서는 미래 세대의 복지를 위태롭게 하지 않는 한도에서 현재 인류의 요구를 충족해야 한다. 환경지속성의 목표는 환경의 퇴보를 막는 것이며, '지속할 수 없는 상태'는 자연자원의 총량이 보충될 수 있는 속도보다 빠르게 사용될 때 발생한다. 따라서 인류는 그 활동에서 자연적으로 보충될 수 있는 범위 내에서 자연자원을 사용해야 한다. 원래 '지속가능한 발전'이라는 개념은 '환경 수용력(carrying capacity)'의 개념과 얽혀 있다. 이론적으로 환경 퇴보가 장기적으로 지속되면 인류의 삶을 지탱할 수 없게 된다. 즉, 인류의 멸종을 초래할 수 있는 것이다.

물론, 지속가능한 발전은 환경에만 집중하는 것이 아니며, 일반적인 정책의 영역인 사회, 경제, 환경 모두를 포함한다. 지속가능한 발전은 이 세 가지 요소가 공통적으로 추구하는 목적의 교집합을 통해 이루어지는데, 사회(social)는 자연과 조화를 이룬 건강하고 생산적인 삶을 지향하고, 환경(environment)은 현재 세대가 쾌적한 삶을 누릴 뿐 아니라 후대 세대 또한 그러한 혜택을 받도록 깨끗한 환경을 조성하는 것을 목표로 한다. 경제(economy)는 생태계와 환경을 훼손하지 않고 인간이 지속적으로 발전할 수 있는 경제개발을 추구하는 것을 목표로 한다. 또한 지속가능한 발전이라는 개념은 고정된 것이 아니라 끊임없이 변화하는 특성이 있다. 따라서 각 국가와 지역은 지속가능한 발전 개념의 형성과정이 갖는 역사적 의미를 고려하면서 각자의 상황에 맞게 해석해 적용하고 있다.

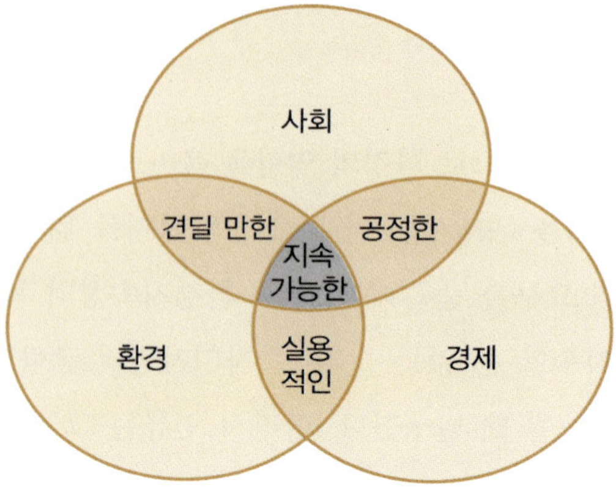

그림 4-1 지속가능한 발전 모델

출처: Scheme of Sustainable Development(2006)

3) 국제사회 공조, 지구환경보전

1992년 6월 브라질 리우데자네이루에서 개최된 유엔환경개발회의(UNCED)에서는 지속가능한 발전의 목표 달성을 위해 기본원칙을 담은 선언서를 발표한 바 있다. 이를 리우선언(Rio Declaration)이라고 하는데, 리우선언은 법적으로 제재를 가할 수 있는 구속력은 없지만, 지구 환경보존을 위한 이념적인 방향을 제시하는 역할을 하고 있다. 1972년 스웨덴의 스톡홀름에서 인간환경선언이 있은지 20년 만에 지구인의 행동강령으로서 의미하는 바가 크다고 하겠다. 주요 원칙으로 1원칙은 '인류는 자연과 조화를 이루면서 건강하고 생산적인 생활을 할 권리가 있다.' 2원칙은 '각국은 자국의 자원을 개발할 권리를 지니는 동시에 다른 국가의 환경에 손상을 주지 않도록 할 책임이 있다.' 3원칙은 '개발권리의 행사는 현재와 미래 세대의 개발과 환경상의 필요성을 충족시키는 범위 내에서 가능하다.' 4원칙은 '환경보호와 개발은 일체적으로 추진되어야 한다.' 등이다.

그리고 기후변화협약을 이행하기 위해 만들어진 국가 간 이행 협약으로, 1997년 교토의정서(Kyoto protocol)를 주목할 필요가 있다. 1997년 12월, 일본 교토에서 개최된 유엔기후변화협약 제3차 당사국총회에서 채택된 교토의정서는 지구온난화 규제 및 방지를 위한 국제협약인 기후변화협약의 구체적 이행 방안으로, 선진국의 온실가스 감축 목표치를 규정하였다. 의무이행 대상국은 오스트레일리아, 캐나다, 미국, 일본, 유럽연합(EU) 회원국 등 총 37개국으로, 각국은 2008~2012년까지를 제1차 감축공약기간으로 하여 온실가스 총배출량을 1990년 수준보다 평균 5.2% 감축하기로 하였다.

한편, 리우선언의 원칙을 실천하기 위하여 '21세기 지구환경실천강령(Agenda 21)'이 채택되었다. 의제21은 물, 대기, 토양, 해양, 산림, 생물종 등 자연자원의 보전과 관리를 위한 지침뿐만 아니라 빈곤퇴치, 건강, 인간정주, 소비행태의 변화 등 사회경제적 이슈까지 폭넓게 다루고 있다. 구체적인 실현수단으로는 재정 확충, 기술 이전, 과학의 발전, 교육 및 홍보 확대, 국제협력의 강화 등에 관한 세부 지침을 담았다. 또한 지속가능한 발전을 위한 노력으로 주요 그룹의 역할을 강조하고 있는데, 여기에는 여성계, 청소년, 농민, NGO, 지방정부, 근로자와 노동조합, 기업 및 산업계, 과학기술계, 원주민 등을 포괄하였다.

출처: UNCED(1992)

이후 2002년 남아프리카공화국 요하네스버그에서 열린 세계정상회의는 의제21 채택 10주년을 맞아 그간 국제사회의 실천행동을 평가하는 자리가 되었다. 정부, 국제기구, NGO 등 약 4만 명이 모였던 지구촌 최대의 국제회의로서 1992년 리우회의 이후 전 세계가 실천해 온 환경과 지속가능한 발전의 성과를 평가하고 향후의 이행과제를 구체화하는 계기가 되었다. 이 회의에서는 정치적 선언으로서 '요하네스버그 선언문'을 채택하고, 의제21의 구체적인 이행계획을 마련하였다. 특히 각국의 정부, 국제기구, 이해당사자, NGO 등이 참여하는 파트너십을 구축했다는 점에서 긍정적으로 평가할 수 있다.

2015년 말, 프랑스 파리에서 열린 제21차 유엔기후변화협약(UNFCCC) 당사국총회에서는 이른바 '파리기후변화협약'을 채택하였다. 2020년 만료 예정인 교토의정서를 대체해 2020년 이후의 기후변화 대응을 담은 국제협약이다. 협약은 장기목표로는 산업화 이전 대비 지구 평균기온 상승을 2℃보다 상당히 낮은 수준으로 유지키로 하고, 1.5℃ 이하로 제한하기 위한 노력을 추구하기로 했다. 또 국가별 온실가스 감축량은 각국이 제출한 자발적 감축목표(INDC)를 그대로 인정하되 2020년부터 5년마다 상향된 목표를 제출하도록 했다. 이와 함께 정기적인 이행 상황 및 달성 경과 보고를 의무화하고, 이를 점검하기 위한 국제사회의 종합적 이행 점검 시스템을 도입해 2023년에 최초로 실시한다는 원칙에 합의했다.

4) 국제사회, 지속가능한 개발 목표

국제사회는 가난, 불평등, 기후변화, 환경파괴, 평화, 정의와 관련된 문제들을 포함하여 인류가 직면하고 있는 세계적인 문제들을 해결하기 위하여 공동목표를 정하고 있다. UN은 2015년 총회에서 '지속가능한 개발 목표(Sustainable Development Goals)'를 공식 선언했다. 2000년부터 2015년까지 시행된 밀레

니엄개발목표(MDGs)를 종료하고, 2016년부터 2030년까지 새롭게 시행되는 유엔과 국제사회 최대의 목표라고 할 수 있다. 빈곤, 질병, 교육, 성평등, 난민, 분쟁 등 인류의 보편적 문제와 기후변화, 에너지, 환경오염, 물, 생물다양성 등 지구환경 문제 그리고 기술, 주거, 노사, 고용, 생산소비, 사회구조, 법, 대내외 경제 등 경제사회 문제를 2030년까지 해결하고자 하는 국제사회의 결의이며 약속이다. 아울러 지구를 보호하는 동시에 번영을 촉진하기 위하여 모든 계층의 사람들에게 권장하는 행동 요구이자 지속가능하며, 더 나은 미래를 달성하기 위한 청사진이다.

출처: https://sustainabledevelopment.un.org/

기후변화는 이제 대륙 전반의 모든 국가에 영향을 미치고 있다. 국가 경제를 혼란에 빠뜨리고 삶에 영향을 미치며, 오늘날과 미래의 인류, 공동체 및 국가에 큰 손실을 주고 있다. 날씨 패턴은 변화하고 해수면은 상승하며 기상이변은 잦아지고, 온실가스 배출량은 현재 최고 수준에 도달했다. 아무런 조치를 취하지 않는다면 금세기에 해수면 온도도 평균적으로 3도를 넘어 상승할 것으로 예상

된다. 이는 가난하고 위험에 취약한 사람들에게 더 큰 영향을 주고 있다.

지구환경 문제는 한 나라의 힘으로는 해결할 수 없기 때문에 세계 모든 나라가 국제협약을 만들고 함께 실천해야 한다. 우리나라도 국제사회의 책임있는 일원으로서 국제사회의 공동의 목표 달성에 기여하고 한국사회에 처한 여러 문제들을 해결하기 위해 한국형 지속가능발전 목표, 즉 K-SDGs를 수립하였다. 모두가 사람답게 살 수 있는 포용사회 구현, 모든 세대가 누리는 깨끗한 환경보전, 삶의 질을 향상시키는 경제성장, 인권보호와 남북평화 구축, 지구촌 협력과 같은 5대 전략을 추진해 나가고 있다.

워크시트

2. 다음 물음에 답하세요.

- 나 자신이 다음 세대에게 무엇인가를 유산으로 물려줘야 한다면, 무엇을 물려주겠는가?

- 2015년 유엔이 정한 '지속가능한 개발 목표' 17가지를 순서대로 적어 보세요.

- 바다낚시를 하던 중에 어린 새끼 물고기를 낚았다. 나는 그 물고기를 어떻게 처리할까? 자신의 행동에 대한 이유를 글로 적어보세요.

- 인류와 지구는 변함없이 공존할 수 있을까? 어떻게 가능할 수 있겠는가? 인류가 노력해야 할 것은 무엇인가? 글로 적어보세요.

3. 국제분쟁 지역의 평화

1) 국제적인 갈등과 분쟁

국제사회에서 정치, 경제, 문화 등의 의견 충돌로 발생하는 분쟁을 국제분쟁이라고 한다. 예를 들어, 영토 문제에서 비롯된 전쟁이나 종교 갈등에서 비롯된 학살, 지하자원 선점을 위한 군사 대립 등이 이에 해당한다. 고대 그리스 시대의 펠로폰네소스 전쟁이나 중국 고대 국가와 주변 민족과의 갈등에서 알 수 있듯이, 인류 역사에서 국제분쟁은 끊이지 않고 발생해 왔다. 하지만 20세기 들어 국제분쟁은 전 세계적으로 이루어지는 전쟁의 모습으로 나타났고, 두 차례에 걸친 세계대전은 전 지구적 차원에서 엄청난 피해를 가져와 세계 전쟁의 위험성을 보여 주었다. 20세기 중반부터 시작된 냉전시대는 국제분쟁의 모습을 또다시 변화시켰다. 미국과 구소련을 중심으로 하는 양극 체제가 성립하면서, 국제분쟁은 6 · 25 전쟁이나 베트남 전쟁에서처럼 양측의 군사력 대립 양상으로 나타났다. 하지만 양측 간 힘의 균형이 유지되어 오히려 분쟁이 줄고, 그 발생 지역도 제한적이었다는 평가도 있다.

20세기 후반 냉전이 종식된 이후에는 국제사회의 질서가 다극 체제로 재편됨에 따라, 국제분쟁의 발생 빈도가 급증할 뿐만 아니라 발생 원인과 양상이 매우 다양해지고 있다. 또한 국제사회가 공유하고 있는 중요한 가치로 말미암아 오히려 풀어가기가 쉽지 않다. 즉, 대등한 국가 간의 집합 관계로 이루어진 국제사회는 기본적으로 '주권 평등의 원칙'이 적용된다. 개별 국가가 가지는 총체적인 최상위 권력으로서의 주권은 다른 나라에 의해서 부정될 수 없으며, 이를 침해하거나 제한해서는 안 된다. 이로 말미암아 자연스럽게 나타나는 특징이 다른 나라의 '국내 문제 불간섭 원칙'이다. 또 국제적인 갈등과 분쟁을 해결하고 세계 평화를 유지하기 위한 기본적인 방법으로 '무력사용 금지 원칙'

을 채택하고 있다. 현대 지구촌 사회에서 발생하는 국제분쟁은 그만큼 복잡하고 해결하기 쉽지 않다는 것이다.

2) 국제분쟁의 원인과 양상

(1) 민족과 종교

민족 간의 갈등은 지구촌 분쟁에 있어서 가장 빈번하게 일어나는 문제이다. 냉전시대 종식 이후 나타난 지구촌 대부분의 분쟁은 그동안 잠재돼 있던 혈통과 언어, 종교를 달리 하는 이민족끼리 충돌로 인해 나타난 경우가 대부분이다. 원초적인 민족감정이 개입된 경우 분쟁 시 무력충돌 가능성이 높아지고 걷잡을 수 없는 상황에 이르게 되고 해결하기도 어렵게 된다.[4)]

민족만큼이나 분쟁 양상이 복잡하고 해결책을 찾기 어려운 것이 종교분쟁이다. 종교는 사람들에게 정신적으로 위안을 주기도 하지만 한편으로는 종교로 인해 많은 집단 간에 갈등이 발생하기도 했다. 자신들이 믿는 종교 이외에 다른 종교를 인정하지 않으려는 태도와 배타적인 종교 신념은 분쟁을 일으키는 주된 이유이다. 종교는 민족과 함께 맞물려 있는 사례가 대부분이기 때문에 현재의 분쟁을 악화시키기도 하며, 새로운 분쟁을 발생시키기도 한다.

민족, 종교 등의 갈등 요소는 따로따로 국제 분쟁의 원인으로 작용하기도 하지만, 서로 깊게 연관되어 있어 함께 작용하기도 한다. 가령 민족이나 종교의 이질성은 문화적 차이로 연결되기 마련인데, 중세시대 십자군 전쟁은 이러한 요인들이 복합적으로 작용하여 발생한 국제 분쟁에 해당한다. 과거 유고슬라비아 내전, 동티모르 문제, 체첸 전쟁과 북아일랜드 전쟁 그리고 끊임없이 지속되고 있는 아프리카 내전, 인도와 파키스탄 간의 카슈미르 지역과 같은 갈등도

4) 매일경제, "평화와 탐욕의 두얼굴 국제분쟁", 2009년 2월 3일자.

모두 민족, 종교, 문화 등의 이질성에서 촉발된 무력충돌 사례이다.

(2) 자원과 영토

인접 국가 간에 나타나는 국경분쟁과 자원 확보를 둘러싼 대립은 인류의 역사만큼이나 오래되고 보편적인 분쟁 발생 요인이다. 지구온난화 같은 환경의 급격한 변화와 부존자원 고갈 등의 문제는 향후 자원 확보를 위한 갈등이 더욱 증폭될 수 있다는 것을 암시한다. 에너지 자원을 둘러싼 갈등이 확대되는 가운데 최근에는 미개척 바다에 대한 관심이 고조되고 있다. 배타적 경제수역 설정과 이에 따른 분쟁, 작은 섬을 둘러싼 각국의 영유권 주장 등이 그것이다. 게다가 분쟁 당사국이 대부분 강대국이기 때문에 분쟁이 발생한 경우 국제사회에 미칠 여파가 훨씬 광범위하고 크다. 현재 러시아와 중앙아시아 국가 간의 석유와 천연가스를 둘러싼 갈등, 이라크전쟁 그리고 호르무즈 해협, 이스라엘과 팔레스타인 간의 분쟁 등은 자원의 활용과 영토 확대를 둘러싸고 나타난 대표적인 사례이다.

3) 국제분쟁 사례

(1) 민족문제로 인한 갈등: 아프리카 내전

아프리카의 몇몇 나라에서는 지금도 전쟁이 끊이질 않고 있다. 수단, 소말리아, 콩고민주공화국(구 자이르), 부룬디, 라이베리아가 내전을 겪었다. 그리고 에티오피아와 에리트레아가 분쟁하는 등 영토 및 영유권 분쟁에 많은 민족이 연루되어 있다. 아프리카에서 민족 문제가 빈번하게 일어나는 이유는 바로 국가가 민족, 즉 부족사회로 이루어져 있기 때문이다. 아프리카의 부족 집단은 1,000개가 넘는데, 이를 근대 개념인 국가라는 틀에 끼워 맞추려다 보니, 분쟁이 잦을 수밖에 없다는 의견도 많다.[5] 하지만 결정적인 원인은 식민지 지배 정부들의 전략적 분할 통치에서 찾을 수 있다. 민족 간에 대립하도록 교묘히 부추겨서 식민지에 대한 저항 의지를 꺾었다는 점이다. 아프리카 민족 분쟁의 원인 중 다른 하나는, 자로 선을 그은 것 같은 국경선이다. 식민지 종주국들의 이해관계에 따라 자연, 부족 분포를 완전히 무시하고 국가의 경계가 정해졌으니 문제가 일어날 수밖에 없다. 결국 국경선도 부족사회와 마찬가지로, 식민지 지배가 남긴 폐해이다.

르완다에서는 1990년대 초 다수 민족인 후투족과 소수 민족인 투치족 간의 분쟁으로 수십 만 명이 학살되고, 많은 난민이 발생하였다. 분쟁의 원인은 1916년부터 1962년까지 약 40여 년 동안 르완다를 지배했던 벨기에의 식민지배 정책 때문이었다. 벨기에는 종족 간 분리를 통한 차별적인 지배 정책을 통해 소수 민족인 투치족을 우대한 반면, 다수였던 후투족을 정치 · 경제적인 측면에서 차별 대우하였다. 이 때문에 식민 지배기간에도 투치족과 후투족 간 분쟁이 계속되었다. 독립 이후 후투족이 정권을 잡고 투치족을 억압하면서 많은 사람들이 희생되었다.

콩고에서도 분쟁이 계속되고 있다. 벨기에의 식민 지배에서 독립한 이후 권력을 장악한 독재 정권과 민주화 세력 간의 대립으로 제1차 내전이 시작되었다. 1차 내전에서 민주화 세력이 승리하였지만, 반대 세력의 반발과 르완다 투치족의 침략으로 콩고는 다시 내전에 휩싸였다. 콩고 내전은 종족 간의 권력 다툼, 금 · 다이아몬드 등 자원을 둘러싼 외세의 이해 관계와 외국 기업의 개입이 얽혀서 최근까지도 지속되고 있다. 그리하여 제2차 세계대전 이후 가장 많은 인명 피해를 가져온 전쟁으로 '아프리카판 제1차 세계대전'으로 불리기도 한다.

---

5) 21세기연구회(2018). 『한눈에 꿰뚫는 세계민족 도감』. 이다미디어.

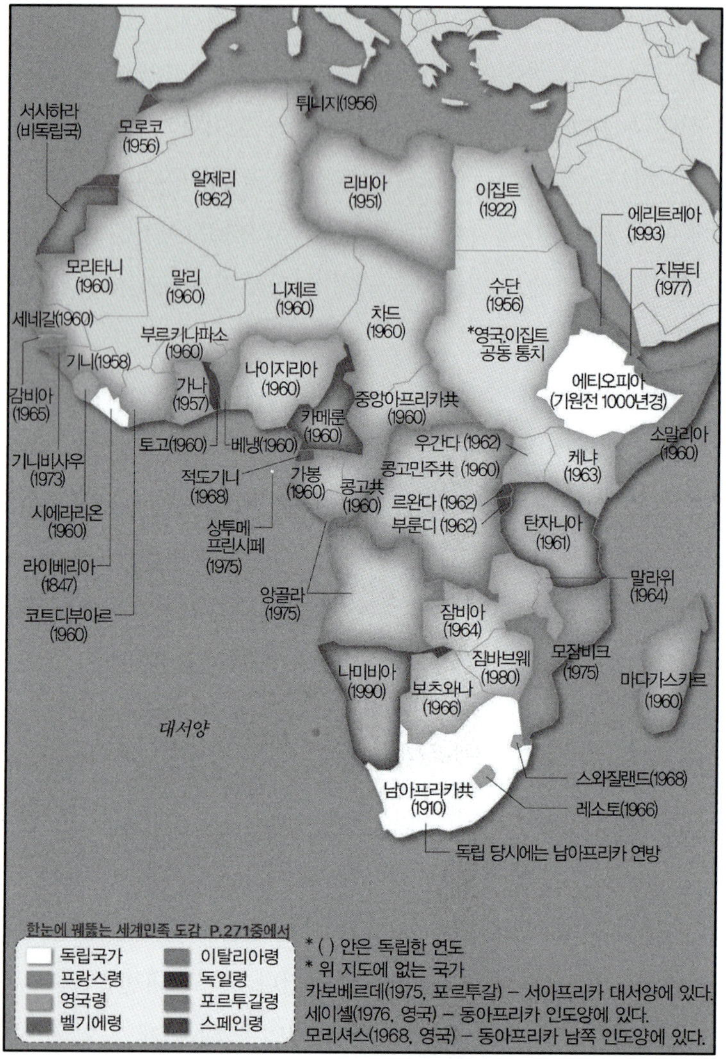

그림 4-2 식민지 종주국으로부터 독립한 아프리카 국가들

출처: 21세기연구회(2018)

(2) 종교로 인한 갈등: 카슈미르 지역

종교로 인한 대표적인 분쟁지역으로 카슈미르가 있다. 인도와 파키스탄, 중국이 만나는 기다란 국경선이 매우 복잡하게 얽혀져 있는 지역이다. 맞붙어 있는 나라들 간의 지리적 우위를 점하기 위한 싸움인 듯 하지만, 사실은 종교적 이유가 크다. 인도와 파키스탄, 방글라데시는 원래 하나의 나라였다. 그런데 인도 지역은 대다수가 힌두교를 믿었고 파키스탄은 이슬람교를 믿었던 것이다. 파키스탄은 영국으로부터 독립 당시에 현재의 방글라데시가 되는 동파키스탄과 서파키스탄이라는 두 개의 지역으로 나뉘어 있었는데, 이 지역은 공교롭게도 인도를 사이에 두고 이슬람교를 믿는 것을 제외하고는 별다른 공동체 의식이 없다 보니 훗날 방글라데시로 떨어져 나간 것이다. 이렇게 분열된 인도와 파키스탄 간 분쟁의 불씨가 만들어졌다.

결국 인도와 파키스탄 국경지대인 카슈미르 지역은 접전지가 되었다. 지리적으로 중요한 지역이기도 했지만 주민의 80%가 이슬람교도임에도, 지배계층은 힌두교라는 점이 큰 문제였다. 주민들은 파키스탄에 귀속되기를 희망하면서 반란을 일으키고 파키스탄 정부가 무력을 지원하는 형태였다. 반대로 힌두교도인 지배계층은 인도에 지원을 요청하면서 인도에 복속하겠다는 문서에 조인을 했다. 1947년 1차 인도-파키스탄 전쟁이 카슈미르 지역에서 발발한 원인이 그것이다.

1949년 UN의 중재로 휴전하면서 파키스탄령 아자드 카슈미르와 인도령 잠무 카슈미르로 분할되었다. 이후에도 인도와 파키스탄은 영유권 갈등으로 1965년과 1971년 두 차례 더 전쟁을 벌이는 등 지금까지도 카슈미르를 두고 충돌하고 있다. 이후 인도는 카슈미르 전체를 인도 영토라고 주장하면서 반환을 요구하고 있어 지금까지 분쟁은 계속되고 있다. 이 같이 복잡한 상황에서 중국이 끼어들었다. 1962년 말 중국은 카슈미르의 동쪽을 침공하여 아크사이친 지역을 중국의 영토로 편입시켜 버렸다. 그리하여 카슈미르는 인도령, 파키스탄령, 중국령 3곳으로 갈라져 현재에 이른다. 최근 중국은 인도와 대립하면서 파키스탄과는 사회기반시설 협력을 강화하고 있다.

(3) 자원으로 인한 갈등: 호르무즈 해협

호르무즈 해협은 이란과 아라비아반도 사이에 페르시아만과 오만만을 잇는 좁은 해협으로서 비좁은 탓에 선박 통행을 가로막기가 매우 용이하다. 그래서 이란은 자신들의 전략적인 이해를 달성하기 위해 종종 호르무즈 해협을 봉쇄하겠다고 위협한 바 있다. 호르무즈 해협이 봉쇄되면 전 세계 일간 원유 해상수송량 가운데 약 30%가 발이 묶일 것으로 전망한다. 이는 전체 원유 공급이 20% 감소하는 것을 뜻하며 그 여파로 기름값이 크게 오를 수밖에 없다. 그래서 호르무즈 해협 봉쇄는 세계 경제에 큰 충격을 줄 가능성이 크다. 실제 미국과 이란이 호르무즈 해협에서 수차례 충돌해 왔다.

1988년에는 이란이 이곳에 부설한 기계수뢰에 미 해군 초계함이 파괴되자 미국은 이란 해군 함정 3척과 해상 시추선 2척을 파괴하였고, 또 같은 해에 이란 민간 여객기를 오인 격추하기도 했다. 2016년 이란 혁명수비대가 경비정에서 근무하던 미 해군병사를 나포하다가 석방한 적도 있다. 그 이외 호르무즈 해협 인근 걸프만에서 이란측이 미 해군함정에 다가가 경고사격을 한 적도 있고, 이란이 무인기를 띄어 미국 항공모함을 정찰하기도 했다. 이란은 미국이 이란산 석유 수출을 전면 금지할 시 호르무즈 해협을 봉쇄할 수 있다고 경고했다. 이란은 2011년, 2012년, 2016년에도 호르무즈 해협을 봉쇄하겠다고 위협한 바 있다.

2017년 출범한 트럼프 미국 행정부가 핵합의에서 탈퇴하고 다시 이란에 대한 압박수위를 높이자, 이란 지도자 하메네이는 호르무즈 해협 봉쇄를 경고했다. 호르무즈 분쟁은 한국경제에도 큰 영향을 미칠 수밖에 없으며, 더 직접적인 문제는 미국의 파병요청이다. 2019년도 미국의 요청에 따라 한국 정부는 중동 정세를 감안해 국민의 안전과 선박의 자유항행 보장을 위해 아덴만 일대에 나가 있는 청해부대의 작전 범위를 호르무즈 해협까지 넓히기로 했다. 다만 이란과의 외교적 갈등을 우려해 미국 주도의 '호르무즈 호위 연합체'인 국제해양안

보구상(IMSC)에는 참여하지 않는다는 방침을 세운 바 있다.

(4) 영토로 인한 갈등: 이스라엘과 팔레스타인

대표적인 영토분쟁이라고 할 수 있는 이스라엘과 팔레스타인의 분쟁은 1948년 이후 지금까지 계속되고 있다. 영토분쟁 뿐만 아니라 민족분쟁, 종교분쟁으로 얽혀져 있는 이곳은 세계의 화약고라 불리며 지속적인 군사적 갈등을 빚고 있으며, 이스라엘과 아랍국가의 분쟁은 이미 4차례의 중동전쟁과 수없이 많은 충돌을 만들어내고 있다. 이스라엘과 팔레스타인의 영토분쟁에 도화선을 제공한 측은 영국이다. 제1차 세계대전 때 오스만제국(터키)과 격렬한 전투를 치른 영국은 전쟁 승리를 위해 팔레스타인에서 유대인들을 위한 민족국가를 인정한다는 '벨푸어선언'을 했다. 미국 내 유대인의 환심을 사서 미국을 제1차 세계대전에 끌어들이기 위한 책략이었다. 그러나 영국은 제1차 세계대전 당시 독일편에 있던 오스만제국 내의 아랍인들의 반란을 지원하면서, 아랍인에게도 팔레스타인을 포함하여 독립을 약속하면서 분쟁의 불씨를 지폈다.

분쟁이 끊이지 않던 아랍세계와 이스라엘은 1979년 지미 카터 미 대통령의 중재로 '캠프데이비드협정'이 체결되면서, 이스라엘은 점령지인 시나이반도에서 철수하게 된다. 그러나 다른 아랍국들은 이를 인정하지 않았고, 이스라엘도 시리아로부터 빼앗아 점령하고 있던 골란고원의 반환을 거부해 갈등은 더욱 심화되었다. 한편, 팔레스타인 독립국가의 건설을 목표로 1964년 결성된 비밀저항조직인 팔레스타인해방기구(PLO)는 세계 곳곳에서 테러 등으로 대 이스라엘 투쟁을 전개하였으며, 이스라엘도 1982년 레바논 PLO 본부를 습격하면서 1960년대 이후 양측의 유혈사태는 계속되었다.

폭력사태가 끊이지 않자 이스라엘과 팔레스타인은 평화를 모색하게 되었다. 1993년 영토와 평화의 교환을 원칙으로 한 '오슬로평화협정'을 체결하고, 팔레스타인자치국 건설에 합의했다. 이에 따라 1994년 7월 아라파트 PLO 의장이

가자 자치지구에서 생활을 시작하였으며, 팔레스타인 자치정부의 수립을 공식 선언하였다. 그러나 이스라엘이 동예루살렘 지역에 유대인 정착촌 건설을 강행하자, 이에 반발한 팔레스타인측도 테러를 잇따라 감행했다. 이후 미국과 주변 국가들의 중재로 평화협상이 이루어졌다. 이들은 1998년 10월 영토와 평화의 교환협정의 마지막 쟁점들을 해소하고, 최종 협정 문안을 작성했다. 이른바 '와이리버협정'이다. 그러나 동예루살렘의 주권을 서로 가지겠다고 주장하는 양측의 대립이 결정적 걸림돌이 되어 협상은 난항을 거듭했다. 세계가 주목하는 이스라엘과 팔레스타인 분쟁은 한 세기 가까이 수많은 열강이 개입하는 등 다양한 해법이 시도되어 왔지만, 평화로 가는 길은 멀어 보인다.

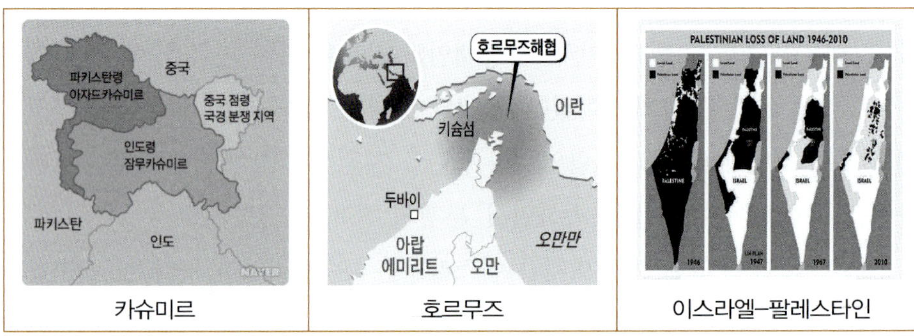

그림 4-3 주요 국제분쟁 지역

4) 평화적 해결을 위한 국제사회 노력

국제분쟁은 크고 작은 무력충돌을 수반한다. 전쟁을 통한 정복과 점령은 현대 사회로 들어서며 적법한 해결방법이 아니게 되었지만, 아직 많은 국가가 무력을 동원하여 권리를 주장하고 있다. 일부에서는 대규모 전쟁으로 비화되기도 하고, 엄청난 희생자를 낳는다. 역사적, 민족적 근거만으로 국제분쟁을 평화적으로 해결하는 것은 어려워 보인다. 국제분쟁은 집단과 국가의 이익과 직결되는 문제이며, 명확한 이해관계가 없는 명분은 국제외교에서 큰 영향을 끼치지 못하기 때문이다. 따라서 국제분쟁의 평화적 해결에는 다양하고도 치밀한 외교적 논의도 중요하고, 당사자, 당사국 간의 교섭 노력이 있어야 한다.

다행스럽게도 국제사법재판소의 판결이나 UN 등 국제기구의 중재가 큰 역할을 하기도 한다. 많은 국제분쟁이 군사적 충돌이나 긴장을 낳고 있지만, 교섭이나 중재, 사법 판결을 통해 해결된 다수의 사례는 평화적인 해결에 대한 희망을 불어넣는다. 세계로 눈을 조금만 돌리면 아직도 많은 곳에서 여러 형태의 국제분쟁이 벌어지고 있다. 분쟁에 휘말려 황폐해진 지역의 주민들은 고통 속에 살아가고 있으며, 이유없이 무고한 희생자를 만들고 있다. 모든 분쟁이 사라지고 모든 갈등이 해소된다는 것이 불가능할지 모르지만, 분쟁을 해결하려 사용한 무력이 더 큰 비극을 낳는다는 사실은 명확하다. 따라서 이성적이고 평화롭게 갈등을 풀 수 있다는 국제사회의 믿음과 노력이 필요하다.

유엔헌장 2조 3항에는 "모든 회원국들은 그들 간의 국제분쟁을 국제평화와 안전 그리고 정의가 위협받지 않게 평화적 수단에 의해 해결되어야 한다."라고 정의하고 있다. 그리고 33조 1항은 "어떠한 분쟁도 그의 계속이 국제평화와 안전의 유지를 위태롭게 할 우려가 있는 경우, 그 분쟁 당사자는 우선 교섭, 심사, 중개, 조정, 중재재판, 사법적 해결, 지역적 기관 또는 지역의 약정을 이용 또는 당사자가 선택하는 다른 평화적 수단에 의한 해결을 구한다."라고 명시되어 있다. 즉, 국제분쟁은 반드시 교섭, 심사, 중개, 조정, 중재재판, 사법적 해결 등을 통하여 평화적으로 해결해야 한다.

워크시트

3. 다음 물음에 답하세요.

■ 과거 서구 열강들의 식민지 지배 역사를 살펴보자. 그 후유증을 앓고 있는 나라는? 그 실태는 어떠한가?
■ 나와 다른 종교를 가진 친구의 얘기를 들어보자. 처음부터 끝까지 공감을 표현해 봅시다.
■ 국제분쟁 지역 한 곳을 정해서 그들의 역사적 배경과 지나온 분쟁과정을 정리해보자. 그리고 내가 중재자라면?
■ 전 세계를 하나로 보고 인류 전체를 그 국민으로 하여 성립하는 국가 형태를 '세계정부'라 한다. 성립이 가능할까?

4. 국제개발협력과 공존

1) 개발원조로 시작된 국제협력

오늘날은 세계가 하나의 마을로 우리 일상이 다른 나라 사람들의 삶과 긴밀하게 연결되어 있다. 지구 반대편에 사는 사람과 시·공간을 초월해 서로 문화를 나누고, 지구 곳곳에서 나고 자란 농산물을 집앞 마트에서 손쉽게 살 수 있다. 코로나19로 인하여 교류활동이 위축되고 있으나, 비대면, 디지털네트워크 등 다른 양상으로 전개되고 있다. 지구가 하나의 마을인 양, 개인의 행동이 지구 반대편 누군가의 삶에 영향을 끼치고, 개인의 일상이 여전히 세계로부터 영향을 받고 있다.[6] 이러한 관점에서 볼 때 국제개발협력은 시간이 지날수록 더욱 강조될 수밖에 없다. 국제개발협력은 특히 경제 및 사회발전 수준이 선진국에 비교하여 저조한 상태에 있는 국가, 즉 개발도상국의 개발과 관련된 협력을 의미한다. 개발원조를 비롯하여 기타공적자금, 민간자금의 흐름, 순민간증여와 같이 다양한 협력방식을 통해 국제사회가 공동으로 개발도상국의 경제·사회 발전을 촉진하는 활동을 일컫는다.

6) 장성인(2020). 세계시민. 풀빛.

출처: ODA포털(2020)

국제개발협력의 주된 목적은 수원국의 경제사회발전과 복지증진에 있지만, 개발원조를 지원하는 동기와 목적은 공여국의 국가목표와 국익 등 다양한 원인에 의해 발생한다고 볼 수 있다. 주요 목적은 크게 인도주의, 경제 · 사회, 정치 · 외교 및 공여국의 이익 등 4가지로 분류할 수 있다. 그 밖에 최근에는 글로벌 공공재를 강화하기 위한 목적과 인권보호의 목적도 포함되는 추세이다.

첫째, 인도주의적 측면이다. 인도주의적 관점의 개발원조는 개발도상국의 절대빈곤 감소와 인간의 보편적 가치실현을 위한 도덕적 의무로 해석된다. 긴급구호 등으로 대표되는 인도주의적 목적의 원조는 가장 중요한 가치이다. 즉, 국제사회가 극도의 기아와 빈곤, 재해 등으로 고통받는 이들을 간과해서는 안 되는 의무를 가졌음을 의미한다.

둘째, 경제 · 사회적 측면이다. 개발도상국의 사회경제적 발전과 빈곤퇴치는 원조의 수단임과 동시에 목적이라고 할 수 있다. 구체적으로 자금지원, 구조조정 및 부채 탕감을 통해 개발도상국의 경제를 안정시키고, 기술협력을 통해 개발도상국의 기술수준을 높이며 사회경제적 인프라를 건설하는 등 개발도상국의 발전을 목적으로 한다. 또한 교육 및 보건분야 공공서비스의 범위와 수준을 높여 개발도상국 주민의 삶의 질을 제고한다.

셋째, 정치 · 외교적인 측면이다. 정치 · 외교적인 목적은 국제안보, 국제정치 및 지정학적 분야에서의 국가간 관계를 포함한다. 특히 원조에서 정치 · 외교적인 동기는 공여국과 수원국 간의 역사적인 관계가 중시된다.

넷째, 공여국의 이익이다. 공여국의 전략적 자원확보와 수원국에 대한 민간자본투자 확대에 유리한 환경조성, 수출시장 확대 등을 목적으로 원조를 실시하는 것을 말한다. 이러한 경제적 동기는 개발도상국을 선진 공여국의 잠재적인 투자 및 수출시장으로 간주하며, 원조를 통한 개발도상국의 경제성장과 무역환경 개선이 공여국의 이익에 기여하는 것이다.

2) 국제개발협력 발전과정

국가간 대외원조는 18-19세기에도 존재했다고 볼 수 있으나, 제2차 세계대전 이전에는 오늘날과 같이 구체화된 형태로서 공적개발 원조가 존재하지는 않았다. 제2차 세계대전 이후 전쟁이 가져온 재난을 복구하기 위해 다자간 협력을 목적으로 한 국제기구들이 생겨나기 시작했다. 1944년 브레튼우즈(Bretton Woods) 회의에서 국제개발부흥은행(IBRD)과 국제통화기금(IMF) 등이 설립되고, 이후 UN 및 산하기구를 통해 본격적인 국제협력을 도모하게 되었다.

1960년대는 유엔무역개발회의(UNCTAD)가 최초로 개최되었으며, 개발도상국의 입장에서 유엔이 선진국을 대상으로 한 남북문제 협상을 적극 주도하게 된 시기이다. 그리고 1961년 마샬플랜 집행기구인 유럽경제협력기구(OEEC)가 OECD로 개편되고, 개발원조그룹(DAG)이 OECD 산하의 개발원조위원회(DAC)

로 전환됨에 따라 개발원조에 관한 선진국의 본격적인 논의가 전개되었다.

1970년대는 선진국과 개발도상국 간의 경제력 격차 문제가 세계적인 이슈로 등장하였다. 한편, 새로운 DAC의 공적개발원조 개념과 통계자료에 근거하여 GNP 대비 공적개발원조 0.7% 목표치를 제시한 '개발에 관한 피어슨위원회 보고서'가 1970년 UN에 의해 공식적으로 채택되었다. 그리고 선진 공여국들은 1960년대 거시지표를 개선하는 데 초점을 둔 경제성장 개발전략으로부터 인간의 기본욕구 충족에 우선순위를 두는 방식으로 개발전략을 수정하였다.

1980년대는 신흥공업국, 산유국, 최빈국 등 개발도상국의 분화현상이 심화되고 외채누적, 경제침체, 정치 불안, 만성적 빈곤 등으로 개발도상국의 원조욕구도 다양화된 시기이다. 개발도상국의 빈곤문제 해결이 시급하다는 인식하에 1980년 '남북 생존을 위한 계획'이란 보고서를 기반으로, 최빈국에 대한 원조를 GNP 대비 0.15%로 하자는 행동계획을 채택하였다. 이 시기에는 수단, 에티오피아 등 아프리카 지역에서 사상 최악의 식량위기로 대규모의 긴급지원 필요성이 대두되기도 했다. 그러나 선진국의 원조피로 현상 등으로 남북문제 해결을 위한 노력이 별다른 성과를 거두지 못함에 따라 1980년대를 '잃어버린 10년'으로 규정하게 되었다.

1990년대는 1980년대의 반성에서 시작되었다. 유엔기구 및 OECD/DAC 등을 중심으로 빈곤의 심화와 함께 인구, 식량, 마약, 환경, 지역분쟁 등 범세계적 문제의 해결을 위한 남북 공동의 다자간 협력 노력이 증대되었다. 또한 개발도상국의 자조노력이 강조되고, 지속가능한 개발 개념이 등장하고, 인권, 민주화 등 비경제적인 요인이 중시되는 경향을 보였다.

2000년대는 UN회원국 대표들이 참가한 밀레니엄 정상회의(Millennium Summit)에서 2015년까지 인류사회가 풀어야 할 당면과제로 8개의 주요 목표를 설정하고 이를 새천년개발목표(MDGs)라고 규정하였다. 2005년 3월에는 90여 국, 다자기구, 개발은행 및 NGO 대표들이 프랑스 파리에서 원조효과 제고를 위한 파리선언을 채택하였다. 공여국 중심의 원조에서 공여국과 수원국이 함께 하는 원조정책을 수립하고 원조 효과성과 관련한 지표가 도입되었다.

2010년대는 국제개발협력이 확장된 단계이다. 원조가 무역, 투자, 송금 등 다른 재원과 함께 '원조와 원조 이상의(Aid and Beyond)' 논의로 확대되어 나갔다. 아울러 기후변화, 분쟁 취약성, 공정무역 등 최근 부각되는 범지구적 과제를 효과적으로 다루기 위해 중국과 같은 신흥공여국 및 기업, 재단, 시민사회단체(Civil Society Organization; CSO)를 포함하는 민간개발자금의 비전통적 원조 주체를 효과적으로 활용하는 새로운 원조체제에 대한 구상도 진행되었다.

3) 한국, OECD DAC 회원국

DAC 회원국들은 대표적인 원조공여국으로서 세계의 개발과제에 대응하며 유·무상원조, 기술협력 등을 수행하고 있다. 이들 국가는 '21세기 개발협력전략'에 발맞추어 공동의 비전, 파트너십 강화, 질적인 기반 및 정책일관성, 개발원조에서 수원국 개발전략의 중요성, 원조의 성과 중심적 관리 등을 공동으로 추구하고 있다. 이 밖에도 대외원조 신흥공여국으로는 OECD 회원국이지만 DAC가 아닌 국가들과 중동과 OPEC 회원국 등 다양한 그룹이 참여하고 있다.

표 4-2 OECD DAC 회원국

가입연도	가입국	비고
1961년 (창립연도)	벨기에, 캐나다, 프랑스, 독일, 이탈리아, 일본, 네덜란드, 포르투칼, 영국, 미국, EU	11개국
1960년대	노르웨이(1962), 덴마크(1963), 스웨덴(1965), 오스트리아(1965), 호주(1966), 스위스(1968)	6개국
1970년대	뉴질랜드(1973), 핀란드(1975)	2개국
1980년대	아일랜드(1985)	1개국
1990년대	포르투칼(1991), 스페인(1991), 룩셈부르크(1992), 그리스(1999)	4개국
2000년대	한국(2010)	1개국

출처: ODA 포털(2020).

우리나라는 1945년 해방 이후 경제재건에 이르기까지 미국을 중심으로 한 여러 나라로부터 원조를 받았다. 1999년까지 약 127억 달러의 원조를 받았으며, 1995년 세계은행의 차관 졸업국이 되면서 사실상 수원대상국에서 벗어난 것이다. 이후 우리나라는 2010년 OECD 개발원조위원회(DAC)의 정식 회원국으로 가입하면서 최빈국에서 명실상부한 공여국으로 탈바꿈하는 계기를 마련하였다. 같은 해 국제개발협력기본법 제정으로 원조공여국 지위에 걸맞는 제도적 기반을 마련하였다.

OECD 잠정 통계에 따르면 2019년 기준, 우리나라 원조 규모는 25.2억 달러에 이른다. 이는 DAC 전체 회원국 가운데 15위(2018년 15위) 수준이다.[7] 1위는 미국, 2위는 독일, 덴마크가 14위, 벨기에가 16위를 차지했다. 우리나라가 OECD DAC에 가입한 2010년 이후 스페인, 그리스 등 일부 DAC 회원국들이 어려운 국내외 여건으로 인해 점진적으로 ODA를 축소하고 있다. 한편 2010~2019년 간 우리나라의 연평균 ODA 증가율은 회원국 가운데 가장 높은 수준인 11.9%이며, 2019년 ODA 규모(25.2억 달러)는 2010년(11.7억 달러)에 비해 2

7) 경제협력개발기구(OECD)가 2019년 4월에 발표한 ‘DAC 29개 회원국 ODA 잠정통계’이다.

배 이상 증가한 것이다.

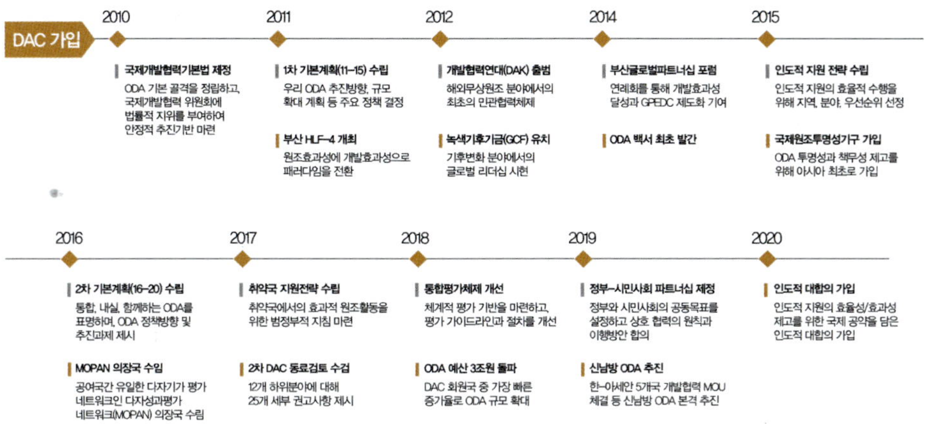

그림 4–4 우리나라의 국제개발협력(공여국)

출처: ODA 포털(2020).

4) 인류 공동체의 국제개발협력

지구촌에 있어서 국제개발협력은 인도주의적 관점을 바탕으로 점차 전략적, 경제사회적, 미래지향적 관점으로 추진 방향이 전환되고 있다. 즉, 관점과 대상 그리고 방향의 변화가 진행되고 있다. 글로벌 변화, 무역전쟁, 인종, 종교, 자원 등 다양한 국제 문제와 연계하여 이를 완화, 해소 혹은 점진적으로 개선하고 체계적으로 대응할 수 있는 좋은 수단으로 활용되고 있다. 이러한 트렌드의 변화는 수원국에 대한 지원만이 아니라 다양한 정치 · 사회 · 경제적인 매개로 활용될 수 있음을 의미한다. 인류 공동체가 함께 살아가기 위한 공동체 의식이 높아지고 있음을 말해주고 있다.

한 나라의 국민으로서만이 아니라 인류 공동체의 일원으로서 세계 공동체 의식을 가지고 지구촌 문제 해결을 위해 협력하는 사람을 세계시민이라고 한다. '시민'이 도시 또는 국가의 구성원으로서 정치적 권리를 지닌 주체를 가리킨다면, '세계시민'은 세계를 구성하는 개체로서 세계의 모든 인류는 평등하다는 입장을 기본으로 한다. 세계시민은 어느 특정 국가나 집단의 관점에서 본 시민의 자질에 국한되어서는 안 된다. 대신 국가를 초월한 반성과 참여 및 연대가 강조되어야 한다.

세계시민은 특정한 이해관계를 초월하여 보편적인 가치를 추구하고 그것을 위해 행동하는 시민성을 갖추어야 한다.[8] 세계시민의식(global citizenship)은 모든 사람들이 특정한 국가나 장소의 시민으로서가 아니라 전 세계적인 철학과 감각을 가지고 세계의 일원이 되는 것과 함께 오는 권리와 시민적 책임을 가지고 있다는 생각이다. 그 생각은 사람의 정체성이 지리나 정치적 경계를 초월하고 책임이나 권리는 더 넓은 계층인 인류의 멤버십에서 파생된다는 것이다. 세계시민의식을 높임으로써 국제개발 협력을 확대 · 발전시켜 나갈 수 있다.

8) 장성인(2020). 세계시민. 풀빛.

워크시트

4. 다음 물음에 답하세요.

■ 우리보다 가난한 나라의 사람을 만나 보자. 한국어 또는 영어가 아닌 그 나라의 언어로만 대화를 나누려고 노력해 봅시다.
■ 자신이 공적개발원조(ODA) 프로그램으로 대학생봉사단원이 되어 가난한 나라에 파견을 나간다고 가정하고, 한 나라를 선정해서 활동계획서를 작성해 봅시다.
■ OECD DAC 홈페이지와 우리나라 KOICA 홈페이지를 자세히 살펴보자. 어떤 일을 하고 있는가? 분야별로 정리해 보세요.
■ 선진국과 개발도상국은 어떻게 나누어지는가? 잘 사는 나라와 못 사는 나라 간의 차이가 발생하는 이유를 생각해 봅시다.

Chapter

05

다문화 감수성

1. 글로벌 공동체와 문화 간 커뮤니케이션

1) 글로벌 공동체로서의 전 세계

오늘날의 세계는 서로 영향을 주고받는 하나의 공동체, 즉 글로벌 공동체적 특성을 지니고 있다. 어려운 예를 들 필요도 없이 전 세계가 함께 고통받고 있는 코로나19(COVID-19)를 떠올려 보면 쉽게 이해할 수 있을 것이다. 중국에서 시작된 감염병은 중국으로 끝나지 않고 삽시간에 전 세계로 퍼져 대유행을 낳았다. 자본, 노동, 정보 등도 국경을 넘어 끊임없이 이동하고 있으며, 오늘 뉴욕에서 발생한 사건은 내일 한국의 증시에 영향을 미친다.

전 세계가 글로벌 공동체의 운명을 지니고 있다는 것을 보여주는 지표는 다양하다. 기후변화는 우리 주변과 가장 밀접하게 연관된 대표적 사례이다. 기후변화로 인한 자연재해를 특정 지역에만 국한된 문제로 보는 이는 없을 것이다. 각 나라의 인구구성이 갈수록 다양해지고 있는 것도 전 세계가 서로 연관되어 있음을 보여준다. 한국의 인구통계만 보더라도 몇 년 사이에 외국인 인구가 급격히 늘어났다는 것을 쉽게 알 수 있다. 2019년 12월 현재 행정안전부가 발표한 2020 행정안전통계연보에 따르면, 대한민국으로 이주한 외국인 인구는 2006년 111만 명에서 점점 늘어 2018년 기준 205만 명에 이르게 되었다. 이를 전체 인구 대비 비율로 본다면 2.2%에서 4%로 늘어난 수치로서, 결코 적다고 할 수 없다. 이 수치가 앞으로 계속 증가할 것이 분명하다는 점에서 더욱 그러하다. 특히 전체 인구 대비 외국인 이주자의 비율이 5% 이상일 경우 다문화 사회로 본다는 점을 감안한다면 한국 사회는 다문화 사회로의 진입을 코앞에 두고 있다.

이외에도 전 세계가 글로벌 공동체임을 보여주는 많은 사례들을 찾아볼 수 있지만, 전염병이나 기후변화, 기아와 빈곤 등과 같은 글로벌 공동체 이슈에 대해서는 6장에서 더 자세하게 살펴보게 될 것이다. 중요한 것은 글로벌 공동체라는 것이 사람들 사이에 상호작용이 증가한 결과로 생겨난 것이며, 글로벌 공동체에서 발생하는 여러 문제들을 해결하기 위해서는 구성원들 간의 협력이 반드시 필요하다는 점이다. 그리고 이 협력을 성공적으로 이끌어내기 위해서는 문화 간 커뮤니케이션이 필수적으로 요구된다. 따라서 이 장에서는 글로벌 공동체 환경에서 성공적으로 상호작용하기 위해 필요한 문화적 지식들과 커뮤니케이션 기술, 문화교육 등에 대해 알아볼 것이다.

2) 문화 간 커뮤니케이션이란?

문화 간 커뮤니케이션이란 한 문화의 구성원이 또 다른 문화의 구성원과 서로 다양한 형태의 메시지를 주고받는 것을 말한다. 문화 간 커뮤니케이션을 보다 구체적으로 이해하기 위해서는 먼저 '문화'와 '커뮤니케이션'의 기본 정의에 대해 생각해 보아야 한다.

(1) '문화'란 무엇인가

'문화'를 한 문장으로 정의내리는 것은 쉬운 일이 아니다. '문화'는 우리 생활에서 다양한 방식으로 사용되고 있기 때문이다. '유럽 문화', '아시아 문화'에서 사용되는 문화의 뜻과 '식사 문화', '직업 문화' 등을 지칭할 때 사용되는 문화의 뜻은 서로 다르다. 그런가 하면 '문화생활', '문화예술회관'이라고 이야기할 때는 또 다른 의미를 갖는다. 이처럼 쓰임새는 다양하더라도, 우리가 '문화'라고 지칭하는 무엇인가에는 분명 공통적인 요소들이 존재한다. 여기에 구체적으로 접근해 보기 위해 우선 '문화'가 어떻게 정의되고 있는지 살펴보자.

국립국어원 <표준국어대사전>에 따르면 문화의 정의는 다음과 같다.

> '자연 상태에서 벗어나 일정한 목적 또는 생활 이상을 실현하고자 사회 구성원에 의하여 습득, 공유, 전달되는 행동 양식이나 생활 양식의 과정 및 그 과정에서 이룩하여 낸 물질적 · 정신적 소득을 통틀어 이르는 말.'

다소 길게 느껴지는 정의지만 여기서 몇 가지 요소를 추출해 볼 수 있다. 우선 문화는 자연 상태와는 다른 인간이 만들어낸 어떤 것을 의미한다. 문화라는 뜻의 영어단어 'culture'가 라틴어의 '경작하다, 재배하다'라는 뜻을 가진 말(colo, 명사형 cultura)에서 기인했다는 것을 생각해 보면 이를 잘 이해할 수 있다. 즉, 자연 상태의 어떤 것에 인간적인 힘을 가해 경작하거나 재배해내는 것이 문화의 기원이었던 것이다.

또 하나의 요소는 특정 공동체, 즉 사회를 이루는 구성원들이 이를 학습하고 공유하며 전달한다는 사실이다. 따라서 문화는 특정 사회에 공유되어 있는 것이고, 그 사회에서 사회화 과정을 거친 사람이라면 누구나 공통적으로 지니게 된다는 특성을 지닌다. 이는 그 사회에 속한 사람들의 정체성 형성에 영향을 미쳐 일종의 '문화적 정체성'을 형성하도록 한다.

여기에서 문화는 곧 '행동 양식'이나 '생활 양식'이라는 점에도 주목할 필요가 있다. 문화는 그 사회의 구성원이 어떻게 생활해야 하고 행동해야 하는지에 영향을 미친다. 행동 양식이나 생활 양식을 결정짓는 것은 그 사회의 가치관이라는 점에서 결국 문화는 곧 구성원의 행동에 영향을 미치는 공유된 가치관이라고도 할 수 있다.

마지막으로 문화는 위에서 언급한 일련의 과정들이 만들어낸 결과물들이기도 하다. 여기에는 사회적 관습이나 종교와 같은 믿음, 규범 등이 포함되며, 구체적 상징체계, 즉 언어도 일종의 결과물로서 여기에 속한다고 할 수 있다.

물론 '문화'가 같다고 해서 그 사회의 구성원들이 모두 똑같이 사고하고 행동하는 것은 아니다. 개인은 성별과 같은 유전적 요소나 성장환경 등에 따라서도 각기 다르게 생각하고 행동한다. 그럼에도 불구하고 확실한 것은 다른 문화권에 속해 있는 사람과 소통하기 위해서는 문화가 개인에게 어떤 영향을 미치는지에 대한 이해가 선행되어야 한다는 점일 것이다.

(2) '커뮤니케이션'이란 무엇인가

'문화'라는 용어만큼 '커뮤니케이션'이라는 용어도 그 쓰임새가 광범위하다. 우리는 일반적으로 상대방과 대화를 나눌 때 '커뮤니케이션'이라는 용어를 사용하지만 '매스컴'과 같이 일방적이고 대규모적인 형태의 커뮤니케이션도 존재한다.

최정호 등(2000)에 따르면 커뮤니케이션이란 '인간의 가장 기본적인 활동으로서 상징을 통해 정보나 의견을 주고받는 행위'로 정의될 수 있다. 영어단어 'communication'은 공통, 공유를 의미하는 라틴어 communis라는 명사에서 유래했는데, 이 명사에서 파생한 communicare라는 동사는 '같이 이야기하다'라는 의미를 지닌다고 한다. 다시 말해 이야기하기와 같은 행위를 통해 어떤 의미를 공유하는 과정은 모두 커뮤니케이션이라고 할 수 있다.

'커뮤니케이션'이라는 용어를 정의내리는 것이 불가능한 것은 아니지만, 용어의 정의가 매우 다양한 관계로 (용어가 매우 다양하게 사용되고 있는 관계로) 많은 학자들이 '커뮤니케이션'을 하나로 정의하기보다 커뮤니케이션에서 공통적으로 찾아볼 수 있는 요소 혹은 단계를 탐색해 봄으로써 그 의미에 접근해보고자 하였다. 가장 많이 인용되는 것은 라스웰(Lasswell, 1948)이 제시한 커뮤니케이션 과정(혹은 구성요소)일 것이다. 라스웰은 우선 커뮤니케이션 연구에서 생각해 보아야 할 5가지 질문을 설정하였는 데 이는 다음과 같다.

- 누가
- 무엇을
- 어떤 채널을 통해서

- 누구에게
- 어떤 효과를 가지고 말했나

라스웰이 위의 질문을 통해 도출해낸 커뮤니케이션의 구성요소는 각각 다음과 같이 나타낼 수 있다.

- 누가 - 송신자(Sender)
- 무엇을 - 메시지(Message)
- 어떤 채널을 통해서 - 매체(Channel)
- 누구에게 - 수용자(Receiver)
- 어떤 효과를 가지고 말했나 - 효과(Effect)

이는 간단히 'SMCRE' 모델이라고도 하고, 여기에 이러한 커뮤니케이션을 방해하는 요소인 잡음(Noise)이나 메시지 효과가 반영되는 것을 의미하는 환류(Feedback)가 추가되기도 한다. 요컨대, 커뮤니케이션이란 이와 같은 요소가 갖추어진 일련의 과정인 것이다.

한편, 맥퀘일(McQuail, 1990)은 사회 내에서의 커뮤니케이션 과정을 단계(level)별로 분류한 바 있다. 그에 따르면 커뮤니케이션 과정의 단계는 사례수에 따라 개인내(intra-personal), 개인간(inter-personal), 집단내(intra-group), 집단간(inter-group), 제도적/조직적(institutional/organizational), 범사회적(social/mass-communication)으로 구분되며 사례수는 뒤로 갈수록 적어진다. 이를 그림으로 나타내면 **그림 5-1**과 같다.

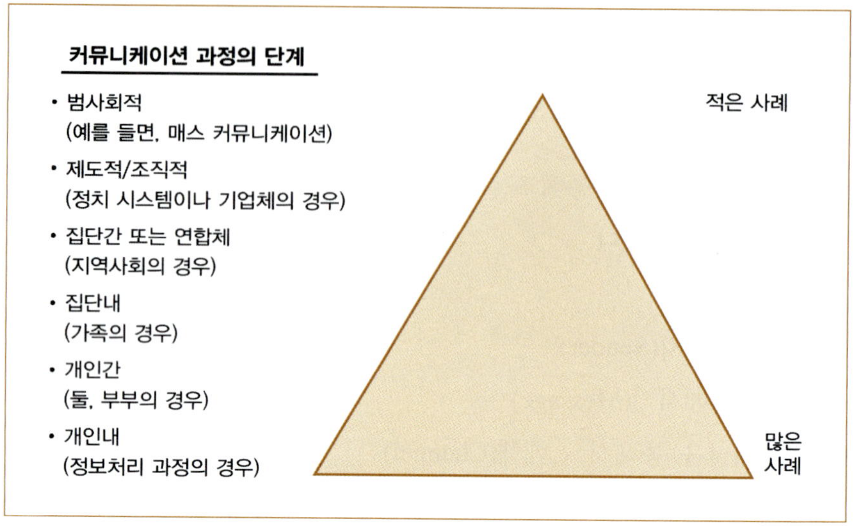

그림 5-1 커뮤니케이션의 단계(Level)

출처: 맥퀘일(1990). 오진환 역, p.27.

이상의 논의를 종합해 보면, 우리가 살펴보고자 하는 '문화 간 커뮤니케이션'이란 서로 한 문화의 구성원(송신자)이 다른 문화의 구성원(수신자)에게 어떤 내용(메시지)을 특정 채널(미디어/언어)을 통해 전달하고자 하는 일련의 과정이라고 할 수 있겠다. 그렇다면 효과적인 문화 간 커뮤니케이션을 이루기 위해서 고려해야 할 점에는 어떤 것이 있을까? 다음에서는 이에 대해 이야기해 보자.

워크시트

1. 우리가 글로벌 공동체에 살고 있음을 보여주는 주변의 사례를 찾아 발표해 보고 발표내용을 서로 비교해 봅시다.

워크시트

2. 다음 신문기사를 읽고 기사의 내용이 어떻게 글로벌 이슈로 연결되는지 논의해 봅시다.

읽을거리

'팬데믹 · 기후위기' 뉴노멀 시대 인류 생존 위협한다

기후변화는 팬데믹 · 식량위기 야기…인류 지속성 고민할 때
"탄소배출 저감 대책 없으면 되레 독 지구생태계 비극 초래"

신종 코로나바이러스 팬데믹(세계적 대유행)과 기후변화가 글로벌 어젠다 중 단연 으뜸으로 부상했다. 감염병은 생성 주기가 점점 짧아지고, 기후변화는 식량 위기를 불러올 수 있어 인류 문명의 지속가능성을 진지하게 고민해야 할 때라는 지적이 나온다.

1일 국제 통계사이트 월드오미터에 따르면 신종 코로나바이러스 감염증(코로나19)으로 인한 전 세계 사망자는 지난달 27일로 100만 명을 돌파했다. 지난해 12월 31일 중국 우한에서 코로나19 환자가 처음 보고된지 9개월 만이다.

지난달 29일 기준 감염 확진자는 3378만 명, 사망자는 101만 명을 기록하는 동안 전 세계가 국가 간 이동통제(록다운), 의료시스템 붕괴, 공장 폐쇄(셧다운), 경기 침체 등으로 혼돈의 시간을 보내고 있다.

하루 수천 명, 많게는 수만 명의 확진자가 쏟아지는 유럽은 감염환자를 감당하지 못해 의료시스템 붕괴 현상이 빚어졌고, 프랑스, 독일 등 주요국에선 깜깜이 전염 확산에 사회신뢰시스템까지 무너졌다.

국가 간 이동제한으로 항공 · 여행업계는 코로나19 직격탄을 맞아 존폐 기로에 서 있고 자동차 · 석유화학 등 주요 제조업계도 극심한 부진의 늪에서 빠져나오지 못하고 있다.

코로나19 확산 사태가 한창이던 지난 2분기만 보더라도 경제협력개발기구(OECD) 36개 회원국 중 미국(−9.55%), 독일(−10.1%), 프랑스(−13.8%), 이탈리아(−12.4%), 스페인(−18.5%) 등 주요국들이 국내총생산(GDP) 성장률이 대체로 두 자릿수 마이너스를 기록했다.

우리나라도 예외는 아니다. 수출 실적은 지난 3월 이후 6개월째 '마이너스' 상태이며 산업 · 서비스업 투자나 생산, 소비 흐름도 전반적으로 좋지 않다. 지표상 1998년 IMF 외환위기, 2009년 글로벌 금융위기만큼 극심한 부진을 겪고 있다고 하니 현재 상황이 얼마나 심각한지를 짐작해볼 수 있다.

설령 코로나19가 지나가도 바이러스 공포는 반복될 가능성이 크다. 2003년 사스(SARS · 중증급성호흡기증후군), 2009년 신종 인플루엔자, 2015년 메르스(MERS · 중동호흡기증후군), 최근 코로나19까지 감염병 주기는 점점 짧아지고 있다는 게 그 근거다.

기후위기 공포감도 크다. 미국 콜로라도에선 폭염이 70일 넘게 이어지다가 자고 일어나니 폭설이 내렸고, 추운 시베리아 지역에선 섭씨 38도의 이상 고온현상까지 나타났다. 미국 서부나 호주, 캐나다, 브라질 아마존 등 여러 곳에서 기록적인 대형 산불이 발생해 방대한 산림을 태우고 있다.

우리나라도 유례없이 긴 장마로 인한 폭우와 홍수, 초강력 태풍 등 이상기후를 겪어야 했다. 지난 7월 환경부와 기상청이 발간한 '한국 기후변화 평가보고서 2020'를 보면 1912년부터 2017년까지 우리나라의 평균 지표면 온도는 1.8도 올랐다.

1.8도 상승은 작은 수치가 아니다. 우리 몸도 정상 체온에서 1도만 높아져도 몸에 이상징후를 느끼듯이 집중호우와 초강력 태풍 등 극단의 기후를 보여주고 있는 것이다. 여기서 0.5~2도 더 상승하면 지금의 기후위기보다 더 위험한 상황을 겪을 수 있다는 게 환경 · 기상학자들의 공통된 견해다.

이 때문에 기후위기는 팬데믹보다 더 피해가 클 것이라는 예측도 속속 나오고 있다. 그동안 환경운동에 많은 관심을 보였던 영국 왕위 계승 서열 1위인 찰스 왕세자는 최근 "기후위기가 코로나19보다 더 큰 재앙"이라며 "신속한 대응 없이는 지속적인 미래를 구축할 기회를 놓칠 것이다"라는 메시지를 전한 바 있다.

대형 산불, 폭우 사태에서 보여줬듯이 이상기후는 특정 지역에 한정된 게 아니라 전 지구적 현상이 되면서 생존까지 위협하는 상황이다. 이로 인해 그간 여론의 변방에 서 있던 기후위기는 여론의 중심으로 이동하고 있다.

코로나19와 같은 전염병 역시 기후변화가 몰고 온 결과로 인식의 폭이 넓어지며 이대로 가다간 인류가 공멸의 길을 갈 수도 있다는 우려가 한몫을 하는 것이다.

최근 버거킹, 맥도날드, 롯데리아 등 패스트푸드 체인들이 장마 · 태풍 등 이상기후로 토마토 등 농산물 품귀 현상이 빚어지자 '토마토 빠진 햄버거'를 판매하는 상황을 눈여겨볼 필요가 있다. 궂은 날씨로 토마토 작황이 부진하면서 가격이 급등했기 때문인데, 이상기후 현상이 잦아지는 상황을 고려하면 머지 않은 미래에 자주 마주치는 일상이 될 수도 있다.

더 나아가 식량위기 사태로 확장할 가능성도 배제할 수 없다. 전 지구 지표 기온이 산업혁명(1750년) 이전 대비 2℃ 정도로 상승하면 전 세계 농업 생산성이 최대 50%까지 떨어질 수 있다는 국제기구의 예측이 이를 뒷받침한다.

농업 생산량 감소 자체로 가격 폭등, 무역 갈등이 빚어질 수 있으며, 외식 · 서비스업 등 타 산업으로 도미노 피해를 줄 수 있다.

유엔 산하 기후변화 정부간협의체(IPCC)는 지난해 발표한 보고서에서 온실가스 배출량을 줄이고 지속가능하게 식량을 생산하지 않을 경우, 수십년 내에 전 인류가 '식량안보' 문제에 직면하게 될 것이라고 경고했다.

홍종호 서울대 환경대학원장은 "지금의 기후위기, 팬데믹은 인류가 지난 200년간 의존해 온 화석에너지 경제가 불러온 결과"라며 "탄소배출을 줄이는 시스템으로의 변화 없이는 기후뿐만 아니라 지구식생, 농업생산량 등 지구생태계가 비극을 맞이할 수 있다"고 말했다.

이지언 환경운동연합 에너지기후국장은 "팬데믹과 기후위기라는 '뉴노멀(New Normal)'이 이제 분명해졌다"며 "산업계가 환경규제 정책 등으로 인해 경제발전을 저해하고 있다고 하지만 역설적이게도 기후위기, 탄소배출에 대응을 못 해 오히려 독이 되는 시대가 오고 있다"고 지적했다.

기사출처: https://www.news1.kr/articles/?4074878

2. 문화적 맥락과 커뮤니케이션의 양상

다른 문화권에 속한 사람들과 커뮤니케이션하기 위해서는 해당 문화권에 대한 이해가 선행되어야 한다. 즉, 커뮤니케이션하고자 하는 사람이 소속된 문화를 이해해야 그 사람을 이해할 수 있고 이를 바탕으로 이야기를 나눌 수 있는 것이다. 앞에서 살펴본 바와 같이 문화는 같은 문화권에 속한 사람들의 정체성 형성에 영향을 미치고, 사람들의 생활 방식이나 행동 양식을 결정하는 가치관 역시도 문화에 따라 다르다. 예를 들어, 한국에서 아이의 머리를 쓰다듬는 것은 귀여움을 표현하는 행위이지만, 만약 인도네시아에서 귀엽다는 이유로 아이의 머리를 만진다면 큰 실례를 범하는 행위가 된다. 저녁식사로 삼겹살이 식탁에 차려진다면 한국인은 상추에 싸서 배불리 먹겠지만, 돼지고기를 불결하게 여기는 이슬람교 국가에 속한 사람이라면 매우 불쾌할 것이다.

문화 간 커뮤니케이션을 제대로 수행하기 위해서는 다른 문화의 특성을 알고 이를 자신이 속한 문화와 비교해 이해할 수 있어야 한다. 각각의 문화들은 지배적인 가치관, 신념 등에 따라 그 유형이 다르다. 앞에서 살펴본 바 있는 고맥락/저맥락 문화에 따른 차이가 대표적인 예라고 할 수 있겠다. 문화 간 커뮤니케이션을 전공하는 많은 학자들이 문화를 특징짓는 이러한 특성들을 연구하고 유형별 혹은 가치관별로 구분해 놓았다. 콜즈(Kohls)는 '평등', '경쟁', '물질주의', '변화', '미래지향' 등과 같은 미국인들의 가치관 목록을 작성해서 다른 나라의 가치관과 비교한 바 있고, 호프스테드(Hofstede)는 문화적 가치관을 6가지 차원으로 구분해서 제시했는데, 개인주의/집단주의, 남성성/여성성, 장기적/단기적 지향, 불확실성 회피, 권력 차이, 마음대로 하기/자제하기가 그것이다. 클럭혼(Khluckhohn)과 스트로드벡(Strodtbeck)은 문화인류학을 바탕으로 인간성, 인간/자연의 지향성, 시간/활동/관계 지향성을 중심으로 가치관을 분류했으며, 앞에서 살펴본 바 있는 홀(Hall)의 고맥락/저맥락 사회 분류도 문화 유형 구분에 속한다.

학자들이 제시한 많은 문화유형 모델 중에서 대표적인 것을 몇 개만 살펴보자. 이들을 살펴보는 것은 전 세계에 산재해 있는 많은 문화적 가치관들을 이해하는 기초가 될 것이다.

1) 개인주의와 집단주의

개인주의 가치관과 집단주의 가치관의 구분은 비교적 명확하다. 먼저 개인주의란 개인을 하나의 기본 단위로 보고, 개인의 이익을 매우 중요시하며 모든 가치나 권리, 의무 등은 개인으로부터 나온다고 보는 것이다. 콜즈(Kohls, 1984)는 개인주의가 미국인들에게 큰 영향을 미쳐 자기 신뢰, 동등한 기회 부여와 같은 가치관이 생기게 되었다고 보았다. 반대로 집단주의는 개인의 즐거움이나 이익보다는 집단의 규범과 의무, 신념, 이익을 중요시한다. 개인보다는 가족, 집안, 부족, 단체가 중요하며 이들에 의존하는 경향을 보이고, 집단은 집단에 속한 개인들을 보호하고 지원한다. 전통적인 한국 사회에서의 '가문'을 생각해보면 좀 더 쉽게 이해할 수 있을 것이다.

표 5-1은 호프스테드(Hofstede, 2001)가 50개국 10만 명 이상을 대상으로 설문조사를 실시한 결과를 바탕으로, 국가의 개인주의/집단주의 성향을 등급으로 나타낸 것이다. 등급이 낮을수록 개인주의적 문화가 강하고 등급이 높을수록 반대의 경향, 즉 집단주의 문화가 강하다는 것을 의미한다.

표 5-1 50개국의 개인주의/집단주의 가치관

등급	국가	등급	국가	등급	국가
1	미국	18	오스트리아	35	동아프리카
2	호주	19	이스라엘	36	말레이시아
3	영국	20	스페인	37	홍콩
4	캐나다	21	인도	38	칠레
5	네덜란드	22	일본	39	싱가포르
6	뉴질랜드	23	아르헨티나	40	태국
7	이탈리아	24	이란	41	서아프리카
8	벨기에	25	자메이카	42	엘살바도르
9	덴마크	26	브라질	43	한국
10	스웨덴	27	아랍국가	44	대만
11	프랑스	28	터키	45	페루
12	아일랜드	29	우루과이	46	코스타리카
13	노르웨이	30	그리스	47	파키스탄
14	스위스	31	필리핀	48	인도네시아
15	독일	32	멕시코	49	콜롬비아
16	남아프리카	33	유고슬라비아	50	베네수엘라
17	핀란드	34	포르투갈		

출처: 래리 A. 사모바 외(2015). 이두원 외 역, p.332에서 재인용.

표 5-1을 보면 우선 낮은 등급의 국가에 우리가 흔히 이야기하는 서구 국가들이 분포되어 있음을 알 수 있다. 반면 한국의 등급은 43으로 상당히 높은 숫자를 나타내고 있다. 상대적으로 볼 때 한국이 개인보다는 집단을 중요시하는 경향이 강하다는 것을 의미한다고 할 것이다.

개인주의와 집단주의 중 어떤 문화성향이 강한가는 그 문화권에 속한 사람들의 의사소통에 영향을 미친다. 개인주의 문화에서는 비판과 논쟁이 문제되지 않지만 집단주의 문화에서는 체면과 집단 내 조화가 중요하고, 비판과 논쟁을 통해 잘잘못을 따지기보다 정보를 공유하고 함께 문제를 해결하고자 한다.

2) 남성성과 여성성

소속된 문화의 가치관이 남성 지향적인가 여성 지향적인가의 여부도 커뮤니케이션에 영향을 미친다. 지금까지의 사회가 남성 중심적이었고, 여성 지향적이라고 해도 기존 남성의 지위를 여성이 그대로 대체한다기보다는 남녀평등을 지향한다는 점에서 남성성/여성성의 구분보다는 남성 지향과 양성평등 지향으로 보는 것이 더 타당할 것이다. 그러나 여기에서는 편의상 남성성/여성성으로 지칭하고자 한다.

남성성이 강한 문화에서는 남성과 여성의 성역할 구분이 뚜렷하고, 물질적 성공, 자기주장, 경쟁 등의 가치를 중요시한다. 반면 여성성이 강한 사회에서는 양성평등을 추구하고 성역할이 엄격하게 구분되지 않는다. 배려와 돌봄, 삶의 질이 물질적 성공보다 중요시되며 겸손하고 부드러운 인간상이 존중받는다.

일반적으로 남성과 여성은 커뮤니케이션 스타일 자체도 다른 것으로 인식되는 경향이 있다. 예를 들어, 대화를 나눌 때 남성은 문제를 해결하기 위해 애쓰고, 여성은 공감을 위해 대화를 풀어간다는 식이다. 물론 이러한 측면들을 커뮤니케이션 상황에 응용하는 것도 필요한 일일 것이다. 그러나 중요한 것은 남성 지향적 혹은 여성 지향적 성향이 문화에 영향을 미친 결과 낳게 되는 사회구조적 격차이다. 예를 들어, 국회의원이나 행정고위직, 기업의 CEO에서 여성이 차지하는 비중이나 경제 참여나 교육 기회의 공평성 등이 그 사회의 남성 지향성 혹은 여성 지향성에 따라 달라질 수 있다. 성별할당제나 육아지원과 같은 사회적 제도의 구비 여부가 달라지는 것은 물론이다.

호프스테드(Hofstede, 2001)에 따르면 남성성이 강한 국가로는 일본, 오스트리아, 이탈리아, 스위스, 멕시코 등이 있고, 영국과 독일도 상대적으로 남성성이 강한 국가로 분류된다. 미국과 호주 역시 상대적으로 남성성이 강하다. 그런가 하면 스웨덴이나 노르웨이, 덴마크, 핀란드 등 북유럽 국가들은 여성성이 강한 것으로 분류된다. 물론 여성성이 강한 문화라고 해서 양성평등이 모두 이루어진 것은 아니다. 남성성과 여성성은 상대적인 것으로 파악해야 하고, 그 사회가 남성 지향적이라고 해서 사회의 구성들 모두가 동일한 남성적 커뮤니케이션 성향을 띠는 것은 아니라는 점도 유의해야 할 사실이다.

3) 고맥락과 저맥락 문화

고맥락과 저맥락 문화는 인류학자 홀(Hall, 1976)의 고전적인 문화구분법이다. 고맥락과 저맥락 문화는 커뮤니케이션을 통한 상호작용에서 의미가 맥락과 환경에 있는가 혹은 말 자체에 있는가에 따라 구분된다. 고맥락 문화에서는 사람들이 교환하는 커뮤니케이션 의미의 상당 부분이 말이 아닌 상황과 맥락에 존재한다. 고맥락 문화에서 말에 의한 표현이 중요하지 않은 이유는 사람들 간의 유사성이 높기 때문이다. 사람들이 비슷한 역사적 경험과 인식, 사회의례를 공유하고 있기 때문에 의미가 반드시 말 속에 있는 것이 아니라 상황, 제스처, 심지어 침묵으로도 전달된다. '이심전심(以心傳心)'이나 '염화미소(拈華微笑)'와 같은 익히 알고 있는 사자성어들은 바로 이 고맥락 문화를 대표하는 커뮤니케이션 양식이다. '빈 수레가 요란하다.'는 속담처럼 오히려 말로 많은 정보를 전달하려는 경향을 경시하는 경우도 종종 보인다.

그런가 하면 저맥락 문화는 인구 구성이 다양한 사회에서 나타나는 경우가 많다. 공통적인 경험이 축적되지 못해 구체적인 정보가 말로 전달되어야 하므로 의미는 대부분 언어로 된 메시지에 있고, 아주 적은 정보만이 비언어적 상황이나 표정, 제스처 등으로 전달된다. 직설적이고 명시적으로 언어를 사용하며, 모호하고 함축적인 고맥락 커뮤니케이션과 대조를 이룬다.

보통 아시아의 문화들은 고맥락 문화라고 지칭하고, 서양의 커뮤니케이션은 저맥락이라고 이야기하는데, 다음 **표 5-2**는 홀이 몇 개 국가를 고맥락/저맥락으로 구분해 정리해 놓은 것이다. 상층부로 갈수록 고맥락 문화에 가깝고, 하위로 갈수록 저맥락 문화 성향이 강한 것이다.

표 5-2 고맥락 문화와 저맥락 문화국가

고맥락 문화
일본
중국
한국
아프리카계 미국인
미국 원주민
아랍국가
그리스
라틴국가
이탈리아
영국
프랑스
북미
스칸디나비아국가
게르만국가
독일/스위스
저맥락 문화

출처: Hall, E. T.(1976). p.91.

4) 권력 차이

권력 차이란 불평등에 대해 사람들이 어떻게 받아들이는가를 의미하는 개념이다. 호프스테드(Hofstede, 2011)의 Power Distance 개념을 가져온 것으로 불평등을 당연한 것으로 받아들인다면 권력 차이가 큰 문화(Large Power Distance)로 파악되고, 반대로 불평등을 최소화하고자 한다면 권력 차이가 작은 문화(Small Power Distance)로 이해된다. 전자를 권위적이고 수직적인 사회, 후자를 동등하고 수평적인 사회라고 할 수도 있다. 혹은 전자에서는 권력이 크게 작용하고 후자에서는 권력 작용이 적게 나타난다고 해도 좋겠다. **표 5-3**은 이를 좀 더 알기 쉽게 표로 나타낸 것이다.

표 5-3 권력 차이에 따른 성향

작은 권력 차이(거리)	큰 권력 차이(거리)
권력의 사용은 합리적이고 선과 악의 기준을 따라야 함	권력은 선과 악의 구분보다 우선하는 사회의 기본 요소임
부모는 아이들을 동등하게 대함	부모는 아이들의 복종을 가르침
노인들은 존경받거나 두려워해야 할 존재가 아님	노인들은 존경받고 두려워해야 할 존재임
학생 중심 교육	교사 중심 교육
계층이란 역할의 불평등을 의미하며 편의를 위해 만들어짐	계층이란 실존하는 불평등임
하급자들은 자문받기를 기대함	하급자들은 무엇을 해야 할지 지시받기를 기대함
다원주의적 정부는 다수의 투표에 기반하며 평화롭게 교체됨	독재 정부는 의원 선출에 기초하고 혁명에 의해 교체됨
드문 부패: 스캔들은 정치경력을 끝냄	잦은 부패: 스캔들은 덮여버림
사회의 수입 분배가 다소 평등함	사회의 수입 분배가 매우 불평등함
종교는 신봉자들의 평등을 강조함	성직자들의 계층이 있는 종교

출처: Hofstede, G.(2011). p.9.

큰 권력 차이를 보이는 문화에 속한 사람들은 권력을 당연한 것으로 생각한다. 따라서 인간관계는 수직적이고 동등하지 않다. 반대로 작은 권력 차이를 보여주는 문화에서는 사회 불평등을 최소화하려고 하고 상급자와 하급자, 나이 든 사람과 젊은 사람, 부모와 아이들, 학생과 교사는 비교적 동등하다. 물론 대부분의 문화는 큰 권력 차이 성향과 작은 권력 차이 성향을 함께 지니고 있지만, 어느 한쪽이 우세한지에 따라 그 사회의 전반적인 커뮤니케이션 양식이 달라진다.

말레이시아, 과테말라, 필리핀, 멕시코, 베네수엘라, 이집트, 이라크, 쿠웨이트와 같은 나라들은 권력 차이가 큰 나라에 속하며, 오스트리아, 이스라엘, 덴마크, 뉴질랜드, 아일랜드, 스웨덴, 노르웨이, 스위스, 영국 등은 반대의 경우에 해당한다. 호프스테드(Hofstede, 2001)에 따르면 한국은 53개국 중 27위로, 중간적인 성향을 보이는 문화라고 할 수 있다.

5) 불확실성 회피 정도

불확실성의 회피란 한 사회가 불확실한 미래에 직면했을 때 받는 스트레스와 관련되어 있다. 약한 불확실성 회피 문화에서는 어느 정도 불확실성을 받아들이기 때문에 의견 차이에 관대하고 각종 규제가 강하지 않다. 애매모호하다고 해서 불안해 하지 않으며 학문이나 종교는 상대주의적이고 경험주의적이다. 반대로 강하게 불확실성을 회피하려는 문화에서는 이를 위해 엄격한 행동 양식, 법과 규칙 등으로 불확실성을 최소화하고자 하며, 정상에서 벗어난 것으로 보이는 의견이 표출되는 것을 좋아하지 않는다.

교육 환경을 생각해보면 쉽게 이해가 될 것이다. 한국 사회의 교실은 엄격하게 규칙이 정해져 있는 환경이고, 정답 이외의 엉뚱한 대답을 하면 잘못을 저지른 것처럼 취급된다. 이런 환경에서 중등 교육을 받고 미국으로 유학을 간 학생들이 자유롭게 의견이 오가는 수업방식에 혼란을 겪는 것은 흔히 볼 수 있는 사례이다.

그리스, 포르투갈, 과테말라, 우루과이, 벨기에, 일본 등과 같은 나라는 불확실성을 회피하려는 성향이 강한 나라이고, 한국도 불확실성 회피가 강한 국가에 속한다. 반면 싱가포르, 자메이카, 덴마크, 스웨덴, 홍콩, 영국 등은 불확실성 회피가 강하지 않은 국가로 분류된다.

이외에도 미래의 보상을 고려하는 장기 지향성과 현재를 중요시하는 단기 지향성, 시간을 선형으로 보는 단일시간성과 다중적인 것으로 보는 다중시간성, 인간의 욕망에 충실한 충족과 엄격한 사회규범에 따라 욕구를 통제하는 절제 등 다양한 문화 유형들이 있다. 표 5-4는 이들을 어느 정도 정리해서 제시한 맥다니엘(McDaniel, 2011)의 문화적 양상의 영향을 정리한 것이다.

표 5-4 커뮤니케이션 상호작용에 영향을 미치는 문화 유형

문화 유형	
개인주의 대 집단주의	
개인주의(미국, 호주, 캐나다) • 개인과 자기 홍보에 초점 • 독립성 • 업무 중심적 관계 • 죄의식을 통한 사회적 복종	**집단주의(한국, 중국, 멕시코)** • 그룹/소속 및 자기 비판에 초점 • 상호의존성 • 관계 중심적 업무 • 수치심을 통한 사회적 복종
평등주의 대 계층주의	
평등주의(호주, 캐나다, 미국) • 수평적 관계 • 하급자들과 상의 • 평등함을 기대	**계층주의(멕시코, 인도, 한국)** • 수직적 관계 • 하급자들에게 통보 • 불평등이 수용됨
낮은 불확실성 회피 대 높은 불확실성 회피	
낮은 불확실성 회피(인도, 미국) • 변화는 일상적이며 좋은 것 • 적은 행동 규약 • 확장된 문화적 다양성	**높은 불확실성 회피(일본, 스페인)** • 변화는 차질을 일으키며 꺼려짐 • 많은 행동 규약 • 축소된 문화적 다양성

단일시간 대 다중시간	
단일시간(독일, 미국) • 시간은 선형적이고 분할됨 • 단일 과업에 집중 • 일정을 고수함	**다중시간(아랍국가, 아프리카국가)** • 시간은 유연함 • 다수의 과업에 집중 • 일정에 덜 얽매임
저맥락 커뮤니케이션 대 고맥락 커뮤니케이션	
저맥락(독일, 미국) • 의미는 언어적 메시지에 의존함 • 낮은 중요성의 비언어 커뮤니케이션 • 침묵 회피	**고맥락(한국, 일본)** • 의미는 맥락에서 도출될 수 있음 • 높은 중요성의 비언어 커뮤니케이션 • 침묵은 정상
낮은 체면 중시 대 높은 체면 중시	
낮은 체면 중시(캐나다, 미국) • 갈등/의견충돌은 건설적임 • 자신의 체면을 중시함	**높은 체면 중시(한국, 중국)** • 갈등/의견충돌은 위협적 • 서로간/타인의 체면을 중시함

출처: McDaniel, E (2011). p.367.

우리는 지금까지 매우 다양한 유형의 문화들이 전 세계에 존재하고 있고, 이 문화의 유형에 따라 사람들의 커뮤니케이션 방식이 달라진다는 것을 살펴보았다. 많은 국가들이 서로 다른, 다양한 형태의 문화 유형을 보여주고 있으며, 한 국가가 단일한 형태의 문화 유형을 대표한다기보다는 여러 형태의 문화적 특성을 함께 지니고 있다. 따라서 다른 문화권에 속한 사람들과 커뮤니케이션하고자 할 때는, 그 문화권이 어떤 문화적 형태를 보여주는지, 예를 들어 개인을 중요시하는지 집단을 중요시하는지, 계층을 중요시하는지 평등을 중요시하는지, 남성 지향성이 강한지 양성 지향성이 강한지 등을 미리 파악할 수 있다면 상대방의 행동을 이해하기가 쉬울 것이고, 결과적으로 더 효율적인 커뮤니케이션을 수행할 수 있을 것이다. 물론 같은 문화권에 속한 사람들이 모두 같은 형태의 커뮤니케이션을 행하는 것은 아니고, 개인에 따라 차이가 있다는 것 역시 커뮤니케이션할 때 고려해야 할 사항이다.

워크시트

3. 표 5-4를 응용하여 한국 사회의 문화적 성향은 어떠한지 구분해 보세요. 한국의 문화 유형에 해당한다고 판단되는 칸에 한국을 써넣고 그 특성도 몇 가지 기술해 본 후, 반대되는 문화 유형이라고 생각되는 국가들의 이름도 써넣어 보세요.

문화 유형	
개인주의 대 집단주의	
평등주의 대 계층주의	
낮은 불확실성 회피 대 높은 불확실성 회피	
단일시간 대 다중시간	
저맥락 커뮤니케이션 대 고맥락 커뮤니케이션	
낮은 체면 중시 대 높은 체면 중시	

워크시트

4. 다음 글을 읽고 어떤 문화적 특징을 보이는 사례인지 이야기해 보고 한국과 비교해 토론해 봅시다.

읽을거리

스웨덴의 육아휴직 기간은 총 480일(부모 각자 240일)로 부모할당제로 인해 부모가 서로에게 양도할 수 없는 90일을 제외하고, 나머지 기간은 양도가 가능하다. 스웨덴의 육아휴직은 기본적으로 유급이며 부모 각자에게 주어진 240일 중 195일에 대해서는 휴직 전 급여의 77.6%를 보전하여 지급하고(최대 수령가능금액 연 447,783크로나(한화 약 5,800만 원)) 나머지 45일에 대해서는 일 180크로나(한화 약 2만 원)를 지급한다. 한편 유급육아휴직 대상자가 아닌 부모의 경우, 주어진 240일 동안 일 250크로나(한화 약 3만 원)를 지급받는다. 스웨덴 육아휴직의 양도기간에 대해서 자세히 살펴보면, 양도할 수 없는 90일을 제외한 기간, 즉 휴직 전 급여의 77.6%가 지급되는 105일과 정액 180크로나가 지급되는 45일, 총 150일을 모두 상대 배우자에게 양도한다고 가정했을 때, 상대 배우자는 본인이 사용할 수 있는 240일의 육아휴직 기간에 150일을 더해 총 390일을 사용할 수 있다. 이때 새로 양도받은 105일에 대한 육아휴직 급여는 배우자의 급여를 기준으로 설정된다. 이렇게 부모 간에 육아휴직을 양도하고자 하는 경우, 반드시 사회보험청에 그 기간을 명시한 양도서류를 제출해야 한다.

노르웨이의 육아휴직제도 역시 스웨덴과 같은 부모할당제를 갖추고 있다. 육아휴직 기간은 육아휴직 급여의 수준에 따라 46주와 56주(산전휴가를 3주씩 추가하는 경우 49주, 59주)로 나뉜다. 1993년 부모할당제를 도입함에 따라 각 부모가 할당된 10주씩의 육아휴직을 의무적으로 사용해야 한다. 이를 제외한 나머지 26주 혹은 36주의 기간은 가족의 상황에 따라 부모끼리 나누어 사용할 수 있다. 육아휴직의 급여는 46주의 육아휴직을 택한 경우, 휴직 기간 동안 이전 급여의 100%를 수령할 수 있고, 56주 육아휴직의 경우 급여의 80%를 수령할 수 있다. 이때 최대 수령금액은 월 92,576노르웨이 크로나(한화 약 1,200만 원)이다. 유급육아휴직 대상자가 아닌 부모의 경우, 2017년 1월 1일 기준 월 61,120노르웨이 크로나를 수령하게 된다.

한편 스웨덴, 노르웨이와 달리 개인별 육아휴직제도를 택하고 있는 덴마크는 각 부모가 사용할 수 있는 육아휴직 기간이 32주이다. 각 부모가 32주씩 총 64주의 육아휴직을 사용할 수 있지만 육아휴직의 급여는 가족 단위로 지급되어 한 가족당 32주에 대해서만 급여 혜택을 누릴 수 있다. 이때 지급되는 급여는 직전 직장 급여의 100%로, 일반적인 급여 지급은 단체

협약을 통해 보장되어 있다. 하지만 최대 수령 가능한 금액에 제한을 두어 부모는 육아휴직 기간 중 주 4,245덴마크 크로나(한화 약 74만 원)를 수령하게 된다.

이처럼 세 국가의 육아휴직 기간과 급여 지급 방식에는 차이가 있지만 육아휴직을 유연하게 사용 가능하게 한 것은 공통점이라 할 수 있다. 덴마크의 경우, 정해진 육아휴직 기간인 32주를 40주 또는 46주(자영업자)로 연장할 수 있는데, 이러한 경우 혜택 수준이 연장된 기간에 맞게 조정된다. 또한 총 육아휴직 급여액은 동일하기 때문에 시간제로 일하면서도 육아휴직을 사용할 수 있다. 예를 들어, 반일 근무와 육아휴직을 동시에 실시할 경우, 육아휴직 기간을 64주까지 연장할 수 있다. 노르웨이와 스웨덴의 경우, 부모끼리 양도가 불가능한 부모할당제 기간을 제외한 기간은 부모의 자율적 판단 하에 양도하여 사용할 수 있다. 예를 들어, 스웨덴은 아버지나 어머니 중 한 사람이 자신에게 주어진 90일을 사용하면 나머지 390일을 배우자가 모두 사용할 수 있는 것이다.

출처: 송지원(2018). 스웨덴, 노르웨이, 덴마크의 육아휴직제도 및 사용실태. 국제노동브리프, 18년 1월호, 66~67쪽.

3. 미디어를 통한 문화학습과 다문화 이해

1) 문화 간 접촉과 문화충격

서로 다른 문화와 문화가 만났을 때 문화 간 접촉이 발생한다. 주로 다른 문화권으로 이주하여 살게 되거나, 학업을 위해 외국의 학교에 진학했을 때, 정치적인 이유 등으로 인해 문화접촉이 일어난다. 이와 같은 문화접촉은 '문화접변', '문화동화', '문화적응' 등 다양한 개념으로 지칭되는데, 이 중 문화접변은 서로 다른 문화적 배경을 가진 사람들이 만나는 문화적 접촉을 의미한다. 그러나 단순히 '접촉'으로 끝나는 개념이 아니라 서로 다른 문화가 접촉을 통해 서로의 문화요소를 주고 받은 결과 변화를 일으키게 되는 과정을 포함하는 의미이다. 이러한 변화를 일으키려면 접촉은 직·간접적인 방식을 통해 지속적으로 이루어져야 한다.

문화접변이 일어나는 과정은 '문화충격'으로 설명될 수 있다. 우리는 흔히 익숙하지 않은 것을 접하고 놀랐을 때 '충격을 받았다.'는 표현을 사용한다. 이는 이전에 접해보지 않았던 문화와 접촉했을 때도 마찬가지인데, 단순히 놀라는 것에 그치는 것이 아니라 새로운 문화에 적응해 가는 과정의 일부라고 할 수 있다.

문화적응의 과정으로서의 '문화충격'의 단계를 가장 잘 보여주는 것은 갈라혼(Gullahorn, 1963)의 단계 구분이다. 그는 다문화 사회의 구성원이 겪는 문화충격을 4단계로 구분하여 설명하였다. 그림 5-2에 나타나는 U자형 커브가 이 4단계를 형상화한 모형이다.

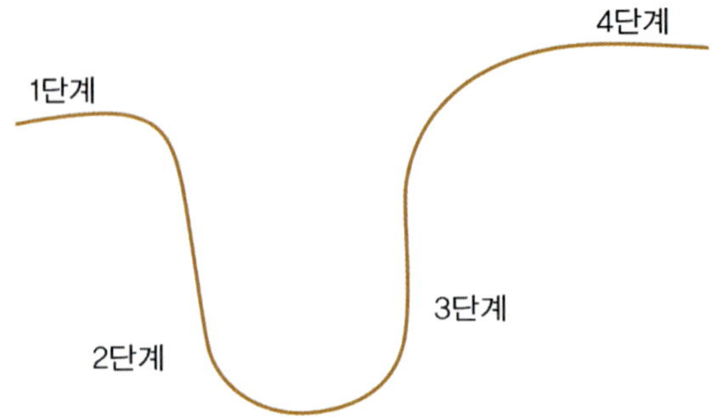

그림 5-2 문화충격의 U자형 커브 모형

출처: 문영인(2017). p.89.

우선 1단계는 '허니문(honeymoon) 단계'로 지칭된다. 그림 5-2 커브의 좌측 끝부분을 생각하면 된다. 새로운 문화에 노출된 초기에 흥분, 낙관, 행복 등을 느끼게 되는 단계로서, 새로운 문화권에 가면 초기에는 모든 것이 좋아 보이는 것과 관련되어 있다. 두 번째 단계는 실질적 '문화충격의 단계'이다. 익숙하지 않은 문화 환경으로 인해 실망과 불안을 느끼게 되는 단계라고 할 수 있다. 개인은 새로운 환경 때문에 당황하거나 좌절하게 되고, 분노와 무능력한 감정에 휩싸여 새로 접한 문화를 부정적인 것으로 받아들이게 된다. 3단계는 문화를 능동적으로 받아들이게 되는 과정으로 U자형 커브가 상승하기 시작하는 부분이다. 개인은 조정과 수용을 통해 새로운 환경에서 오는 스트레스를 조절할 수 있게 되고, 심리적 회복을 통해 해당 문화권 사람들의 사고 방식을 이해할 수 있게 된다. 마지막 단계는 U자형 커브의 다른 한쪽 끝부분에 해당한다. 개인이 새로운 문화적 요소를 충분히 이해하고 받아들여 성공적으로 적용한 결과 현실에 만족하게 되는 단계이다.

물론 모든 사람이 동일하게 이 U자형 커브 모형을 따르는 것은 아니다. 어떤 이는 처음부터 잘 적응해 행복해하고 어떤 이는 끝까지 문화충격을 이기지 못하기도 한다. 베리(Berry, 1980)가 다문화 구성원을 통합(integration), 동화(assimilation), 분리(separation), 주변화(marginalization)로 구분한 것도 이와 같은 개인적 차이를 고려한 결과이다. 베리에 따르면, '통합'은 기존 문화에 대한 정체성을 유지하면서 새로운 문화를 적극적으로 수용하는 것을 의미한다. 즉, 고유문화를 이어나가면서 새로 접한 문화에의 적응도 성공적으로 이루어내는 경우이다. 캐나다, 스위스, 벨기에 등과 같은 국가에서 다문화, 다중언어 집단이 조화롭게 잘 지내고 있는 것을 떠올려보면 된다.

그런가 하면 '동화'는 기존 문화에 대한 정체성은 버리고 새로 접한 문화만을 수용하는 것이다. 원래 가지고 있던 가치관이나 신념 등을 버리고 이주한 사회의 문화만을 쫓아 적응하는 형태이다. 일본이 조선을 식민지로 만든 후 내세운 정책이 '동화정책'이었다는 것을 상기해보면 이해가 쉬울 것이다. 기존 조선의 문화적 정체성을 없애고 일본적인 것을 주입시키고자 했던 것이다.

다음으로 '분리'는 기존 문화만을 고집하며 새로운 문화를 수용하는 것을 거부하는 것을 말한다. 러스티그와 코스터(Lustig & Koester, 2006)는 이와 같은 분리를 두 가지로 분류한 바 있다. 이들에 따르면 정치적 혹은 경제적으로 보다 우위의 집단이 새로운 문화수용을 거부할 때는 '격리(segregation)'가 발생하고, 반대로 열세의 집단이 주류와 섞이고 싶어하지 않는다면 '은둔(seculsion)'이 나타난다고 한다.

마지막으로 '주변화'는 기존의 문화적 정체성을 지키고자 하는 의지도 없고 새로운 문화를 적극적으로 받아들이려고도 하지 않는 태도로서 그 결과, 주변인화하는 것을 의미한다.

서로 다른 문화와 문화가 만나면 융합이든 갈등이든 모종의 작용이 일어나는 것은 당연해 보인다. 중요한 것은 지금까지 살펴본 문화접변 혹은 문화충격의 과정을 충분히 이해하고 성공적인 문화 간 커뮤니케이션을 위해 이를 어떻게 활용할 것인가이다. 다음에서는 이에 대해 이야기를 해보자.

2) 미디어를 통한 문화학습

문화접변이 일어나기 위해서는 서로 다른 문화 간의 접촉이 선행되어야 한다. 우리가 일상생활에서 생각할 수 있는 다른 문화와의 접촉에는 어떤 것이 있을까? 직접적인 접촉으로는 해외유학이나 이주, 여행 등을 들 수 있다. 그러나 이와 같은 직접적인 접촉은 상대적으로 자주 일어나지 않는다. 해외이주나 유학은 사람들 중 일부만 경험할 수 있는 것으로 대다수의 사람들과는 거리가 멀다. 해외여행 역시 자주 간다고 해도 1년에 몇 회 며칠 수준이다. 그런데 우리가 이집트에 가보지도 않았는데 피라미드의 모습을 알고 있고, 미국에 사는 것도 아닌데 민주당 후보와 공화당 후보가 대선에서 격돌하고 있다는 것을 알고 있는 것은 어째서일까? 대부분의 경우 책이나 텔레비전과 같은 미디어를 통해 해외의 사례를 접한 결과이다. 즉, 간접적 접촉에 의한 학습결과인 것이다. '미디어는 세상을 보는 창'이라는 월터 리프만(Walter Lippmann)의 언급은 이러한 상황을 잘 반영하는 말이다. 다시 말해 글로벌 공동체에서 미디어는 다른 문화에 대한 학습을 가능하게 해주는 매우 중요한 학습수단이다.

미디어가 개인의 사회화에 매우 중요한 역할을 한다는 것은 주지의 사실이다. 사회화란 개인이 사회의 구성원으로 성장하게 되는 것을 말하는데, 이 사회화 과정에 미디어가 큰 역할을 수행한다. 디플레르와 발로키치(Defleur & Ball-Rokeach, 1982)의 미디어 의존 이론이 대표적인 이론이다. 이에 따르면 미디어와 수용자, 사회는 상호의존적 관계로서, 현대사회의 개인들은 미디어를 통해 사회관계에 참여하고 미디어 메시지로부터 영향을 받는다. 또한 미디어의 기능이론 중에서 사회유산전수의 기능도 미디어와 사회화의 관계를 설명해 준다. 한 사회의 매스미디어가 해당 사회의 가치와 규범을 한 세대에서 다음 세대로 전달하고, 사회적 질서를 유지하며, 여론을 조성해 사회적 통합을 증진시킴으로써 사회화의 대리인으로 역할을 하게 된다는 이론이다.

문화계발효과 이론(cultivation theory)은 미디어와 문화학습의 관계를 잘 설명해주는 또 다른 이론이다. 말 그대로 미디어가 수용자의 주변 환경(문화) 인식에 영향을 미친다는 이론으로, 미디어에 많이 노출될수록 미디어가 보여주는 세상을 현실로 받아들이게 된다는 것이다. 거브너(Gerbner, 1978)에 의하면 폭력적인 TV 프로그램에 많이 노출된 시청자는 세상을 더 폭력적인 것으로 인식하게 된다. 문화계발효과이론에 근거한 많은 연구들이 미디어 노출이 수용자의 현실인식에 영향을 미친다는 것을 실증적으로 보여주고 있다. 예를 들어, 리얼리티 데이트 프로그램을 많이 시청한 젊은이들은 데이트와 이성관계에 대해 가볍고 왜곡된 태도를 지니게 될 수 있음을 밝힌 연구(김미라, 2008)나, 건강정보 프로그램 시청은 건강염려 인식에, 연예정보 프로그램 시청은 신체이미지와 태도에 영향을 미친다는 것을 보여준 사례(우형진, 2008) 등을 찾아볼 수 있다. 미디어 시청이 수용자의 현실인식에 영향을 미친다는 사실은, 미디어를 활용하여 수용자의 사회문화 인식을 형성 혹은 변화시킬 수 있음을 의미한다는 점에서 중요하다고 하겠다.

요컨대, 현대 사회에서 문화 간 접촉을 일으키는 가장 중요한 매체는 미디어이며, 미디어를 통한 타문화의 접촉은 단순히 접촉으로 끝나는 것이 아니라, 사회화에 기여하는 미디어의 특성상 타문화 학습에 기여하게 된다. 예를 들어, 한국 사회의 매스미디어를 시청하는 다문화 구성원은 매스미디어를 통해 한국 사회의 문화적 가치나, 행동양식, 사회문화적 환경, 전통, 언어를 익히게 되는 것이다.

3) 다문화 교육과 다문화 이해

미디어를 통한 간접적 문화접촉 및 문화학습은 일상적인 수준에서 발생하는 커뮤니케이션이라고 할 수 있다. 그러나 앞서 언급했던 바와 같이, 전 세계가 글로벌 공동체로서 작동하고 있고, 단일 민족을 자랑스럽게 내세웠던 한국의 경우에서조차 다문화 사회로의 진입을 목전에 둔 현실에서 개인의 미디어 접촉에 의존한 일상적 커뮤니케이션만으로 글로벌 이슈가 해결될 수 있을 것이라 생각하기는 힘들다. 글로벌 공동체 이슈에 효과적으로 대처하기 위해서는 제도권 교육 내에서의 다문화 교육을 통한 다문화 이해가 반드시 필요하다. 대학에서 본 강좌와 같은 강의를 만들어 학생들이 수강하도록 하는 것도 같은 이유에서라고 하겠다.

실제 외국에서는 다양한 형태의 다문화 교육이 실시되고 있다. 몇몇 국가의 사례를 살펴보자. 200개 이상의 민족과 500만 명 이상의 이민족으로 구성된 대표적인 다문화 사회인 캐나다의 경우, 이민자들의 사회통합을 돕기 위한 다양한 프로그램이 정부에 의해 운영되고 있다. 캐나다의 이민자 사회통합 프로그램은 이주한 학생을 위한 프로그램과 부모를 위한 프로그램으로 나뉜다. 보다 구체적으로는 신규이민자 가족과 캐나다 자원봉사자 가족을 매칭시켜 주는 호스트 프로그램(HOST Program), 신규이민자의 언어교육을 위한 프로그램(Language Instruction for Newcomers to Canada: LINC), 이민자의 정착과 적응을 돕는 프로그램(Immigrant Settlement and Adaptation Program: ISAP)을 들 수 있다. 이 중 언어교육 프로그램은 매우 현실적으로 구성되어 있어 눈여겨볼만하다. 이 프로그램에는 이민자의 현지 적응을 위한 영어 프로그램(English a Second Language: ESL, English Literacy Development: ELT, Literacy Enrichment Academic Program: LEAP)은 물론이고 이민자가 자녀의 모국어 교육을 희망할 경우 부모와 자녀가 함께 지원받을 수 있는 제도, 소수언어 학생을 지도하기 위한 교사자격제도까지 포함되어 있다(임선일 외, 2018).

미국 역시 공립학교 학생의 45%가 다문화 배경을 가지고 있고 라틴계 학생 비율이 1/5을 넘는 다문화 사회이다. 미국에서는 다문화 교육이 상호의존적인 사회에서 문화적 다원론을 확인해 주는 민주적 가치와 신념에 토대한 교육으로 인식되고 있다. 학생 본래의 문화적 배경이나 소속된 문화에 상관없이 학생이 사회에서 생산적인 구성원으로서의 역할을 수행할 수 있도록 준비시켜 주는 것이 미국 다문화 교육의 목표이다(Samovar et. al./이두원 외, 2015). 이와 같은 배경 아래, 미국에서는 이민자 가정 자녀의 미국 사회의 적응을 돕기 위해 공교육 내에서 WIDA(World-class Instructional Design and Assessment) 프로그램을 운영하고 있는데, 소수자 학생을 위한 ESL 과정으로 타 교과와 연계가 가능하도록 구성되어 있다(임선일 외, 2018).

이 외에도 2005년 도입된 '이민법'을 바탕으로 이민국가임을 인정한 독일은 학교에서 독일어를 가르치는 것은 물론이고 서로 다른 다양한 언어가 존재한다는 것을 학생들이 의식적으로 경험할 수 있도록 이민자 자녀의 언어수업을 개방하는 '만남의 언어' 수업 프로그램을 진행하고 있다(임선일 외, 2018).

그렇다면 우리 사회에서 다문화 교육은 어떻게 이루어지고 있고, 이를 통한 다문화 이해는 어느 정도 이루어지고 있는 것일까?

임선일 외(2018)의 연구에 따르면 다문화 가정과 학생에 대한 사회적 관심이 증가함에 따라 우리나라 초·중·고교에서도 '다문화 감수성 교육' 혹은 '다문화 교육'이라는 명칭 아래 다문화 이해를 위한 다양한 프로그램이 진행되고 있다. 이들에 따르면 현재 단위학교 차원에서 실시되고 있는 다문화 교육은 그 효과와 한계를 동시에 보여주고 있다. 경기도 내 초·중·고교에 재학 중인 학생들을 대상으로 조사한 결과, 다문화 감수성 교육은 다문화 체험활동형, 호기심 유도형, 교재 활용형 등 세 가지 형태로 진행되고 있는데, 학교급별로 체계화되지 않은 단순한 형태였다고 한다. 또한 학생들은 전반적으로 학교에서 실시하고 있는 다문화 교육에 만족하는 경향을 보였으나 프로그램의 단순함과 강사의 교수방법에 대해서는 높은 만족도를 보이지 않았다. 이들이 지적한 현행 다문화 교육의 문제점은 학교 상황에 따라 교육수준의 편차가 크다는 점, 창의체험 시간이 과포화 상태라 실제 다문화 교육을 편성할 수 있는 기회가 적다는 점, 외부위탁기관을 통해 이루어지는 다문화 교육의 기회가 적다는 점 등이었다. 특히 외부위탁기관을 통한 교육의 경우 예산부족, 일회성·중복성 운영, 강사의 질 보장 미흡 등이 추가로 지적되었다.

임선일 외의 연구(2018)는 현재 우리나라에서 시행되고 있는 다문화 교육의 현황이 어떠한지를 잘 보여준다. 초 · 중 · 고 교육기관에서 어느 정도 다문화 교육이 이루어지고는 있으나, 정규 프로그램화되어 있는 것도 아니고 초 · 중 · 고교 수준별 학습도 아닌, 학교 재량에 의존한 일시적이고 중복적인 형태의 다문화 교육이 이루어지고 있는 것이다. 다문화 사회로의 진입을 목전에 두고 있다는 점을 감안한다면, 이민자들의 국가라고 할 수 있는 캐나다나 미국 수준 정도의 교육은 아니더라도 적어도 정규 교육 프로그램 내에 다문화 교육을 배치해 체계화시키고, 초등, 중등, 고등별로 차별화된 수준의 교육이 가능하도록 구성할 필요가 있다.

한 가지 더 생각해 볼 점은, 문화학습을 가능하게 해 주는 미디어를 어떻게 다문화 교육에서 활용할 수 있을 것인가 하는 문제이다. 이미 미디어는 다양한 형태로 교육에 이용되고 있다. 그러나 다문화 감수성 배양을 위해 어떻게 미디어를 활용할 수 있을 것인가에 대해서는 그다지 심도 깊은 논의가 이루어지지 못했던 것이 사실이다. 이에 대해서는 다음 절에서 살펴보자.

워크시트

5. 다음 질문에 대해 자신의 느낌을 나타내는 정도를 1점에서 6점 사이의 숫자로 응답해 보세요.

다문화 감수성 설문지 A

A	전혀 그렇지 않다	그렇지 않다	약간 그렇지않다	약간 그렇다	그렇다	매우 그렇다
1) 우리나라는 다양한 인종, 종교, 문화가 많이 들어올수록 좋다	1	2	3	4	5	6
2) 피부색이 다르고 문화가 다르더라도 앞으로 더 많은 외국인이 들어와 사는 것이 좋다.	1	2	3	4	5	6
3) 우리 동네에 피부색이나 문화가 다른 외국인이 많이 들어와 살아도 전혀 이상하지 않다.	1	2	3	4	5	6
4) 피부색이 다른 외국인이 법적으로 한국인이 된다면 한국 사람과 똑같이 대할 수 있다.	1	2	3	4	5	6
5) 외국인이더라도 한국에서 태어나고 자랐다면 한국인이다.	1	2	3	4	5	6
6) 한민족의 순수한 혈통을 갖고 있지 않은 사람이지만 우리나라에서 오래 살았다면 한국인으로 보아야 한다.	1	2	3	4	5	6
7) 이웃에 사는 외국 이주민들이 자신들의 고유 요리를 즐길 때, 내가 싫어하는 냄새가 난다면 가깝게 지내기 힘들 것 같다.	1	2	3	4	5	6
8) 나는 한국에서 사는 외국 이주민들끼리 따로 모여서 자기들의 음악이나 무용, 공연을 즐기는 것을 보면 피할 것 같다.	1	2	3	4	5	6
9) 한국에 사는 외국 이주민들끼리 자신들의 종교행사를 가지는 것을 보면 되도록 가까이 가는 것을 피하겠다.	1	2	3	4	5	6
10) 피부색이나 생김새가 다른 외국에서 온 친구가 따돌림이나 놀림을 받는다면 바로 편들어줄 것이다.	1	2	3	4	5	6

다문화 감수성 설문지 B

B	전혀 그렇지 않다	그렇지 않다	약간 그렇지 않다	약간 그렇다	그렇다	매우 그렇다
1) 한국인이 외국 이주민들을 이해해주길 바라기보다는 이주민들이 한국인을 이해하려고 더 많이 노력해야 한다.	1	2	3	4	5	6
2) 외국 이주민의 자녀라 하더라도 부모 나라의 언어보다는 한국어를 더 열심히 배우는 것이 우선이다.	1	2	3	4	5	6
3) 외국 이주민이 한국 국민이 되려면 자기의 문화를 고집하지 않고 한국 문화나 관습을 따르도록 해야 한다.	1	2	3	4	5	6
4) 지하철이나 버스에서 개발도상국 출신 외국 이주민의 옆자리에 앉는 것은 가능한 한 피하고 싶다.	1	2	3	4	5	6
5) 이웃이나 동네에서 피부색이 다른 외국인과 마주치면 왠지 불편한 느낌이 들어 가까이 하기 싫다.	1	2	3	4	5	6
6) 동남아시아에서 온 외국 이주민과 함께 수영장이나 공중목욕탕에 들어라가고 한다면 망설여질 것 같다.	1	2	3	4	5	6
7) 한국에 이민 온 이주민들 중 가난한 나라에서 온 사람들은 가까이 하고 싶지 않다.	1	2	3	4	5	6
8) 외국인 노동자가 많이 사는 지역에 가야 한다면 두려운 생각이 클 것이다.	1	2	3	4	5	6
9) 우리 학교나 학급에 외국 이주민 가정의 친구가 있다면 다른 친구들과 똑같은 친구로 대하겠다.	1	2	3	4	5	6
10) 우리 학교에 다니는 외국 이주민 친구가 자기 집에 와서 놀자고 하면, 그 집에 가서 함께 놀겠다.	1	2	3	4	5	6
11) 나는 기회가 있다면 상대방의 인종, 국적, 문화권에 상관없이 기꺼이 친구로 사귀겠다.	1	2	3	4	5	6
12) 내 생일에 친구들을 집에 초대하게 된다면, 외국 이주민 친구도 함께 초대하고 싶다.	1	2	3	4	5	6

출처: 임선일 외(2018).

4. 문화콘텐츠를 통한 다문화 감수성의 양성

1) 다문화 감수성이란

다문화 교육의 궁극적 목적은 다문화 감수성을 길러내는 것이다. 다문화 감수성은 효과적으로 문화 간 커뮤니케이션을 가능하게 하는 기본적인 요소이기 때문이다. 문화콘텐츠를 통한 다문화 감수성 양성을 논의하기 전에 다문화 감수성이 무엇인지 먼저 살펴보자.

'다문화 감수성'과 관련된 비슷한 용어로는 '다문화 수용성', '다문화 태도', '문화 간 감수성', '다문화 역량' 등을 들 수 있다. 이 중 가장 빈번하게 사용되는 용어가 '다문화 감수성'으로, 베넷(Bennett, 2007)은 이 문화적 감수성을 둘 이상의 문화 집단 간에 나타나는 문화적 차이에 대한 반응으로 형성된 인지적, 정의적 특성이나 행동정향이라고 정의했다. 그런가 하면 첸과 스타로스타(Chen & Starosta, 2000)는 다문화적 의사소통 역량의 하위 구성요소로서 문화적 차이들을 받아들이고 가치있게 여기며, 이해하고자 하는 능동적인 욕구 및 동기를 지칭하는 용어로 문화적 감수성이라는 표현을 사용한다. 이들은 좀 더 나아가 다문화적 의사소통 역량을 인지적인 측면으로서의 다문화 지각(intercultural awareness), 행동적인 측면으로서의 다문화 기술(intercultural dexterity), 정서적인 차원으로서의 다문화 감수성(intercultural sensitivity)으로 구분한 바 있다. 이들과 비슷하게 김정덕과 모경환(2011)은 다문화 감수성을 다른 문화 사람들을 존중하고 수용하려는 태도, 신념, 행동이라고 정의하였다.

좀 더 직접적으로 문화 간 의사소통 능력과 연관지어서 다문화 감수성을 정의내린 예는 한수진과 정진경(2012)의 연구에서 찾을 수 있다. 이들은 우선 다문화 감수성을 문화 간 커뮤니케이션 능력에 대한 연구에서 제기되어 온 개념으로 규정하였다. 한수진과 정진경(2012)에 따르면 개인의 효율적인 문화 간

의사소통을 위해서는 문화적 차이를 인식하는 민감성과 문화적 차이를 존중하는 정서적 태도가 중요한데, 여기에서 이야기하는 정서적 태도가 바로 문화적 감수성이다. 이규림(2011) 역시 문화간 감수성이란 나와 다른 문화를 접했을 때 효율적으로 의사소통을 하고 문화적 맥락에서 적절하게 대응할 수 있도록 문화적 차이를 인식하고 존중하는 정서적 준비상태의 민감도라고 하였다. 다문화 감수성을 무엇이라고 정의내리든, 중요한 것은 문화 간 커뮤니케이션을 성공적으로 수행하기 위해서는 다문화 감수성을 기본적으로 갖추고 있어야 한다는 점이다.

본격적으로 문화콘텐츠를 통한 다문화 감수성 양성을 살펴보기 전에, 베넷(Bennett, 1993)이 언급한 다문화 감수성의 발달단계에 대해서 알아보자. 다문화 감수성이 어떻게 발달되어 나가는가를 살펴보는 것은 어떤 과정을 거쳐 다문화 감수성이 발달되도록 교육내용을 구성하면 좋은지와 연관되어 있을 뿐만 아니라, 나 스스로가 갖고 있는 다문화 감수성의 발달 정도가 어떠한지를 가늠해 볼 수 있는 기회가 되므로 이를 검토해 볼 필요가 있다.

베넷은 다문화 감수성의 발달과정(Development Model)을 6단계로 구조화하였다. 이는 문화적 차이를 경험함으로써 이를 인식하는 의식구조나 태도, 행동이 체계적으로 변화하는 과정으로, 자민족 중심주의에서 민족 상대주의로 변화해 가는 과정이다. 이 과정을 간단히 설명하면 부정(denial), 방어(defense), 최소화(minimization), 수용(acception), 적응(adaption), 통합(integration)이라고 할 수 있고, 앞의 세 단계는 자민족 중심주의, 뒤의 세 단계는 민족 상대주의에 해당한다. 이와 같은 단계를 인식하고 파악하는 것은, 다문화 감수성이 고정된 형태를 띠고 있는 것이 아니라 역동적으로 변화 가능하다는 것을 전제로 한다는 점에서 중요한 의미를 갖는다.

2) 다문화 콘텐츠와 다문화 감수성

몇 차례 언급한 바와 같이, 문화 간 커뮤니케이션을 성공적으로 수행하기 위해서는 일정 수준의 다문화 감수성을 보유하는 것이 필요하다. 그렇다면 어떻게 해야 다문화 감수성을 높일 수 있는 것일까? 지금부터는 다문화 콘텐츠를 시청하는 것이 다문화 감수성 함양과 어떤 관계가 있는지 살펴보자.

다문화 감수성이 무엇이고, 왜 중요한지에 대해서는 이미 앞에서 논의한 바 있다. 다양한 문화적 배경을 가진 사람들이 한곳에서 서로 어울려 살기 위해서는, 이주민은 새롭게 정착하게 된 문화의 주류 사회에 대해서 그리고 주류 사회를 형성하고 있는 문화권 안의 사람들은 새롭게 유입된 이주민에 대해서 서로 간에 존재하는 동질성과 차이성을 인정하고 받아들이는 자세가 필요하다. 미디어는 이러한 다문화 태도를 형성하는 데 매우 중요한 역할을 한다. 미디어는 다양한 문화에 대한 간접적 학습의 장이기 때문에, 특정 문화의 어떤 모습을 어떻게 미디어에 재현하는가에 따라 사회적 갈등을 조장할 수도 있고, 사회통합을 증진시킬 수도 있다. 다시 말하자면, 다문화 사회에서 미디어를 잘 활용한다면 이주민들에게는 주류 사회의 문화에 대해, 주류 사회에 속한 사람들에게는 이주민들에 대해 학습할 기회를 제공함으로써 다문화 감수성을 증진시켜 사회통합을 이루어낼 수 있다.

실제로 다문화 사회가 증가함에 따라 다양한 문화적 배경을 가진 구성원들이 다른 문화에 대한 인식과 태도를 형성하는 데 매스미디어가 영향을 미친다는 주장들이 존재한다. 코르테스(Cortes, 2003)는 매스미디어가 다문화 지식, 다문화 신념, 다문화 가치 형성에 핵심적 역할을 한다고 주장했고, 이창호 등도 매스미디어가 다문화 인식에 영향을 미친다는 전제 아래, 매스미디어가 다문화에 관한 정보, 지식, 이미지를 어떻게 생산하고 전달해야 하는지에 대한 연구가 필요하다고 주장했다(이창호 · 정의철, 2010).

다문화 사회로의 진입을 증명하듯 최근 우리 사회의 방송편성에서도 다문화 관련 프로그램들을 쉽게 찾아볼 수 있게 되었다. 자연스럽게, 새롭게 등장한 프로그램에 대한 연구도 이루어졌는데, 주로 화제가 되었던 다문화 프로그램에서 다문화 가정이 어떻게 묘사되고 있는가를 살펴봄으로써 한국 미디어가 다문화 담론을 어떻게 만들어내고 있는지 분석하고자 했다. 그러나 이 묘사가 반드시 긍정적인 것들로만 이루어졌던 것은 아니었다. 예를 들어, KBS의 다문화 프로그램 <러브 인 아시아>를 분석한 연구를 보자(차나영, 2013). 연구자는 프로그램 텍스트 분석 및 제작진 심층 인터뷰를 수행하고, 이 프로그램이 결혼이주 여성에게 한국적인 전통적 여성성을 강요하고 있음을 밝혀냈다. 나아가 시청률을 의식한 제작진이 다문화 가정의 모습을 미화한다고도 주장했다. 정연구 외(2011)의 연구도 비슷한 내용을 담고 있다. 이들에 따르면 이주여성에 대한 뉴스는 수용자들에게 부정적 고정관념을 심어줌으로써, 결과적으로 이주여성을 공존의 대상이 아닌 '타자'로 만들고 있다고 한다.

그러나 최근에 이루어지고 있는 미디어와 다문화 감수성과의 관계에 대한 연구들은 보다 긍정적인 측면에서 다문화 프로그램, 즉 다문화 콘텐츠 시청이 수용자의 다문화 감수성 함양에 영향을 미친다는 점을 실증적으로 보여주는 경우가 많다. 특히 10여 개의 다문화 콘텐츠를 선정해 이들이 시청자의 다문화 감수성을 높이는지 살펴본 연구가 흥미롭다(이현정 외, 2013). 선정한 프로그램은 <러브인아시아>, <미녀들의 수다>와 같은 텔레비전 교양 프로그램, <KBS 스페셜>, <MBC 특집 다큐멘터리> 등의 텔레비전 단편 다큐멘터리, <완득이>, <방가방가>, <파파>와 같은 영화 등 총 15편이었다. 이 중 다문화 감수성을 높이는 것과 가장 높은 상관관계를 보인 것은 <미녀들의 수다>였다고 한다. 연구자들은 다문화 시대에 우리 국민의 다문화 수용성 증진과 이주민에 대한 인식개선을 위해 다문화 콘텐츠를 적극 활용해야 한다고 주장한다. 다문화 사회에서 대중매체는 다문화 교육의 도구로서 핵심 기능을 수행한다는 것이다.

JTBC 채널에서 방송되어 큰 인기를 끌었던 <비정상회담>도 대표적인 다문화 콘텐츠로서 시청자들의 다문화 감수성에 많은 영향을 미쳤다. <비정상회담>은 2014년 7월 처음 방송된 후, 2017년 12월 종영될 때까지 시즌을 바꿔가며 인기리에 방송되었다. 한국 대표로 초대된 국내 유명 연예인과 미국, 이탈리아, 캐나다, 프랑스, 가나, 일본 등 다양한 국가 출신의 청년들이 '비정상'으로서 국내 특정 이슈에 대해 토론을 벌이는 형식이었다. <비정상회담>은 외국인의 시각으로 국내 이슈를 해석해 보여주었을 뿐만 아니라, '글로벌 문화대전'과 같은 주제로 각 나라의 문화도 소개해 주었기 때문에 타문화에 대한 오해와 편견을 개선할 수 있는 기회를 시청자들에게 제공해 주었다. 실제로 <비정상회담> 시청이 대학생 시청자의 다문화 감수성을 함양시키는지 알아본 연구(뷔르츠바허, 2018)에서는 다문화 TV 프로그램인 <비정상회담>을 더 많이 시청하는 대학생일수록 다문화 감수성이 높아졌다는 것을 밝혀내기도 했다. 다문화 TV 프로그램을 시청하는 것만으로도 다문화 감수성 함양에 긍정적인 영향을 미칠 수 있는 것이다.

<미녀들의 수다>나 <비정상회담>과 같이 출연자가 모두 외국인 패널로 구성되지 않는다고 하더라도 출연자의 일부가 외국인이고 이들의 문화를 편견없이 보여줄 수 있다면 모두 다문화 콘텐츠라고 할 수 있다. 중요한 것은 다문화 콘텐츠가 시청자의 다문화 감수성을 함양시켜 효과적인 문화 간 커뮤니케이션을 이끌어 냄으로써 사회통합에 기여하고, 글로벌 공동체가 직면한 이슈해결에도 도움을 줄 수 있을 것이라는 사실이다. 그러나 아직은 다문화 콘텐츠가 소수 텔레비전 프로그램에 국한되어 있는 경향이 있고, 이를 적극적으로 다문화 교육에 활용하고자 하는 시도는 많지 않은 듯하다. 다양한 다문화 콘텐츠의 개발은 물론이고 이를 교육영역에 도입하여 다문화 감수성 증진을 위해 적극적으로 활용할 필요가 있다.

3) 문화콘텐츠로서의 한류의 의미와 역할

이 장에서 마지막으로 살펴보고자 하는 것은 문화 간 커뮤니케이션에서 한류가 어떤 역할을 수행할 수 있을 것인가 하는 문제이다. 미디어가 글로벌화됨에 따라 한류도 특정 지역에 한정된 문화적 유행이 아닌 전 세계적 조류의 일환이 되고 있고, 이에 따라 문화 간 커뮤니케이션에서 중요한 역할을 하는 다문화 콘텐츠로 작용하고 있기 때문이다.

한류는 다양하게 정의될 수 있지만 국외에서 자생적으로 등장한 한국 대중문화에 대한 열광의 흐름이라고 정의내릴 수 있다(이호영 외, 2012). 한류가 시작된 것은 1990년대 후반으로, 한국 가요의 중국 유행에서 시작되어 2000년대 초 일본에서의 드라마 성공, 좀 더 구체적으로 말하자면 드라마 <겨울연가>의 일본에서의 인기에 힘입어 '한류스타'가 등장하고 한류관광이 활성화되면서 본격화되었다. 이렇게 한류가 성공할 수 있었던 요인으로는 다매체, 다채널 시대의 도래로 콘텐츠가 부족해진 문화시장에서 한류가 매력적인 요소로 국외에 어필했다는 점, 문화적 근접성에 근거해 주변국의 수용자들에게 공감을 얻을 수 있었다는 점, 인터넷을 비롯한 발달된 통신 인프라와 이를 이용한 마케팅이 가능했다는 점 등이 주로 언급되었다. 한류를 바라보는 관점은 크게 이윤창출의 수단으로 보는 문화산업적인 접근과 한류를 통한 문화교류와 한국의 위상제고 등을 이야기하는 문화인류학적 접근으로 나누어 볼 수 있고, 긍정적 측면과 부정적 측면에 대한 다양한 평가들도 존재하고 있다.

그러나 초기의 한류는 다분히 중국과 일본, 동남아시아를 중심으로 하는 지역적 열풍의 성격이 강해 그 지속가능성에 의문을 제기하는 이가 많았다. 반면 2010년대에 들어서 인터넷, 모바일, 스마트폰과 같은 커뮤니케이션 기술을 바탕으로 한 소셜미디어가 확산되고, 이를 통해 디지털 콘텐츠가 유통되자 소위 '신한류'가 부상하기 시작했다. 드라마, 대중음악 중심이었던 한류문화가 K-POP으로 대표되는 음악을 비롯해 영화, 게임, 음식, 패션 등으로 재편되었고, '싸이'의 <강남스타일>이 전 세계를 휩쓴 것에서 볼 수 있듯이 수용자층도 전 세계로 확장되었다. '싸이'의 <강남스타일>은 유튜브 조회수가 2억 건을 돌파하고, 빌보드차트 2위에 올랐으며 유럽에서 외국인들이 <강남스타일>의 대표춤인 '말춤'으로 '떼춤'을 추는 진풍경까지 낳았다. 이때까지만 해도 <강남스타일>의 성공이 이례적인 것처럼 인식되었으나, 아이돌 그룹을 중심으로 한 K-POP의 인기는 오히려 상승세를 타고 있다. 방탄소년단(BTS)의 노래가 빌보드 싱글차트 1위를 기록하고 유럽과 미국의 '뮤직어워드'에 이름을 올렸으며, 블랙핑크도 이에 못지 않은 성과를 내고 있다. K-POP뿐만 아니라 봉준호 감독의 영화 <기생충>도 유럽과 미국의 영화제에서 최고권위의 상들을 수상하며 한국영화를 전 세계에 알렸다.

이러한 한류의 성공은 문화산업의 이익창출로 이어졌고 음원판매나 영화개봉수입과 같은 직접적인 수익 이외에, 한국을 찾는 외국인 관광객수를 증대시켜 관광산업에도 영향을 미쳤다. 한류의 보다 긍정적인 효과는 수입 위주의 국내 문화산업의 판도를 한류가 바꿔놓은 것에서도 찾을 수 있다. 한류가 부상한 이후 외국 팝송이 주류를 이루었던 국내 음악시장에서 K-POP이 압도적인 주도권을 장악하게 되었고, 헐리우드 영화 점유율이 높았던 국내 영화시장에서도 한국영화 점유율이 상승하게 된 것이다. 방송 프로그램도 마찬가지여서 수출실적은 미미한 반면, 수입이 많았던 방송 프로그램 수출입 추세가 역전되어 2002년부터는 수입이 줄어들고 수출은 크게 증가했다(이호영 외, 2012).

물론, 한류가 한국에서 만들어진 것이라고 해서 그 내용까지 한국 고유의 것이라고 할 수는 없다. 실제로 많은 경우 외국의 작곡가가 만든 곡에 한국 작사가가 가사를 붙이고 미국이나 일본의 안무가가 댄스동작을 구성하면 한국식 훈련시스템을 거쳐 글로벌 문화상품이 된다(삼성경제연구소, 2010). 엄밀히 말하자면 한국 내에서 만들어진 것은 맞지만 국경을 초월한 다국적 문화상품으로 그 소비대상도 한국에 국한되지 않는 글로벌 시장이다. 그러나 한류가 한국 고유의 것을 담지 않았다는 이유로 한국문화에서 이를 배제할 수 있을까? 다시 말해 한류는 한국문화가 아닌가? 한류가 오늘날 한국 대중문화의 성격을 반영하고 있다면 이 역시 한국문화로 보아야 할 것이다.

문제는 글로벌화와 함께 '문화적 지구화'도 함께 이루어지고 있다는 사실이다. 지구화된 문화시장에서 이루어지는 탈국경적 문화소비의 주요 아이템이 무엇이 될 것인가는 중요한 문제가 아닐 수 없다. 문화소비를 통해 특정 문화에 대해 호감을 갖게 된다면, 그 문화를 이해하고자 하는 다문화 감수성은 높아질 수밖에 없고, 결국 해당 문화권은 문화 간 커뮤니케이션에서 좀 더 유리한 위치를 차지하게 될 것이기 때문이다. 우리가 글로벌 사회에서 소통하기 위해서는 글로벌 언어로 통용되고 있는 영어에 능통해야 하고, 영어에 능통하기 위해서는 영어권 문화를 이해해야 하는 것도 비슷한 이치라고 할 수 있다.

실제로 한류가 한국문화에 대한 호감이나 한국문화를 학습하려는 시도, 한국을 방문하고자 하는 의도에 영향을 미친다는 많은 연구사례들이 있다. 예를 들어, 미국 내에서 BTS에 대한 관심도가 높아질수록 한국어 교육에 대한 관심도도 높아졌다는 연구가 있다(김명광, 2020). 한국 드라마, 영화, 음악 등 한류 콘텐츠 이용도가 높은 터키 여학생들이 그렇지 않은 학생들에 비해 한국 국가 이미지를 더 긍정적으로 평가하고, 유학 의도도 강했다는 연구결과(을마즈 · 이수범, 2020)도 찾아볼 수 있으며, K-POP 영상물 시청빈도가 높을수록 한국을 방문하려는 의지가 강해진다는 것을 밝힌 연구도 있다(두안 페이린 외, 2020). 특히 한류문화 콘텐츠 이미지가 '문화전이'에 영향을 미친다는 연구에 주목해 볼 만하다(원티흐엉양 외, 2020). 문화전이(cultural appropriation)는 다른 국가나 문화권의 문화를 수용하는 것을 지칭하는데(Schneider, 2003), 다시 말해 한류문화콘텐츠 이용이 한국문화 수용에 영향을 미친다는 것이다.

요컨대, 한류콘텐츠의 글로벌 소비는 한국에 대한 문화학습과 호감도를 상승시켜 다문화 감수성을 향상시킬 수 있고, 문화 간 커뮤니케이션에서 유리한 위치를 점할 수 있게 도와줄 것이다.

워크시트

6. 다음은 한류의 경제적 효과에 대한 기사이다. 기사내용을 읽고 한류의 경제적 파급효과에 대해 생각해 봅시다.

읽을거리

'BTS 열풍' 타고 한류 경제적 파급효과 점점 커진다

전 세계를 열광시킨 방탄소년단을 비롯해 한류 바람을 타고 관련 수출 등 경제적 파급효과도 갈수록 커지는 것으로 파악됐다.
2일 한국국제문화교류진흥원이 공개한 '2018 한류 파급효과 연구보고서'에 따르면 지난해 한류가 유발한 총수출액은 94억 8,000만 달러로 전년보다 9.1%로 증가한 것으로 추산됐다.
한류 총 수출액은 2014년 69억 2,000달러에서 2015년 71억 1,000만 달러, 2016년 76억 9,000만 달러, 2017년 82억 1,000달러로 매년 꾸준히 늘고 있다.
지난해는 문화콘텐츠상품 수출이 44억 2,000만 달러로 전년 대비 22.8% 급증하면서 전체 한류 수출을 견인했다. 반면 소비재와 관광 수출은 50억 5,000만 달러로 전년보다 0.5% 감소했다.
개별 산업별 수출액을 보면 문화콘텐츠 산업에서는 게임이 30억 6,000만 달러로 가장 많았고 음악(4억 3,000만 달러), 방송(4억 1,000만 달러)이 뒤를 이었다. 소비재 및 관광 산업은 관광(15억 2,000만 달러), 화장품(10억 1,000만 달러), 식료품(7억 7,000만 달러) 순이었다.
지난해 한류로 인한 수출이 국민경제에 미치는 효과를 살펴보면 생산유발효과가 19조 7,849억 원으로 전년보다 4.4% 커졌다. 부가가치유발효과는 7조 8,288억 원으로 전년 대비 7.9% 늘었고, 취업유발효과는 14만 2,367명으로 5.9% 증가했다.
보고서는 한류의 경제적 파급효과 연구, 한류의 비경제적 가치 분석, 한류를 활용한 국내 소프트파워 강화 연구 등 정량 · 정성적 분석을 토대로 했다.
한류의 경제적 파급효과는 전 세계 16개국 7,500명의 한류콘텐츠 경험자에 대한 설문조사와 16개 산업 분야의 수출자료를 활용해 한류지수, 한류수출효과, 국민경제적 파급효과 등을 계량화한 통계를 바탕으로 산출했다.
방송, 음악 등 8개 문화콘텐츠 산업과 식료품, 화장품, 관광 등 8개 소비재, 관광산업을 대상으로 한류의 경제적 파급효과를 분석했다.
한류의 비경제적 가치 분석 연구에서는 방탄소년단과 아미(ARMY · 방탄소년단 팬클럽) 사이 소통의 특징을 분석함으로써 K팝을 비롯한 한류가 갖는 비경제적 가치를 조사했다.
방탄소년단의 메시지와 실천적 행동, 아미의 상호작용을 통해 발생하는 사회적, 문화적, 외교적 영향력을 비경제적 효과로서 다뤘다.

한류를 활용한 국내 소프트파워 강화방안 연구에선 한류 성과와 국가 차원의 소프트파워의 관계를 분석하는 데 필요한 기초자료와 한국의 소프트파워를 발전시키기 위한 아이디어도 담았다.
김용락 국제문화교류진흥원장은 "BTS(방탄소년단)와 OTT(온라인동영상서비스)를 타고 전 세계 범위로 확대된 한류가 현재 다양한 차원의 경제적 또는 비경제적 효과를 창출하고 있다"며 "이 연구보고서가 지금의 한류를 성숙시키고 앞으로 지속시키는 데 기여할 것으로 기대한다"고 말했다.

출처: https://news.khan.co.kr/kh_news/khan_art_view.html?artid=201905021644001

워크시트

7. 유튜브에서 한류와 관련된 동영상을 찾아 댓글들을 살펴보고 해당 유튜브 동영상이 갖는 문화 간 커뮤니케이션적 의미에 대해 이야기해 봅시다.
(찾아본 동영상 사이트 주소와 댓글 내용을 아래에 기술할 것)

Chapter

06

국제사회 문제인식

1. 기후변화와 위기관리

1) 기후변화, 지구멸종 경고

현재 전 세계에 살아 있는 북부흰코뿔소의 수는 여섯 마리뿐이다. 사회생물학자 에드워드 윌슨(Edward Wilson)에 따르면,[1] 케냐 올페제타에 세 마리, 체코 드부르크랄로베 동물원에 한 마리, 미국 샌디에이고 사파리 공원에 두 마리라고 한다. 인간은 지구 역사상 가장 큰 번영을 누리고 있지만, 인류를 제외한 다른 동물들은 빠르게 멸종의 길로 들어서고 있다. 일부 학자들은 지구가 여섯 번째 대멸종 시기에 다가섰다고 말한다. 이번 멸종은 인간 활동의 결과라는 점에서 운석 충돌 등이 이유였던 앞선 다섯 번의 대멸종과 다르다. 인간은 야생동물의 서식지를 파괴하고 생태계를 교란시켜 왔다. 개발이라는 이름으로 환경을 오염시키고, 인구는 지구가 감당하기 어려운 수준으로 증가했다. 그사이 지구 생물종의 멸종률은 인류가 존재하기 이전보다 1,000배 증가했다.

그동안 지구의 역사에는 총 다섯 차례 대규모 생물 멸종 사건이 있었다고 한다. 첫 번째는 4억 4300만 년 전 오르드비스기 대멸종이었다. 해수면의 하강과 기온의 하락으로 지구 생물의 85%가 멸종되었다. 두 번째는 3억 7000만 년 전 데본기 대멸종이다. 바닷물의 무산소화와 기온 하락으로 지구 생물의 65%가 멸종된 것이다. 세 번째는 2억 4500만 년 전 페름기 대멸종으로 가장 큰 대멸종이었다. 해수면 강화와 산소농도 저하로 해양생물 95%, 육상동물 70%가 멸종했다. 네 번째는 2억 1500만 년 전 중생대에 토라이아스기의 대멸종이다. 기후변화와 기온 상승 이산화탄소 분압으로 지구 생물의 절반 이상이 사라졌다. 다섯 번째는 6500만 년 전 화산 폭발과 소행성 충돌로 당시 지구

1) 에드워드 윌슨(2017). 이한음 옮김, 『지구의 절반』, 사이언스북스.

생물의 70%가 멸종되었다. 공룡시대가 사라진 것이다. 우리가 우려하고 있는 여섯 번째는 인류에 의한 자연 파괴로 지구온난화 속도가 빨라지면서 대멸종이 임박했다는 경고이다.

지구가 점점 더워지기 시작한 것은 산업혁명 이후 화석연료 사용량이 급증했던 19세기부터이다. 미국항공우주국(NASA)은 19세기 후반 이래 지구의 온도는 이미 1.1도 올랐다는 분석을 내놓은 바 있다. 온실가스로 인한 지구 기온상승은 남극과 북극의 빙하에 갇혀 있던 메탄과 이산화탄소가 배출되는 결과로 이어져 지구온난화가 더 심화하는 악순환을 야기한다. 유럽 지구과학 연합(European Geosciences Union) 기관지 '지구 시스템 역학(Earth System Dynamics)'은 2018년 발표한 연구결과를 통해 2035년까지 세계 여러 나라가 기후변화 대응에 단호하게 행동하지 않으면 2100년에 기온 상승 2°C 이하를 유지할 수 있는 한계점을 넘어서게 될 것이라고 경고했다.

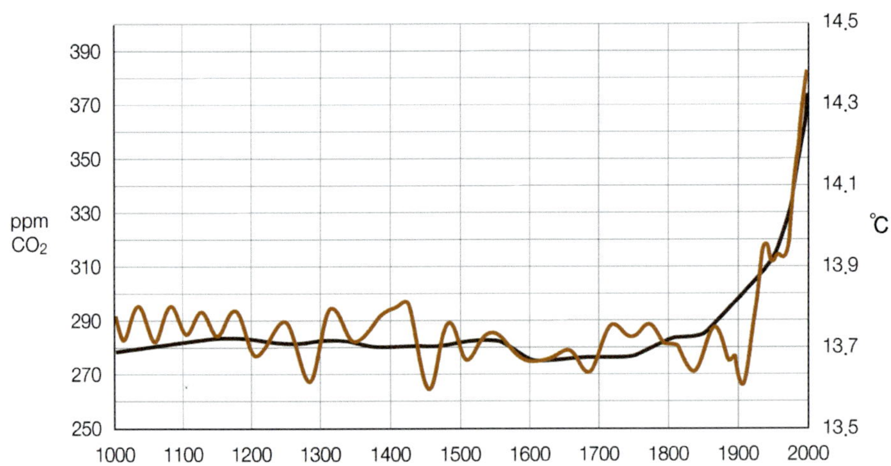

그림 6-1 이산화탄소 농도와 지구 평균기온의 변화

출처: UNEP CLIMATE CHANGE SCIENCE COMPENDIUM(2009).

2) 기후변화 위기의 징후

지구촌이 지구온난화로 대변되는 기후 위기로 몸살을 앓고 있다. 한국과 중국 남부지역은 집중호우로 수마가 할퀴고 있다. 미국 동북부는 허리케인이 강타하고, 프랑스 등 유럽은 폭염으로 사람과 식생이 고통을 받고 있다. 미세먼지를 내뿜는 산불도 갈수록 늘어 지구의 허파로 불리는 아마존과 아프리카에서 산불이 휩쓸고 있다. 호주는 기후변화로 건조화가 심해져 2019년에는 6개월간 산불이 지속되었다. 심지어 동토층이 많은 러시아 시베리아조차 이상기온으로 산불이 빈번하다.[2] 시베리아 영구동토층이 녹으면 온실가스인 메탄 · 이산화탄소 등이 새어 나오고 옛 세균도 부활한다.

유럽우주국(ESA)의 인공위성은 2018년 야말반도에서 영구동토층이 녹아 생긴 넓은 호수를 관측했다. 2016년에는 야말반도에서 탄저균으로 2,300여 마리의 순록이 떼죽음을 당하기도 했다. 북극 바다의 얼음덩어리(해빙)도 빠른 속도로 녹고 있다. 미국항공우주국(NASA)에 따르면 북극 해빙은 겨울에는 늘고 여름에는 줄어들지만 역대 북극 얼음이 가장 많이 녹았던 2012년 7월보다도 더 많이 감소했다. 기후변화로 오는 2050년 이전에 북극에서 여름 해빙이 완전히 사라질 수 있다는 연구결과도 나온 바 있다.

우리나라에서 아열대성 기후의 특징인 국지 집중호우와 긴 장마가 나타나는 것도 기후변화로 인한 현상이다. 북극의 이상고온 현상으로 현지에 갇혀 있어야 할 찬 공기가 내려와 한반도 장마전선의 북상을 막기 때문이다. 최근 정부는 '한국 기후변화 평가보고서'를 통해 지구 평균 지표온도가 1880~2012년 132년 사이에 0.85도 상승한 데 비해, 우리나라는 1912~2017년 105년 사이에 약 1.8도나 급등했다고 밝혔다.[3] 현재의 추세대로 온실가스를 배출한다면 우리나라 연평균 기온은 21세기 말 최악의 경우 4.7도나 폭등할 수 있다는 전망도 내놓

2) 서울경제 "지역의 여섯 번째 눈문, 대멸종 또 오나", 2020. 8.13일자.
3) 환경부 · 기상청(2020).『한국 기후변화 평가보고서 2020』.

았다. 지금과 같은 속도라면 2080년대에 벼 생산성은 25% 이상, 소나무숲은 15%가량 각각 감소하고, 폭염과 각종 감염병이 급증할 것으로 전망했다.

미국 경제학자 제러미 리프킨(Jeremy Rifkin)은 코로나19의 근본 원인도 기후변화와 산림파괴에 있다고 강조하고, 제2, 제3의 코로나 사태가 이어질 것이라고 경고하고 있다.[4] 또 앞서 나타난 사스, 메르스, 에볼라, 지카바이러스의 출현도 생태계 교란과 관련이 깊다는 것이다. 정부 간 기후변화협의체(IPCC)는 2018년 10월 '지구온난화 1.5℃'라는 보고서에서 지금처럼 온실가스를 배출하면 2040년에 1.5도, 2060년에 가서는 2도를 넘을 것이라고 우려했다.[5] 지구 평균기온이 1.5℃ 상승할 경우 초고온, 집중호우, 극심한 가뭄 등의 발생이 증가하고, 온난화 속도와 규모에 따라 심화될 것이라고 분석했다. IPCC는 2050년까지 이산화탄소 배출량과 흡수량을 같게 만들어야 2100년까지 지구 온도 상승을 1.5도로 제한할 수 있다고 설명했다.

3) 기후변화의 원인, 온실가스

기후변화의 원인, 즉 지구의 평균 기온을 변화시키는 원인에는 자연적 원인과 인위적 원인이 있다. 자연적 원인에는 화산 폭발, 대기 조성의 변화, 태양 활동, 지구와 태양 사이의 거리 변화, 지구 자전축 기울기의 변화 등이 있고, 인위적 원인에는 강화된 온실 효과, 에어로졸의 증가, 토지 피복의 변화, 삼림 파괴 등이 있다.

4) 제레미 리프킨 지음(2020). 안희경 옮김. 『오늘부터의 세계』, 메디치미디어.
5) IPCC(2018.10), 『Global Warming of 1.5℃』.

표 6-1 기후위기 현황과 전망

현황	• 폭우, 폭염, 산불, 북극 해빙 등 기상이변 • 생태계 파괴로 바이러스 등 감염병 증가
전망	• 우리나라 2000년대 말까지 기온 4.7도 상승 • 기상급변, 물과 식량 부족, 해수면 상승

특히 온실 효과는 기후 변화의 원인 중 가장 큰 영향을 미치고 있다. 태양에서 방출된 에너지는 지구의 대기층을 통과하면서 일부가 대기에 흡수되거나 지구 밖으로 반사된다. 나머지 에너지는 지표에 도달하여 흡수된 후 열에너지나 파장이 긴 적외선으로 바뀌어 지구 밖으로 다시 방출되는데, 이때 이산화탄소와 같은 온실 가스는 지구에서 방출되는 파장이 긴 지구 복사 에너지를 흡수한 뒤 재방출한다. 이와 같은 작용이 반복되면서 지구는 대기가 없을 때보다 높은 온도를 유지하게 되는데, 이를 온실 효과라고 한다. 온실 효과는 그 자체로 문제가 있는 것이 아니라, 온실 효과를 일으키는 기체들이 과다하게 대기 중으로 유입되면서 급격한 지구 온난화가 발생하는 것이 문제이다.

이 같은 온실 효과를 일으키는 물질이 온실 가스이고, 이것은 대기 중에 존재하면서 지구 복사 에너지를 흡수하여 온실 효과를 일으키는 물질이다. 온실 가스에는 이산화탄소(CO_2), 메탄(CH_4), 이산화질소(N_2O), 수소불화탄소(HFCs), 과불화탄소(PFCs), 육불화황(SF_6) 등이 있다. 최근의 온실 가스 배출량은 전 세계적으로 계속 증가하고 있다. 배출 부문별로는 에너지 공급 부문에서 가장 크고, 산업, 수송, 가정 및 상업 순으로 배출량이 크다. 이러한 온실 가스 배출량 증가는 결국 강화된 온실 효과로 작용하여 기후변화의 중요한 원인이 되고 있다. 온실 가스 중 인간 활동에 의해 가장 많이 배출되는 물질은 바로 이산화탄소이다. 이산화탄소는 에너지 사용을 비롯해 석탄, 석유 같은 화석연료를 연소하는 과정 등을 통해 발생한다. 세계 이산화탄소 배출량의 46%는 석탄, 34%는 석유, 19%는 가스 사용에 의한 것이다. 석유와 석탄의 비중이 높아진 것은 그리 오래된 일이 아니다. 2000년대 초반까지만 해도 세계 이산화탄소 배출량

의 석유, 석탄 비중은 40%가량이었다.6)

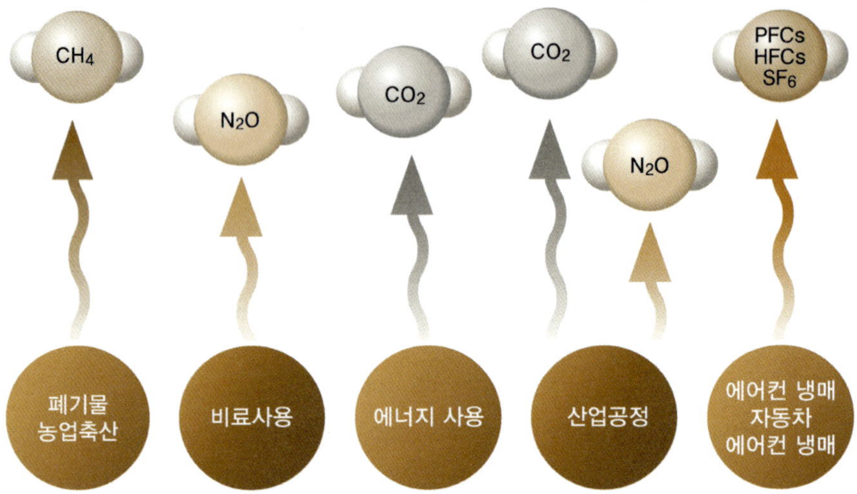

그림 6-2 6대 온실가스

출처: 환경부(2020)

4) 온실 가스 감축 방안

온실가스 배출을 줄이려는 전 세계적인 노력에도 불구하고 2018년 지구 기온이 1800년대 이래 4번째로 높았으며, 온실가스 배출이 최대를 기록했다고 미국 기상학회가 최근 발표했다. 기상학회에 따르면 이산화탄소와 메탄, 이산화질소 등 온실가스 배출량이 가장 높은 수준이었으며 해수면 높이 역시 사상 최대치를 기록했다. 미국 기상학회가 60개국 470여 명의 과학자들로부터 수집한 기상 데이터를 보면 이산화탄소 배출량은 407.4PPM으로 2017년보다 2.4PPM 높은 것으로 집계됐으며, 지구촌 평균 해수면은 인류가 기록을 시작한 이래 최고치를 보여 1993년 평균치보다 3.2인치 높았다. 이는 7년 연속 상승한

6) 기후변화연구실(2017). 『2014년 세계 이산화탄소(CO2)배출 현황과 구조변화 분석』.

것이라고 기상학회는 밝혔다.

이에 유럽연합이 가장 먼저 나서서 '2050 탄소중립'을 선언하고 에너지 공급의 탈탄소화, 완전한 순환경제를 통한 산업 근대화, 바이오경제 강화와 흡수원 확보, 스마트 네트워크 인프라 확충 등을 내용으로 하는 그린뉴딜 정책을 발표하였다. 영국은 온실가스 순제로 배출을 실현할 뿐만 아니라 관련 기술 혁신, 신산업 창출로 '청정성장'이라는 경제적 성과도 아울러 달성시키겠다고 탄소제로와 경제성장을 내용으로 하는 그린뉴딜 계획을 발표하였다. 또한 순제로 배출 달성을 위해 2017년 마련한 '청정성장전략'을 수정하였다. 구체적으로는 석탄화력 발전소 감축, 기존 화력 발전소를 바이오매스 활용 발전소로 전환하겠다는 계획을 발표하였다.[7)]

그리고 2025년 10월 1일부터 탄소포집저장기술을 미적용한 발전소를 전면 폐쇄하고, 2035년 휘발유와 디젤차 판매를 금지하기로 하였다. 또한 2020년까지 가정 내 화석연료 난방 설치를 단계적으로 중단하고, 열펌프 또는 전기 활용 난방 확대 정책을 수립하고 있다. 아울러 저탄소 농법 및 개량을 통한 농지 이용 개선, 재활용률 증가 및 탄소 포집기술개발 투자를 확대하는 등 전방위적인 탄소제로 정책을 펼쳐 나가고 있다.

2019년 말, 온실가스 순제로 배출을 선언한 국가는 16개국에 이르고 있고, 이를 준비하고 있는 국가도 4개국이나 된다. 즉, 영국, 노르웨이, 스웨덴, 프랑스가 '넷 제로(Net zero)법'을 제정하였고, 칠레와 뉴질랜드는 관련법을 준비하고 있다. 또한 핀란드, 덴마크, 포르투갈과 코스타리카와 아이슬란드 등에서는 법을 갖추지는 못했으나 '2050 탄소제로' 정책을 발표하였다. 그리고 독일, 스페인, 네덜란드와 아일랜드도 '넷 제로' 목표를 공식화하는 준비를 하고 있다.

한편 유엔에서는 다양한 분야의 과학자들이 모여 각국의 파리 기후변화협약 이행이 잘 되고 있는지 평가하는 중간점검 성격의 '탄소 배출량 격차 보고서'를 매년 발표하고 있다. 이 보고서에서 우리나라는 세계에서 두 번째로 탄소

7) 브릿지경제. "세계적인 공감을 얻고 있는 '2050 탄소제로' 방안". 2020.10.22.일자.

배출량이 많은 미국과 함께 '노력 부족국'에 포함되었다. 그리고 유럽과 아르헨티나, 호주, 캐나다, 사우디아라비아, 남아프리카공화국 등도 현재보다 더 큰 노력이 필요하다는 평가를 받고 있다. 그러나 세계 탄소 배출량에서 가장 큰 비중(27%)을 차지하는 중국은 일본, 브라질과 함께 파리협약 감축 목표 달성에 높은 평가를 받고 있다.

우리나라에서도 시민단체들이 모여 '기후위기 행동' 선언을 발표하면서 '2050 탄소제로'를 뒷받침할 수 있는 법과 제도를 마련해 나갈 것을 촉구한 바 있다. 그렇지만 기존 산업체와 정치권에서는 이에 미온적으로 대응하고 있어 갈 길이 멀다는 지적을 받고 있다. 전 세계적으로 '2050 탄소제로'는 공감을 얻고 있는데 우리나라는 이에 크게 미흡한 수준이기 때문에 기후위기에 대한 비상대책을 마련하자는 국민적 공감대를 형성시켜 나가야 할 것이다.

워크시트

1. 다음 물음에 답하세요.

■ 온실가스 배출을 억제하기 위해 내가 일상에서 할 수 있는 일은 무엇인가? 모두 나열해 보고 실천해 보세요.
■ 〈2067〉은 산소가 부족해서 지구가 멸망하는 내용을 다룬 SF영화이다. 친구와 함께 〈2067〉을 보고 토론해 보세요.
■ 인간이 육류소비를 줄이면 온실가스 배출량을 줄일 수 있다고 한다. 인과관계를 설명해 보세요.
■ 스페이스X 창업자 일론 머스크는 인류를 화성으로 이주시킨다는 꿈을 말한 적이 있다. 그것이 실현된다면, 지구의 환경은 나아질까요? 더 나빠질까요?

2. 바이러스 팬데믹 대응

1) 전대미문의 '코로나바이러스'

중국 우한에서 발생한 신종 코로나바이러스는 상상을 초월하는 속도로 전 세계에 번져나갔다. 급기야 세계보건기구(WHO)는 1968년 홍콩 독감과 2009년 신종 인플루엔자에 이어 세계적으로 감염병이 대유행하는 상태, 감염병 최고 경고 등급인 팬데믹(pandemic)을 선언하기에 이르렀다. 이에 따라 각국은 감염 확산을 막기 위해 외국인의 입국을 제한하거나 공장 가동을 중단시키는 등의 조치를 취하고 있다. 코로나바이러스 확산으로 국제적인 인적 교류와 서플라이 체인(supply chain)이 끊어지면서 세계의 정치 · 경제는 막대한 타격을 입고 있다. 코로나바이러스의 등장과 전 지구적인 확산은 변덕(Volatility), 불확실성(Uncertainty), 복잡함(Complexity), 애매함(Ambiguity)으로 특징되는 VUCA 시대[8]의 도래를 상징하는 사건이다.

코로나19 사태의 파급력이 개별 국가의 위기를 넘어 기존의 국제관계와 글로벌 거버넌스의 지각변동을 일으키고 있다. 세계 각국이 국경을 봉쇄하고 사회적 · 물리적 거리두기를 강제하고 있지만, 바이러스는 국경을 넘어 세계 곳곳에 침투하고 있다. 전 세계가 총성 없는 전쟁으로 재난 현장이 된 지금, 한 번도 경험해보지 못한 초국경 위기에 맞서 싸우기 위해서는 그 어느 때보다 강력한 글로벌 연대와 협력이 필요하다. 또 당장의 긴급재난대응 이상의 보다 장기적이고 총체적 관점에서 코로나 이후의 '새로운 세계'를 준비해야 한다.

8) 오오마에 겐이치, 노규성 지음(2020). 박세정 옮김. 『2020-2022 코로나 쇼크 이후 세계의 변화』, 북스타.

출처: 질병관리본부(2020)

2) 코로나19 확산과 충격

지구촌 곳곳에 무섭게 스며드는 집단감염의 공포로 전 세계가 빗장을 내걸었다. 코로나19는 그동안 국제사회가 전 지구적 과제 해결을 위해 함께 만들어온 공동의 노력들을 허물고 개별 국가들의 치열한 각자도생의 민낯을 드러냈다. 특정 인종과 지역에 대한 적대와 혐오현상이 나타나, 하나의 지구촌으로 상징되는 세계화(globalization)와 국경 없는 세계는 초국적 공중보건 위기 앞에서 힘을 잃고 국가 간 장벽은 되살아났다.

세계화의 선두주자였던 미국이 자국보호주의로 돌아서고 유럽 대륙의 연대는 벼랑에 내몰렸다. 팬데믹은 더 많은 봉쇄정책과 강력한 국경 통제에 대한 요구를 강화했다. 인류는 유례없는 건강의 위협뿐만 아니라 지구적 금융위기와 경제 불황에 대한 불안에 직면해 있다. 이대로라면 일정 시기가 지나 코로나19의 확산이 느려지고 대유행이 지나가더라도 코로나19 이전의 세계로 완전히 복원되기는 어려울 것이라는 전망이다.

코로나19가 쌓아올린 국가 간 장벽으로 인해 지난 70년간 구축해 온 국제협력의 질서가 새롭게 쓰여질 것이라는 추측도 충분히 예상된다. 자국민을 위한 방역 물품과 필수 의약품 · 생필품도 제대로 공급하지 못해 전쟁터를 방불케 하는 의료 현장과 텅 빈 마트 진열대 앞에서, 개발도상국 및 난민과 이민자 등 어려움에 처한 이방인에 대한 지원을 지속해야 한다는 주장은 위축될 수밖에 없다.

코로나19는 그동안 세계열강의 패권유지 싸움으로 우선순위에서 밀려났던 보건, 교육, 사회보장 등 국민복지를 위한 공공서비스와 인프라에 대한 더 많은 관심과 투자의 필요성을 대대적으로 환기시켰다. 초기 대응에 늑장 부리다가 코로나19의 최대 피해국이 되어버린 미국 사례는 안보라는 이름으로 막대한 군사비를 쏟아 붓느라 건강보험과 같은 보편적 의료 시스템은 보호하지 못한 거대 자본국가의 모순을 여실히 드러냈다. 엄청난 희생자 수를 기록하며, 첨단 무기와 전쟁으로는 돌연변이 바이러스를 퇴치할 수 없다는 교훈을 전 세계에 널리 알리기도 했다.

3) 국제공조 필요성과 인식

많은 나라들의 강한 봉쇄조치와 사회적 · 물리적 거리두기에도 불구하고 바이러스는 국경을 뛰어넘어 세계 곳곳으로 침투하였다. 어떤 대륙과 지역에 국한된 것이 아니라 지구상 모든 국가가 현재진행형 재난 현장이 된 것이다. 따라서 국가주의적 대처만으로는 바이러스를 막을 수 없다는 사실을 확인시켜 주었다. 궁극적으로는 그 어느 때보다 강력한 국제적 협력과 연대를 통한 공동의 처방이 필요하다. 국제사회는 국제기구를 중심으로 견제와 대립으로 대응해 온 국가주의의 한계를 돌아보고, 코로나19 위기를 극복하기 위한 국제공조의 중요성을 호소했다.

급기야 각국 정상들은 사상 처음으로 화상회의를 통해 코로나19에 대한 국제적 대응방안을 논의하고 공동성명서를 발표했다. 코로나19에 대응하기 위해 재정정책과 경제조치 등을 통해 5조 달러 이상을 세계 경제에 투입할 것을 결의하며, 생명보호, 일자리와 소득 지키기, 금융 안정성 보존 및 성장세 회복, 무역 및 글로벌 공급체인 붕괴 최소화 등을 공동 대응과제로 제시했다.[9] 세계은행 역시 코로나19에 위협받는 개발도상국과 빈곤층 및 취약계층 보호와 경제회복을 위해 15개월에 걸쳐 최대 1,600억 달러를 투입할 계획을 세우고 우선적으로 140억 달러 규모의 패스트트랙 패키지를 출시하여 즉각적인 대응에 나섰다.[10]

유엔은 코로나19에 대한 글로벌 인도주의적 대응 계획을 수립해 국제사회가 공통적으로 직면해 있는 위기에 맞서 전 세계가 온 힘을 다해 강력하게 대응할 것을 촉구했다.[11] 최빈국과 여성, 어린이, 노인, 장애인 등 취약계층에 대한 지원을 위한 20억 달러 규모의 긴급 자금조성 계획을 밝히고 회원국의 참여를 요청했다. 특히 유엔은 인권최고대표와 사무총장의 발언을 통해 북한, 이란 등 제재를 받는 나라들이 의료보건 용품과 식량에 접근할 수 있도록 제재를 완화하거나 중단해야 한다고 촉구하기도 했다.

4) 인류를 위협하는 감염병

인류를 위협했던 감염병의 역사는 크게 세균의 시대와 바이러스의 시대로 나눌 수 있다. 세균 시대의 감염병은 흑사병(페스트)을 비롯하여 나병, 결핵, 발진티푸스, 매독, 콜레라, 장티푸스, 천연두 등으로 대표되고 있다.[12] 페스트

---

9) 연합뉴스, "코로나19 비상사태서 뭉친 G20; 세계경제에 5조달러 투입중", 2020.3.27일자.

10) World Bank, *East Asia and Pacific: Countries Must Act Now to Mitigate Economic Shock of COVID-19*, 2020.3.

11) UNCHA(2020.3). *Global Humanitarian Response Plan COVID-19*.

12) 건강보험심사평가원(2020.4). 『HIRA이슈; 인류와 함께 공존해 온 김염병』.

는 6세기 중엽 로마제국을 강타해서 도시 인구의 40%를 죽음으로 몰고 갔으며, 1300년대 중엽 유럽을 강타하여 불과 4~5년 만에 유럽 인구의 최소 3분의 1 이상의 목숨을 빼앗아 갔다. 소위 '은둔자의 병'으로 불리던 매독은 페니실린이 개발되기 전까지 과거 유럽 인구의 15% 정도의 목숨을 잃게 했다.

중요한 사실은 2,000만 명의 사망자를 발생시킨 1918년 '스페인 독감' 이후 최근 100년 동안 인플루엔자(독감) 바이러스에 의한 감염병은 수많은 변종을 만들어 내며 인류를 괴롭히고 있다는 점이다. 특히 2002년 12월 처음 등장했던 사스(중증급성호흡기증후군, SARS)는 불과 며칠 안에 전 세계 30여개 국으로 퍼져갔으며, 2003년 7월에 종식되었다. 2012년 중동에서 시작되어 전 세계적으로 유행하던 메르스(중동호흡기증후군, MERS)는 2015년 5월 우리나라에 전파되었고, 그해 12월에 종식되었다. 이와 같이 바이러스는 인류의 역사상 어떤 질병이나 전쟁보다도 많은 사람들을 죽음으로 몰아넣고 있다.

2002년 중국 광둥성에서 발생한 호흡기 질환인 사스는 6개월만에 5,000명이 감염되었으며, 30개국에서 8,000명 이상이 감염돼 774명이 사망했다. 국내에서는 3건의 추정환자와 17건의 의심환자가 발생했는데, 갑작스러운 발열, 기침, 호흡곤란 증상이 나타나며, 폐렴으로 진행돼 사망하기도 한다. 박쥐와 사향고양이로부터 퍼지기 시작한 사스는 약 10% 정도의 치사율을 보였다. 2012년 사우디아라비아에서 처음 발견된 메르스는 2015년 6월까지 23개 국가에서 1,142명의 환자가 발생했다. 이 중 465명이 사망해 치사율이 40%에 이를 만큼 높았지만, 치사율에 반해 전염성은 낮았는데, 급속도로 전파됐던 사스와 달리 호흡기가 아니라 침방울과 같은 접촉을 통해 전파되기 때문이라고 한다.

코로나바이러스는 사람 간 전염 형태를 띠고 있어 확산 속도가 매우 빠른 편이다. 2020년 10월 기준, 200여 국에서 감염 사례가 보고되고 있으며, 대부분 지역사회 감염 형태를 띠고 있다. 지역사회 감염이란 특정 지역 내에 있는 사람들이 어떻게 어디에서 감염되었는지 모르는 상태에서 감염되는 경우를 의미한다. 특히 이 바이러스는 자각증상이 나타나지 않을수도 있기 때문에 주요 감염 경로를 찾기가 쉽지 않다는 특징이 있다.

표 6-2 세계 감염병 발생 100년

발생시기	감염병	사망자수 및 치사율(추정)
1918년	스페인독감	치사율 약 2%
1957년	아시아독감	약 100만 명 사망
1968년	홍콩독감(팬데믹 선언)	치사율 약 1%
1976년	에볼라 바이러스	치사율 약 90%
1977년	소련독감	약 100만 명 사망
1997년	홍콩 조류독감	치사율 약 30%
2003년	사스 바이러스	치사율 약 10%
2004년	조류독감	치사율 약 60%
2009년	신종플루(팬데믹 선언)	치사율 약 1%
2013년	조류독감	치사율 약 30%
2015년	메르스 바이러스	치사율 약 30%
2019년	코로나19(팬데믹 선언)	치사율 약 2%

출처: 시사저널(2020.10.17).

5) 국제사회의 연대와 협력

세계보건기구(WHO)는 코로나19 사태에 직면하면서 '국제적 공중보건 비상사태(PHEIC)'를 선포하고, 국제적 위기 관리에 돌입하였다. WHO의 위기선언 조건은 ① 공중보건에 미치는 영향이 심각한 경우, ② 사건이 이례적이거나 예상하지 못한 경우, ③ 국가 간 전파 위험이 큰 경우, ④ 국제 무역이나 교통을 제한할 위험이 큰 경우 등의 요건 중 2개 이상 해당될 때이다. 다만 1개의 상황만 해당하더라도 긴급위원회 논의 결과 필요하다면 위기 상황 선포를 권고할 수 있다. 지금까지 중국과 홍콩 등 아시아를 강타한 신종플루와 조류독감

(H5N1), 에볼라 등 5차례 국제 비상사태가 선포된 바 있다. 국제 비상사태는 감염병 대응 6단계 중 4단계 정도에 해당되며, 코로나19는 6번째에 해당된다.

국제공조 노력이 개별 국가들의 조치와 함께 코로나19 위기 극복을 위한 실질적인 처방이 되기 위해서는, 세계 각국이 단지 바이러스 집단감염의 위협으로 부터 벗어나기 위한 것이 아닌, 앞으로 새롭게 재편될 국제질서를 고려한 총체적 대응방안을 마련해야 한다. 빈곤과 불평등, 기후위기, 에너지 자원을 둘러싼 무력분쟁 등 코로나19 이전에 오랫동안 당면해온 전통적 과제 해결뿐만 아니라 코로나19가 촉발한 새로운 위기에 대한 장기적인 대응역량과 회복력 구축 방안을 모색하는 것이 필요하다.

바이러스 팬데믹에 대처함에 있어서는 국가를 넘어 국제사회의 혁신적인 파트너십으로 대처하는 것이 무엇보다 중요하다. 누구도 소외되지 않는 포용적 지구 공동체를 실현해야 한다. 코로나19 확산은 인류에게 절체절명의 위기가 아닐 수 없다. 따라서 인도주의라는 '인류 보편의 가치'를 위기 앞에서 어떻게 실천하느냐가 중요하다. 국제사회의 연대와 협력은 바이러스가 갖지 못한 인류만의 힘이다. 코로나와 같은 바이러스 팬더믹에 승리할 수 있는 가장 강력한 무기이기도 하다.

분명한 것은 포스트코로나 세계는 현재 눈앞에 놓인 수준보다 훨씬 다변화할 복합적 위기에 공동으로 대응할 수 있는 힘을 구축하지 않고서는 다함께 생존하기 어렵다는 것이다. 그 힘은 국가 간 협력뿐만 아니라 국경을 뛰어넘는 시민들의 사회적 연대가 수반되었을 때 더욱 강력해질 수 있다. '사피엔스'의 저자 유발 하라리의 말처럼 이 순간에도 코로나19 바이러스가 전 세계 어딘가에서 돌연변이를 일으켜 더 치명적인 바이러스로 변하고 있을지도 모른다. 그러므로 인류는 서로 분열하는 것이 아니라 연대와 협력의 틀을 공공히 해야 한다.[13)]

13) 윤지영(2020). "글로벌 연대와 협력을 향해: 코로나19 사태를 맞이하며." 『VOICE』 2020/04-1, TEPI.

국제적 연대와 협력은 중요한 가치이다. 일시적으로 또한 일부 국가들에 의해 그 가치가 부분적으로 부인되고 훼손될 수 있어도, 그것이 보편적이고 장기적인 추세가 되기는 어렵고 그렇게 되어도 안 된다. 코로나19는 이미 우리에게 국가 간 협력과 공조가 얼마나 중요한지 여실히 보여주고 있다. 진정한 국제적 연대와 협력 혹은 세계정부의 출현은 인류에게 적대적이고 가공할 위협이 되는 외계생명체가 등장해야 가능하다는 비관론이 있지만, 인류 스스로 가능할 수 있도록 노력해야 한다. 바이러스뿐만 아니라 기후변화, 식량, 각종 질병 등의 문제는 국제사회의 협력 없이는 해결할 수 없다. 그 실천을 위해서는 다자주의 국제질서를 회복하는 것이 급선무이다. 바이러스는 인류 공동의 적이며 각 국가에서 투명성과 연대의 정신을 기반으로 국경을 넘나드는 전 지구적 협력을 통해 방역과 예방에 노력해야 한다.

워크시트

2. 다음 물음에 답하세요.

■ 나는 코로나가 바꾼 세상 2020년을 어떻게 살았는가? 과거와 무엇이 달랐는가? 생각해 보세요.
■ 바이러스가 창궐하는 원인을 추적해 봅시다. 원인 제공자는 누구인가?
■ 코로나19와 같은 바이러스가 계속 발생한다면, 세계 각 나라들은 어떻게 대처해야 할까? 국경을 폐쇄하는 것이 바람직한가?
■ 우리나라는 국제사회로부터 방역 모범국가로 평가받았다. 그 원동력은 어디에 있다고 보는가?

3. 기아와 빈곤문제 해소

1) 경제적, 구조적 기아

국제사회에 있어서 기아와 빈곤문제는 2000~2015년까지 진행된 UN 새천년 개발목표(MDGs)를 통해서 많이 감소했지만 목표를 달성하기에는 아직 부족하다. 가난한 개발도상국가들은 식량에 대한 결핍으로 많은 고통을 겪고 있다. 빈곤과 분쟁으로 인해 기아가 지속되고 있으며, 많은 여성들과 아이들이 굶주리고 있다. 굶주림은 식량에 대한 갈망에서 나오는 고통이다. 식량을 원하면서 나타나는 지친 상태이며, 식량에 대한 결핍을 의미한다. 이는 영양실조나 영양결핍으로 나타나는데, 칼로리와 단백질이 부족한 상태이다. 인간이 식량을 섭취하면 에너지로 바뀌고, 식량이 함유한 에너지는 칼로리로 측정된다. 여기서 단백질은 아미노산 제공, 근육 유지, 성장 등 신체의 핵심 기능을 유지하는데, 필수적 요소이기 때문에 적정량을 섭취해야만 한다.

기아는 흔히 경제적 기아와 구조적 기아로 설명하고 있다. 경제적 기아는 돌발적이고 급격한 일과성의 경제적 위기로 발생하는 기아로서 가뭄이나 태풍이 덮쳐 마을과 경작지, 도로, 수원지가 파괴되거나, 전쟁으로 집들이 불타고 사람들이 거리로 내몰리고 상점들이 파괴되는 등의 상황에서, 갑작스럽게 식량이 바닥나고 수백만의 인구가 아사에 처한 상태이다. 반면, 구조적 기아는 장기간에 걸쳐 식량공급이 지체되는 경우이다. 그 나라의 경제발전이 더딘데 따른 생산력 저조, 급수설비나 도로 같은 인프라의 미비 혹은 주민 다수의 빈곤 등이 원인이 되어 발생한다. 이런 경우 사람들은 비타민 결핍이나 단백질 부족에 따른 소아 영양실조 등 여러 가지 질병에 시달리며 목숨을 잃어간다. 즉, 구조적 기아의 경우는 외부적 재해로 발생하는 것이 아니라 그 나라를 지배하고 있는 경제사회문제로 인해 빚어지는 필연적 결과라 할 수 있다.

2) 세계 기아지수

국제인도주의단체 컨선월드와이드(Concern Worldwide) 등이 발표한 '세계 기아지수' 보고서에 따르면.[14] 2019년 전 세계 기아 수준은 20.0점으로 2018년(20.9점)에 비해 개선되었지만 여전히 '심각' 단계에 머물러 있는 것으로 나타났다. 저개발국과 개발도상국 등 조사대상 117개 국가 중 기아 수준이 가장 심각한 국가는 중앙아프리카공화국으로 '극히 위험' 단계인 53.6점으로 평가되었다. 예멘(45.9점), 차드(44.2점), 마다가스카르(41.5점), 잠비아(38.1점) 등 4개 국가는 '위험'으로 분류되었다. 2018년 34점으로 전 세계에서 11번째로 기아 수준이 나쁜 것으로 평가됐던 북한은 27.7점(심각)으로 점수가 내려가면서 순위도 26위로 하락했다. 다만 개별 지표로 분석하면 영양결핍 인구 비율은 47.8%로 중앙아프리카공화국(59.6%), 짐바브웨(51.3%), 아이티(49.3%)에 이어 세계에서 4번째로 높았다.

14) 아일랜드 컨선월드와이드(Concern Worldwide)와 독일 세계기아원조(Welthungerhilef), 미국 국제식량정책연구소(IFPRI) 등은 지난 2006년부터 매년 10월 전체 인구 중 영양부족 비율, 5세 미만 아동의 영양상태 및 사망률 등을 종합해 기아지수를 산출하고 있다. 최악의 기아 수준을 100점으로 가정했을 때 50점 이상을 '극히 위험'으로 분류하고 있다. 35~49.9점은 위험, 20~34.9점은 심각, 10~19.9점은 보통, 10점 미만은 낮음 등으로 나타낸다. 컨선월드와이드는 전 세계 극빈층 빈곤과 기아 문제를 해결하기 위해 1968년 아일랜드에 설립된 단체다. 2018년 말 기준 북한과 중앙아프리카공화국, 남수단, 시리아 등 25개 극빈지역에서 활동하고 있다. Concern Worldwide · Welthungerhilef · IFPRI, 『2019년 세계기아지수』, 2019.10.

그림 6-3 세계 기아지수 구성요소

출처: 2019 세계기아지수(2019)

세계기아지수는 아동의 기아 상태뿐만 아니라 전체 인구의 기아 상태를 측정하고 있다. 이를 통해 국가별로 기아 상황을 종합적으로 측정할 수 있다. 세계기아지수를 구성하는 세 가지 지표는 아동의 영양부족상태(발육부진, 저체중 아동의 비율), 영유아 사망률과 영양결핍 인구의 비율이다. 5세 미만 아동 중 저체중 아동비율은 2018년 8.1%에서 2.5%로, 발육부진은 39.8%에서 19.1%로 개선된 것으로 나타났다. 한편, 전 세계 기아 위험도 자체는 감소세를 보이고 있지만, 기아 인구는 2015년부터 다시 늘어나고 있으며, 기후변화를 주요 요인 중 하나로 지목했다. 따라서 기아의 주요 원인이 되고 있는 무력분쟁과 불평등, 기후변화에 적극적으로 대응해야 한다. 자세히 들여다보면, 기아인구들 대부분은 기후변화에 책임이 없는 사람들임에도 불구하고, 가장 큰 고통을 겪는다는 사실을 분명하게 인식할 필요가 있다.

표 6-3 '2019 세계기아지수' 심각한 30개 국가

순위	국가	세계기아지수 (0~100)	세부 구성지표 (%)			
			영양결핍 인구비율	저체중 아동비율	발육부진 아동비율	영유아 사망률
1	중앙아프리카공화국	53.6 (극히 위험)	59.6	10.6	41.4	12.2
2	예멘	45.9 (위험)	38.9	17.9	61.1	5.5
3	차드	44.2 (위험)	37.5	13.3	39.8	12.3
4	마다가스카르	41.5 (위험)	44.4	10.3	54.8	4.4
5	잠비아	38.1 (위험)	46.7	6.2	40.0	6.0
6	라이베리아	34.9 (심각)	37.2	5.4	39.0	7.5
7	아이티	34.7 (심각)	49.3	3.7	21.9	7.2
8	동티모르	34.5 (심각)	24.9	14.4	48.6	4.8
9	짐바브웨	34.4 (심각)	51.3	3.3	27.1	5.0
10	아프가니스탄	33.8 (심각)	29.8	8.1	43.6	6.8
11	수단	32.8 (심각)	20.1	16.8	38.2	6.3
12	콩고공화국	31.0 (심각)	40.3	8.2	21.2	4.8
13	지부티	30.9 (심각)	18.9	18.4	28.9	6.2
14	우간다	30.6 (심각)	41.0	3.5	28.9	4.9
15	시에라리온	30.4 (심각)	25.6	5.1	26.4	11.1
16	인도	30.3 (심각)	14.5	20.8	37.9	3.9
17	니제르	30.2 (심각)	16.5	10.1	40.6	8.5
18	앙골라	29.8 (심각)	25.0	4.9	37.6	8.1
19	기니비사우	29.6 (심각)	28.0	6.0	27.6	8.4
20	르완다	29.1 (심각)	36.8	2.1	37.6	3.8
21	에티오피아	28.9 (심각)	20.6	10.0	38.4	5.9
22	모잠비크	28.8 (심각)	27.9	3.7	34.5	7.2
23	탄자니아	28.6 (심각)	30.7	4.5	34.5	5.4
24	파키스탄	28.5 (심각)	20.3	7.1	37.6	7.5

순위	국가	세계기아지수 (0~100)	세부 구성지표 (%)			
			영양결핍 인구비율	저체중 아동비율	발육부진 아동비율	영유아 사망률
25	나이지리아	27.9 (심각)	13.4	7.1	37.0	10.0
26	북한	27.7 (심각)	47.8	2.5	19.1	1.9
27	기니	27.4 (심각)	16.5	9.2	30.3	8.6
28	모리타니	26.7 (심각)	10.4	14.8	27.9	7.9
29	부르키나파소	25.8 (심각)	20.0	8.6	21.1	8.1
30	방글라데시	25.8 (심각)	14.7	14.4	36.2	3.2

출처: Concern Worldwide & Welthungerhilef(2019).

3) 절대적 빈곤과 상대적 빈곤

기아문제는 빈곤으로부터 시작된다. 빈곤은 절대적 빈곤과 상대적 빈곤으로 구분된다. 절대적 빈곤은 의식주 등의 생존을 위한 기본적인 욕구가 충족되지 못한 상태로서, 만성적인 영양부족, 발육부진 상태가 이어지며, 교육, 보건, 주거, 위생 등에 대한 투자가 이뤄지지 않은 상태이다. 국제사회 기준으로는 통상 1일 1.9달러 이하 소득으로 생활하는 사람을 절대 빈곤층이라 한다. 한편, 상대적 빈곤의 경우는 각자 주관적 판단에 의해 가난하다고 느끼는 것이다. 자신이 준거집단으로 삼는 특정 집단의 사람과 비교해 적게 가지고 있다고 느끼는 것으로 불평등의 관점이라고 볼 수 있다.

빈곤문제는 절대적 빈곤에서 상대적 빈곤(relative poverty)으로 그 지평을 넓혀가고 있다. 그렇다고 절대빈곤 또는 생존을 위협하는 수준의 결핍문제가 사라진 것은 아니다. 오늘날에도 여전히 많은 사람들이 생존에 필요한 식료품과 물 그리고 최소한의 의료 서비스를 걱정하고 있기 때문이다. 하지만 전 세계적으로 절대빈곤인구는 빠르게 감소해 왔으며, 빠르게 증가하는 불평등문제가 새로운 사회 갈등의 원인으로 자리 잡고 있다. 국제사회에서 말하는 빈곤은 절대적 빈곤을 말한다. 다시 말해서 육체적 활동에 필요한 최소한의 식료품도 소비하지 못하는 상태를 지칭하는 것이다.

빈곤의 원인으로는 가난한 사람들의 소득 재원 부족, 세계적으로 불평등한 소득 분배 그리고 몇몇 국가에서 일어나는 분쟁이나 기아 자체가 있다. 2018년 FAO는 전 세계 10억 2,000만 명의 사람들이 하루에 1.25달러나 그보다 적은 돈으로 생활하고 있다고 추산했다. 1981년 당시 화폐가치로 1달러로 하루를 살아갔던 사람들은 19억 명에서 큰 폭으로 감소했음에도 불구하고, 여전히 개발도상국의 많은 사람들이 극심한 빈곤에 시달리고 있다. 아시아에서는 빈곤퇴치 노력이 지속되고 있으며, 특히 동아시아 지역에서 중국의 상황이 상당히 개선되고 있다. 그러나 사하라사막 이남 아프리카에서는 극심한 빈곤에 처한 인구가 계속 증가하고 있다.

대부분의 빈곤국가들은 자연환경이 척박하고, 자원이 빈약하다. 이로 인하여 홍수나 가뭄과 같은 대규모 자연재해를 겪는다. 제프리 삭스(Jeffrey Sachs)는 그의 저서 '빈곤의 종말'에서 빈곤은 물리적 환경에 기인한다고 주장하고, 아프리카의 경우 말라리아와 같은 질병(disease), 농사를 망치는 가뭄(drought), 교통망이 열악한 거리(distance)로 인한 '환경적 3D' 때문이라고 지적했다.[15] 전쟁과 분쟁도 주요 원인 중에 하나이다. 아프리카 수단, 르완다, 중앙아프리카공화국, 에티오피아, 시에라리온, 앙골라 등에서 분쟁이 끊이지 않고 있다.

이에 더하여 권력자들의 부정부패도 극심하다. 독재, 파벌주의, 족벌정치, 엽관주의, 정경유착 등 온갖 비리가 만연해 있다. 그렇다 보니 기득권층 소수에게 부가 집중됨에 따라 극심한 빈부격차로 나타난다. 역사적으로 보면 대부분 식민지 지배를 받았던 나라들이다. 지배국가들로부터 값싼 노동력과 원료 공급을 강요당하면서 주변부 국가로 전락하고 말았다. 착취와 약탈과정에서 자발적 산업과 잠재력도 잃었다. 또한 1980년대부터 불어닥친 신자유주의는 개발도상국

15) 제프리 삭스 지음(2006). 김현구 번역. 『빈곤의 종말』. 21세기북스.

들에게 엄청난 시련을 요구했다. 강대국이 주도하는 무한경쟁의 국제경제 질서 하에서 빈곤국가, 기아인구로 고통을 받을 수밖에 없었다.

4) 기아와 빈곤문제 해소 노력

매년 10월 17일은 UN이 지정한 '세계 빈곤퇴치의 날'이다. 1987년 그 날, '인권과 자유의 광장'이라고 불리는 프랑스 파리의 트로카데로 광장에서 조셉 레신스키 신부의 주도 하에 10만 명의 군중이 모여 '절대빈곤 퇴치운동 기념비' 개막 행사가 열렸다. 이 비석에는 "가난이 있는 곳에 인권 침해가 있다. 인권을 보호하는 것은 우리의 의무"라는 글귀가 새겨졌고, 5년 후 1992년 UN에서는 빈곤과 폭력, 기아로 인한 희생자를 기리며 빈곤 탈출과 인권신장을 높이고자 '세계 빈곤퇴치의 날'로 정한 것이다.

출처: 지구촌빈곤퇴치시민네트워크 KOREA

2015년 UN 총회에서는 '지속가능개발목표(SDGs)' 설정에 합의해 2030년까지 경제, 사회, 환경적 가치가 균형 있는 발전을 이루기 위해 17개 목표, 169개의 세부목표를 전 세계가 함께 추진해 나가기로 했다. 그중 첫 번째 과제가 빈곤층 감소와 사회안전망 강화이다. 국제사회가 2030년을 향해서 나가야 할 비전은 모든 사람들에게 더 많은 기회를 주고 극심한 빈곤에서 자유로워지는 것이다. 모든 사람들은 더 나은 삶을 위한 기회를 가져야 함을 강조했다. 이에 따라 세계은행에서도 2030년까지 절대적 빈곤을 퇴치하고, 모든 나라의 절대적 빈곤층과 함께 번영을 촉진시키겠다는 목표를 분명하게 밝힌 바 있다.

코로나19는 전인류적 재난이 어떻게 불평등한 사회의 가장 약한 고리를 파고들어 취약성을 심화시키는지 보여주었다. 가난한 사람들, 가까스로 가난을 벗어났던 사람들 그리고 가난과는 관계없다고 생각했던 보통 사람들이 한순간에 나락으로 떨어질 수 있음을 경험했다. 최근 빌 게이츠(Bill Gates) 재단이 발표한 보고서에 따르면, 코로나19가 등장한지 25주 만에 세계는 25년 전으로 되돌아갔으며, 세계의 극빈층은 20년 연속 감소해 왔지만, 4,000만 명에 가까운 인구가 다시 극빈층으로 전락했다고 주장했다.

누구도 전 지구적인 재난과 질병의 영향으로부터 자유로울 수 없고, 누구도 그런 일이 닥치지 않으리라 확신할 수도 없다. 2020년은 오래도록 인류 역사에 기록될 것이다. 이 경험은 빈곤이나 전염병이 나와 관계없는 일이라는 생각에 균열을 냈다. 예상치 못한 어떤 일로 집을 잃고, 일자리를 잃고, 건강을 잃는다면 그리고 그 이후로도 계속해서 이러한 위기가 지속되고 새로운 기회가 주어지지 않는다면, 인류는 어떤 선택을 해야 할지 진지하게 생각해야 한다. 빈곤한 사람들을 나와 구분하고 분리하고 배제한다면 빈곤퇴치는 구호에 그칠 수밖에 없다. 빈곤이 인권의 문제이며, 이것은 인류 공동체 모두의 책임임을 인식할 필요가 있다.

워크시트

3. 다음 물음에 답하세요.

■ 국제구호단체 홈페이지를 찾아서 어떤 일을 하고 있는지 살펴봅시다. 후원자 또는 봉사자로 참여하는 방법은?
■ 아프리카 수단의 슈바이처로 불리는 고 이태석 신부의 삶을 다룬 영화 〈울지마 톤즈〉를 감상해 봅시다.
■ 장 지글러가 쓴 책 〈왜 세계의 절반은 굶주리는가?〉를 읽고 토론해 보세요.
■ '세계 빈곤퇴치의 날'에 어떤 프로그램이 진행되는지 살펴보고, 국제사회가 빈곤국가를 지원해야 하는 이유를 생각해 봅시다.

4. 탈세계화 현상과 전환

1) 포스트 코로나, 세계화 타격

코로나19 이후 가계, 기업, 정부 등 경제주체의 행태가 이전 모습으로 돌아가기 어려워졌다는 것이 전문가들의 진단이다. 불확실성에 대비하기 위해 가계는 위험회피 성향이 강화돼 저축을 늘리려고 할 것이고, 기업은 효율성 외에 복원력 · 유연성에도 무게가 실리고, 정부는 자국이익 우선과 사회안전망 강화를 추구할 전망이다. 특히 각국 정부는 디지털 · 저탄소 경제전환을 위한 투자 등으로 재정지출 증가세를 높은 수준으로 유지할 것이란 관측이다.[16] 특히 이번 위기로 인해 글로벌 공급망의 취약성이 부각됨에 따라 자국 우선주의 확대로 보호무역주의 강화 · 지역주의 확산 · 인적교류 약화 등 탈세계화 현상이 가속될 것으로 보인다.

세계화는 그동안 각 나라와 사람들에게 긍정적으로 변화시킨 측면도 있지만, 부정적 영향이 워낙 크기 때문에 많은 비판을 받아 왔다. 첫째, 자유무역의 확산과 함께 자본이동과 노동력 이동이 활발해졌는데, 자본이 노동력보다 훨씬 쉽게 이동할 수 있게 됨에 따라 노동자의 일자리가 불안정하게 되었고, 경쟁력이 약한 국가 혹은 산업의 존립 기반을 무너뜨려 국가 간 또는 국가 내 빈부격차를 확대하는 결과를 초래했다. 둘째, 전 지구적 상호 의존성이 높아짐에 따라 서구 문화가 널리 확산되면서 문화의 획일화 현상이 나타나고, 정치 · 경제적 영향력이 상대적으로 약한 약소국이나 원주민의 문화는 차별과 편견의 대상이 되거나 소멸하는 운명에 처하기도 한다. 결국 2008년 9월, 리만브라더즈 파탄을 계기로 세계무역이나 자본이동이 정체되면서 탈세계화 조짐을 보이

16) 한국은행(2020.7). 코로나19 이후 경제구조 변화와 우리 경제에의 영향.

기도 했다. 2020년 코로나19로 인해 세계화는 또다시 타격을 받고 있는 것이다.

실제 코로나 국면에서 세계보건기구를 포함한 국제기구들은 아무런 역할을 하지 못했다. 세계화와 글로벌 거버넌스에 대해 세계시민이 가졌던 막연한 믿음에 큰 타격을 준 것이다. 국경봉쇄로 인한 글로벌 공급망의 가동 중단 역시 세계화 미래에 물음표를 던졌다.[17] 세계화는 수십 년간 글로벌 경제를 이끈 주요 원동력이었다. 최근 분위기는 전혀 다르다. 세계 주요국이 보호무역을 앞세우면서 탈세계화를 이끌고 있다. 이러한 분위기에 코로나19가 더욱 탈세계화를 부추기는 격이 되었다.

출처: 산업통상자원부 세계로 통하는 세상(2020)

17) 세계일보, 탈세계화·국가주의 가속화… 문명사 바꿀 AC 시대 다가온다. 2020.7.28.일자.

2) 다국적 기업과 선진국의 세계화

세계화(globalization)는 사회적, 경제적 관계가 국경을 넘어 세계로 확대되어 발전하는 것을 말한다. 즉, 세계 전체의 상호 의존성이 높아지면서 다양한 측면의 관계가 세계적으로 단일한 체계로 통합되어가는 현상을 의미한다. 세계화는 1970년대 이후에 활발히 쓰이기 시작했으며, 1980년대 이후 고조되었다고 볼 수 있다. 경제, 정치, 문화 등 세 가지 수준에서 동시적으로 그리고 상호연관을 이루면서 진행되어 왔다. 20세기 전 세계의 정치 · 경제 · 문화를 관통하는 키워드 역시 세계화라고 할 수 있다. 국가 간 상호 의존성이 높아지고 자원교환, 무역, 인구이동 등이 활발해지면서 빠르게 진행되었다. 특히 1990년대 본격적으로 개화한 인터넷의 발전은 지구촌 어디에 있든 원하는 정보를 실시간으로 접할 수 있게 만들었다.

교통의 발달로 다른 나라를 방문하기가 쉬워지면서 문화의 교류도 빠르게 진행됐다. 세계관광기구(UNWTO)에 따르면 해외 여행객은 지난 20년간 연평균 5% 이상 증가했다. 그 결과 2000년 6억 7,400만 명이었던 전 세계 해외 여행객은 2018년 14억 6,000만 명으로 두배 이상 늘어났다. 전 세계 인구가 77억 1,000만 명인 것을 감안하면 세계 인구 5명 중 1명이 해외여행을 한 셈이다.[18)]

우리는 세계화가 역사적인 흐름에서 발생하는 필연적인 일이라고 믿었다. 세계화가 세계경제 성장을 이끌면서 삶의 질을 높여줄 것이라고 믿는 사람도 많았다. 틀린 얘기는 아니다. 세계화의 영향으로 무역할 때 부과되는 관세가 낮아졌고, 자유무역협정(FTA) 등으로 해외에서 생산한 물건을 싸고 쉽게 구매할 수 있게 되었다. 글로벌 밸류체인이 형성되면서 국가 간 분업과 협업도 자연스러워졌다. 세계경제 규모의 증가로 빈곤율 역시 개선됐다. 세계은행(World

18) 더스쿠프. 탈세계화, '선택의 시간'이 앞당겨졌다, 2020.8.12.

Bank)에 따르면 빈곤율은 1990년 35.0%(18억 5,000만 명)에서 2018년 8.2%(6억 3,200만 명)로 크게 줄었다.

그동안 우리는 세계화에 역행하는 것을 반자본주의라고 여겼고, 세계화를 거부하는 것은 경제적 발전을 포기하는 것이라고 생각했다. 하지만 지구촌 곳곳에선 탈세계화의 요구가 거세지고 있다. 세계화가 빈부격차, 자원고갈, 환경파괴 등의 수많은 문제를 야기하고 있기 때문이다. 가장 큰 문제점으로 빈부격차를 꼽을 수 있다. 세계화를 주도하는 세력이 정치에 영향을 주고, 정치세력은 무역과 금융의 벽을 허물어 다국적 기업이 활동하기 좋은 생태계를 구축한다.

다국적 기업의 횡포에 자본력과 기술력이 없는 국가는 경쟁에서 도태될 수밖에 없다. 값싼 노동력과 자원을 헐값에 팔면서 가난한 국가들이 점점 더 빈곤해진다. 세계화로 축적된 부가 일부 다국적 기업과 선진국에 집중되고 있다는 것이다. 이처럼 세계화를 이끈 선진국의 다국적 기업은 자본·기술력을 무기로 자원과 값싼 노동력이 풍부한 국가에 진출해 이익을 취해 왔다. 세계무역기구(WTO), 국제통화기금(IMF) 등 세계화를 선도하고 있는 주요 국제기구를 지원하고 있는 세력도 주요 다국적 기업이다.

3) 탈세계화 현상 가속화

국가간 상호 의존성이 증가하면서 한 국가의 문제가 전 세계에 악영향을 미치는 일도 많아졌다. 2007년 미국의 서브프라임 모기지 사태에서 촉발한 글로벌 금융위기와 2016년 브렉시트(Brexit)가 대표적이다. 다양한 장단점을 가진 세계화는 2008년 글로벌 금융위기 이후 흔들리기 시작했다. 무엇보다 자국 보호주의가 팽배해졌다. 탈세계화는 2017년 도널드 트럼프 미 대통령의 취임 이후 더욱 빨라졌다.

미국은 자국의 이익을 위해 유럽, 중국, 일본 등에 무역보복 조치를 취하고,

외교적 영역이었던 미군부대 주둔 문제도 경제논리로 접근했다. 2021년 출범한 조바이든 정부에서 다소의 변화가 예상되기도 하지만 미국의 이런 추세는 당분간 지속할 공산이 크다. 트럼프 대통령과 맞서 온 민주당도 자국 산업의 보호에 방점을 찍고 있다는 것이 여실히 드러난 바 있다. 이는 미국 등 서방의 선진국이 경쟁력을 강화한 신흥국과의 경쟁을 달가워하지 않기 때문이다. 신흥국의 경쟁력이 빠르게 향상되면서 자국의 제조업 기반이 흔들리자 탈세계화로 눈을 돌렸다는 것이다. 세계화가 더 이상 자국의 이익에 도움이 되지 않는다고 판단했다는 견해가 지배적이다.

탈세계화의 바람은 코로나19라는 바이러스를 만나면서 더 거세졌다. 코로나19로 발생한 경기침체에 자국의 산업을 보호하려는 움직임도 더욱 강해졌다. 실례로 글로벌 밸류체인을 자국 중심으로 재편하려는 모습도 포착되고 있다. 코로나19가 국경 폐쇄로 이어지면서 해외 생산기지를 자국으로 옮기는 리쇼어링(reshoring)이 증가하고 있는 것도 탈세계화의 단면이다. 뱅크오브아메리카(BoA)의 2020년 보고서에 따르면 중국에 생산시설을 둔 다국적 기업의 80%가 코로나19 사태로 리쇼어링을 검토하고 있는 것으로 조사되었다.

4) 탈세계화 대응, 다자주의

우리나라 입장에서 보면 탈세계화가 유리하게 작용할 가능성은 낮다. 한국경제가 고성장을 할 수 있었던 배경 중에 하나는 세계화이다. 값싼 노동력을 앞세워 수출시장에 뛰어들었고, 지금의 한국경제도 수출로 지탱하고 있다. 통계청(2018년)에 따르면 우리나라의 무역의존도와 수출의존도는 각각 66.2%, 35.1%에 이른다. 탈세계화가 가속화되고 있는 상황에서 우리는 일대 전환을 모색해야 하는 이유가 여기에 있다.

표 6-4 한국 GDP 대비 수출입 규모 변화 (단위: %)

구분	2008	2010	2012	2014	2016	2018
수출	41.5	37.1	40.6	35.4	27.0	31.1
수입	40.3	40.7	42.8	38.6	33.0	35.1

출처: 더스쿠프(2020).

먼저 수출기업은 기술개발에 매진해야 한다. 아무도 넘볼 수 없는 기술력을 확보해 대체불가한 제품을 만들어내는 것이 탈세계화의 영향을 최소화하는 길이다. 더불어 내수경제 활성화에도 힘을 쏟아야 한다. 국회예산정책처에 따르면, 우리나라의 국내총생산(GDP) 대비 내수 비중은 1996~2005년 평균 70.1%에서 2006~2015년 평균 56.0%로 14.1%포인트나 하락했다. 그러므로 경제 선순환 구조를 만들기 위해 내수 비중을 키워야 한다는 주장은 당연하다. 또한 정부의 정치적 선택도 더 중요해졌다. 우리나라는 정치·경제적으로 미국과 중국 사이에 서 있다. 이런 상황에서 어느 한쪽을 선택하는 건 큰 리스크가 될 수밖에 없다. 힘의 논리에 밀린 선택보다는 우리나라의 이익을 생각한 합리적인 결정이 중요하다.

표 6-5 탈세계화 대응전략

대응전략	기대효과
수출기업의 기술개발	대체불가 상품개발로 보호무역 상쇄
국내 내수비중 확대	선순환 구조를 통한 수출감소 보완
국익 우선한 정치 선택	특정 국가에 대한 의존구조에서 탈피

출처: 더스쿠프(2020) 일부 수정.

상호 긴밀히 연결된 세계경제 체제가 코로나19로 인하여 취약성이 드러남에 따라 탈세계화는 불가피할 것으로 전망되며, 이에 따라 세계화의 발전과 경제 회복에 있어 다자주의(multilateralism)의 중요성이 부각되고 있다. 다자주의는

GATT나 WTO와 같은 국제기구에 많은 국가들이 회원국으로 참여하여 국제무역질서를 주도하는 형태를 의미한다. 다자주의체제에서 가장 중요시 되는 가치는 전 세계적인 무역의 자유화이며 이를 실현하기 위해 최혜국 대우와 내국민 대우로 표현되는 비차별적 정책을 취하고 있다.

다자주의의 특성상 회원국이 모두 동등한 권리와 의무를 가지는 것이 원칙이기 때문에 소수의 강대국이 무역질서를 주도하는 일방주의에 대항하는 체제라고 볼 수 있다. 특히 GATT 체제에서 합의 수준으로 결정되었던 무역규범을 WTO에서는 분쟁해결제도에 법적 구속력을 부여함으로써 더욱 강력한 다자주의체제가 가능하도록 하고 있다.

다자주의는 국제무역에 참여하는 대부분의 국가들이 질서의 정립과 규범의 제정에 합의하는 방식이기 때문에, 한 번 결정된 의제에 대하여 그 파급효과와 실효성이 다른 어떤 무역협상 방식보다도 강력하다. 비슷한 입장에 처한 회원국이 연대하여 한 목소리를 내면 소수의 강대국의 의견에 좌우되지 않고 민주적인 방식으로 질서 형성에 기여하게 되기 때문에, 회원국들이 조금씩 양보하면 모두가 만족할만한 결과를 만들어낼 수 있다.[19)]

코로나19로 탈세계화가 진행 중인 가운데 전염병 대비와 국가안보, 기후변화에 대한 정책 추진에 있어서도 다자주의 기반의 새로운 국제적 협력이 중요한 상황이다. 그리고 재난 및 질병 조기경보 시스템의 개발과 세계보건기구(WHO)가 감독하는 지역센터 의료장비의 비축에 합의해야 하며, 신속한 치료제 개발과 공급, 생산능력 제고를 위해서는 업무표준과 자금조달 관련 국제적 협력이 필요하다. 따라서 국제사회는 다자주의를 기반으로 한 효과적이고 새로운 협력방안을 마련해야 하겠다.

---

19) 물론, 다자주의의 장점인 여러 국가의 합의 방식이 때로는 단점으로 작용하기도 한다. 도하개발아젠다(DDA)와 같이 다양한 의제가 논의되는 다자간 협상에서 이해관계의 첨예한 대립으로 인하여 규범 제정 자체가 이루어지지 않는 경우도 많다. 특히 개발도상국과 강대국이 서로에게 요구하는 사항이 너무 달라 협상이 결렬되는 경우도 있다.

워크시트

4. 다음 물음에 답하세요.

▪ '세계화' 국제경제질서 하에서는 유리한 나라가 있는가 하면, 불리한 나라도 있다. 왜 그런가?
▪ 미국이 자국 우선주의 외교를 채택함에 따라 국제사회는 큰 변화를 보여왔다. 미국의 행동이 어떤 영향을 미치고 있는가?
▪ 최근 이곳저곳에서 탈세계화 현상이 나타나고 있다. 그 사례를 들어 설명해 보세요.
▪ 무역의존도가 높은 우리나라의 입장에서 탈세계화 흐름에 어떻게 대처하는 것이 바람직할까? 생각을 정리해보세요.

Chapter

07

목표 의식

1. 글로벌시대의 목표와 비전

앞장에서 본 바와 같이 우리는 한 국가의 시민이자 세계시민으로서의 공존을 고민해야 하는 시대에 살고 있다. 대한민국 밖에서 일어나는 세계 경제와 국제 정책의 영향 그리고 전염병과 같은 보건위기 등이 더는 동떨어진 이야기가 아니라는 것에 많은 이들이 공감할 것이다. 특히 코로나19 사태로 인해 세계는 서로 거미줄처럼 관련되어 있고, 서로 직간접적인 영향권 내에 있다는 것을 더욱 실감하게 되었다. 이전 어느 때보다도 다양한 문화의 영향권 내에 있는 현세대는 글로벌 시대에서 자신의 목표에 대해 깊게 생각하고 자신의 목표를 세울 필요가 있다.

우리는 목적과 목표라는 단어를 혼용해서 사용한다. 사전에서 '목적'을 의미하는 영단어를 찾으면 purpose, goal, objective 등의 단어가 나오고, '목표'를 찾아도 역시 goal, purpose, objective 등이 나온다. 목적과 목표는 분야에 따라 구분해서 설명하기도 하는데, 그럴 경우 목적은 '무엇을 성취하기를 원하는 것'에 대한 것이고, 목표는 '목적을 이루기 위한 실행'이라고 정의할 수 있다.

표 7-1 목적과 목표

목적	토익 점수 올리기
목표	하루에 모르는 단어 30개씩 외우기
	하루에 독해 다섯문제 풀기
	하루에 대화 듣기 세 문제 풀고 세 번씩 반복 듣기
	하루에 담화 듣기 세 문제 풀고 세 번씩 반복 듣기
	하루에 문법 한 챕터 공부하기

표 7-1은 토익 점수를 올리려는 목적과 목적 달성을 위한 세부 목표를 작성한 예시이다. 학생들이 토익점수를 올리기 위한 학습 목적을 달성하고자 세부 계획과 행동을 나열한 것이다. 이는 더 나아가 인생의 비전을 실현하기 위해 어떤 목표를 세우고 실행해야 하는지에 대해서도 적용할 수 있다. 목표의 사전적 의미는 '어떤 목적을 이루려고 지향하는 실제적 대상' 혹은 '행동을 위하여 이루려는 최후의 대상'을 의미한다. 목표 의식은 '어떤 목표를 이루려고 하거나 어떤 것을 목표로 삼는 의식'을 의미한 것으로 목표에 도달하기 위해 의식적으로 인식하는 것이다. 즉, 목표 달성을 위한 목표지향적 인식을 말한다. 그러므로 목표를 세우고 목표 의식을 갖는 것은 무언가를 이루기 위한 출발선이라고 할 수 있다.

목표지향적인 인식을 다양하게 구분하여 설명한 이론을 '목표지향성 이론(Goal orientation theory)'이라고 한다. 목표지향성이란 성취와 관련된 목표를 추구하고 그 목표를 향해 나아가고자 하는 성향을 가리킨다(Dweck, 1992). 목표지향성 이론의 대표적인 학자인 드웩(Dweck, 1988)은 목표지향성이 학습과정, 평가뿐 아니라 성취에 대한 인식에 영향을 준다고 주장하였다. 학생들이 성취목표를 어디에 두느냐에 따라 수행의 결과가 달라질 수 있다는 것을 의미한다. 아메스(Ames, 1992)는 성취목표를 크게 숙달목표와 수행목표로 구분하였다(표 7-2 참조). 숙달목표는 노력하여 지식과 이해를 향상시키고 능력을 개발하고자 하는 것으로, 자신의 유능함을 향상시키는 것을 목표로 한다. 숙달목표 성향 학습자는 자신의 능력치를 올리기 위해 끊임없이 새로운 기술을 습득하려 하고, 더 나은 수행 결과를 얻기 위해 더 많은 노력을 투자하려고 한다. 수행목표는 자신의 능력에 대한 긍정적인 평가를 얻어내고자 하는 것이 목표이다. 즉, 자신의 능력이 다른 사람에게 어떻게 평가받느냐에 초점을 맞추고 있다.

수행목표는 수행접근과 수행회피목표로 세분화된다. 수행목표성향의 학습자는 능력 입증과 높은 점수에 가치를 두고 실수하면 근심이 증가는 경향을 보이지만, 어려운 일을 맞닥뜨리면 숙달목표성향의 학생들과 유사한 반응과 행동을 보인다(Whitaker & Levy, 2012).

표 7-2 목표유형

목표유형	숙달목표	수행목표
성공의 정의	능력의 증진, 숙련, 혁신	능력의 입증, 높은 점수
가치 중심	노력, 힘든 과제의 시도	실패하지 않는 것
만족 이유/근거	진보, 숙련	최고가 되는 것, 적은 노력으로 성공하는 것
오류/실수에 대한 태도	개인의 잠재력 성장, 학습	근심 걱정 증가
노력 이유	내적, 개인적 의미	외적, 자신의 과시
평가 기준	절대적인 기준	타인과 비교

출처: Ames, C., & Archer, J.(1988). p.261.

수행회피목표는 자신이 상대적으로 무능하게 평가받게 되는 것을 회피하려는 것을 가리킨다(Dweck, 1992; Park, 2003). 수행목표 성향이 강한 학생들은 타인과의 비교를 중시하고, 다른 사람들이 자신을 무능한 사람으로 보는 것을 원치 않는다. 남들보다 더 잘하고 싶어 하지만 다른 사람보다 못하는 것은 피해 버린다. 특히 실패를 반복하게 되면 수행회피목표 성향이 강해지게 된고, 이런 성향의 학생들은 실패에 대한 변명으로 자신을 방어하려는 성향이 강하다. 예를 들어, “내가 열심히 안 해서 그렇지 조금만 하면 남보다 잘할 수 있어“라는 말을 반복한다. 그리고 학습 실패를 피하기 위해 자기방어로 학습을 그만두거나 학습에 노력이나 시간을 투자하지 않으려고 한다(Midgley & Urdan, 2001).

표 7-3 목표유형과 동기

유형	의미	동기와 성취에 미치는 영향
숙달목표	숙달과 이해 자체가 목표. 능력 향상, 숙련, 노력이 중요 예. 영어 수동태를 이해하고 응용하여 말로 구사하기	높은 자기효능감과 도전을 받아들이는 자세를 갖추었고 성취가 높음
수행접근목표	남보다 유능해 보이려는 목표. 능력 입증, 실패하지 않는 것이 중요 예. 영어 수동태를 공부하여 학과에서 가장 높은 점수 받기	자신감 있는 학생은 더욱 노력하고, 자기효능감과 성취가 높음. 그러나 도전을 받아들이고자 하는 동기는 낮을 수 있음
수행회피목표	무능해 보이려는 것을 피하려는 목표. 실패회피 전략 예. 교사와 다른 학생 앞에서 영어 수동태를 틀리는 것을 피하기	동기와 성취가 낮고, 자신감이 부족한 경우 더욱 저조해지고, 무기력해짐
과제회피목표	최소한의 노력으로 과제를 대충 수행하려는 목표. 비효과적 전략 예. 최소한의 노력으로 과제를 대충 마치기	노력하지 않고, 자기효능감이 낮아서 성취도가 낮음

출처: Eggen, P. & Kauchak, D.(2004). 재구성.

목표설정에서 '어떻게', '무엇을' 하느냐도 중요하지만 '왜' 하느냐에 관해 초점을 맞출 필요가 있다. 어떤 목표를 기꺼이 수행하려고 하는 '의지'가 있는지 스스로에게 질문을 던져보는 것도 중요하다. 이는 '동기'와도 직접적으로 연결되는데 성취동기는 성취목표와 상호관계라고 말할 수 있다(Dweck, 1988). 학습자의 동기는 성취목표에 영향을 주고, 높은 성취결과를 얻기 위해서는 동기를 강화하는 것이 중요하다. 즉, 목표에 영향을 주기 위해 자신의 동기를 최대한 끌어내고 활용해야 한다(Benbunan-Fich & Hiltz, 2004; Pekrun et al., 2002).

목표지향성 이론을 적용한 다양한 연구는 다양한 성향과 동기를 가진 학습자들이 다른 성취결과를 보여준다고 주장하였다. 그중에서도 수행회피목표가 성취 결과에 부정적인 영향을 준다는 연구가 다수가 있다. 예를 들어, 리와 차이

(Li & Tsai, 2020)는 대만 직장인들이 회사에서 제공한 이러닝으로 학습할 때, 그들의 목표지향 성향이 학업 성취에 영향을 주는지를 연구하였다. 숙달목표 성향과 수행접근목표 성향을 가진 고용인들은 전반적으로 학습 만족감이 높았고, 성취 결과도 상대적으로 높게 나왔다. 반면에 수행회피목표는 고용인의 학습 결과에 부정적인 영향을 주는 것으로 나타났다.

이처럼 개인의 목표 성향이 학습 만족감과 성취결과 등에 영향을 준다는 점에서 학생들은 우선 자신의 목표 성향을 파악할 필요가 있다. 그리고 만약 스스로 회피 성향이 강하다고 판단된다면 이를 약화하고 동기와 태도에 변화를 주어 성공적인 결과를 이끌도록 노력할 필요가 있다. 결과적으로 학생들이 지향해야 할 목표 성향은 숙달목표라고 볼 수 있는데, 숙달목표 지향성을 증진시키기 위해서는 무엇보다 자신의 능력 범위 안에서 노력하면 해결할 수 있는 목표를 세우고 그것을 성취하기 위해 노력하는 것이 중요하다. 또한 타인과의 경쟁보다는 자신이 얼마나 숙련되었는지 스스로 평가하는 것에 중점을 두어야 한다.

글로벌 시대에는 개인의 목표가 국내를 벗어나 세계에서 활동하거나 세계를 경험하는 쪽으로 바뀌고 있다. 사회에 진출해 낯선 환경에 처했을 때 적응하고 자신의 자리를 찾는 것은 교실 상황에서 학습하는 것보다 훨씬 더 어려운 일이다. 학교에서 숙달목표 성향을 갖도록 노력하고 수행회피목표를 지양하는 것을 배운다면 사회에 나가서도 높은 자기효능감과 성취를 얻는 데 도움이 될 것이다. 또한 시대의 흐름을 이해하고 그 시대의 공동목표가 무엇인지 파악하는 것도 글로벌 시대의 감각을 키우는 데 중요하다.

세계화 시대에는 시대 흐름에 따라 다양한 국제적인 공동목표가 존재한다. 예를 들어, 전 세계가 빈곤퇴치를 위해 달성하기로 정한 '새천년개발목표(Millennium Development Goals)'는 UN에서 채택된 의제로 빈곤을 반으로 감소시키자는 범세계인의 약속이자 글로벌 목표이다. 2000년 9월 뉴욕 국제연합 본부에 참가한 191개의 국제연합 참여국은 2015년까지 빈곤의 감소, 보건, 교육의 개선, 환경보호에 관해 지정된 목표를 실천하는 것에 동의하였다. 당시 반기문 유엔사무총장은 목표 달성을 위해 해야 할 과제가 많이 남았다고 지적하면서 “세계 인구의 3분의 2가 거주하는 아태 지역의 발전 수준은 새천년개발목표 달성이 성공하느냐 실패하느냐를 가름하는 중요한 요소”라고 강조했다. 그리고 후속 의제로 2015년에 유엔총회에서 채택된 글로벌 공동 추진 목표인 ‘지속가능발전목표(Sustainable Development Goals)’가 현재 시행 중이다(Chapter 4 참조). 슬로건은 단 한 사람도 소외되지 않는 것(Leave no one behind)으로, 2016년부터 2030년까지 선진국과 개발도상국이 함께 이행한다. 지속가능발전목표는 모든 형태의 빈곤과 불평등 감소에 대한 의제로서 ‘사회발전’뿐만 아니라 ‘경제개발’과 ‘환경’에 대해서도 비중을 두고 있다. 이에 발맞춰 우리나라에서도 지속가능발전대상이 만들어졌는데 지속가능발전목표를 실천한 우수사례를 발굴하고 확산하는 것을 목표로 하는 공모전을 열어 우수사례를 발굴해 시상한다. 2020년에는 환경부가 주최하고 전국지속가능발전협의회가 주관하는 제22회 지속가능발전대상 공모에서 수원시 공유냉장고 사업이 대통령상을 받았다. 2018년 1월, 수원시 지속가능발전협의회가 권선구 고색동에 처음 설치한 ‘공유냉장고’는 현재 17개소에서 운영되고 있다. 누구나 음식물을 냉장고에 채워놓을 수 있고 음식이 필요한 사람은 가져갈 수 있는 모두가 함께 사용하는 냉장고이다. 이처럼 글로벌 의제는 국가에 영향을 주고 이것이 회사와 개인의 삶에도 영향을 준다. 글로벌 시대에서 개인의 목표는 단순히 회사에 입사한다는 이전 세대의 목표에서 한 단계 더 나아가 국제 시대 흐름과도 같이 발맞춰 가야 한다는 것을 보여 준다. 세계 주요 흐름을 이해하면서 자신이 글로벌 시대에 어떤 위치에서 어떤 역할을 할 수 있는가 고민을 해봐야 할 것이다.

워크시트

1. 나의 비전 찾기[1)]

1단계. 앞으로 이루고자 하는 나의 모습 ■ 나는 어떤 모습이 되기를 꿈꾸는가? ■ 자신이 꿈꾸는 자신의 모습, 즉 자신의 비전에 대해서 적어본다.
2단계. 그것이 가져다 주는 느낌 ■ 꿈꾸던 삶은 어떤 느낌일까? ■ 꿈꾸던 삶의 모습과 그 삶을 이루는 중요한 요소들이 무엇인지 적어본다.
3단계. 그것을 통해 얻게 되는 것 ■ 비전을 통해 얻게 되는 것은 무엇일까? ■ 꿈꾸던 삶을 누리게 된다면 그 삶을 통해 자신과 내 주변의 소중한 사람들이 얻는 것이 무엇인지 적어본다.
4단계. 그것을 원하는 이유 ■ 내 비전의 이유는 무엇인가? ■ 왜 이런 꿈을 꾸는지 그 이유를 생각해 본다.
5단계. 그것을 이루기 위한 인생의 목표 "내 인생의 목표는 ________ 이다"라는 문장을 채우려 할 때, 앞서 그려보았던 자신의 모습을 떠올리며 빈칸에 들어갈 인생 목표를 적어본다.

1) 소냐 밀러(2013). pp.46-50. 수정 보완하여 재구성함.

2. 나의 목표지향성 알아보기[2)]

1) 아래 질문을 읽고 답하세요. 질문에 대한 답변이 '매우 그렇지 않다'라면 1, '매우 그렇다'라면 5를 빈칸에 쓰세요.

1 매우 그렇지 않다	2 그렇지 않다	3 보통이다	4 그렇다	5 매우 그렇다

문항	점수	합계
1. 나는 수업 시간에 다른 학생들보다 더 잘하는 것이 중요하다.		① 1–6 합계: ______
2. 이 수업에서의 내 목적은 다른 학생들보다 더 좋은 성적을 받는 것이다.		
3. 나는 다른 사람들에게 내 능력을 보여주기 위해 노력한다.		
4. 다른 학생들보다 우수하기를 바란다.		
5. 다른 학생들보다 더 잘하는 것이 중요하다.		
6. 가족들이나 친구들에게 내 능력을 보여주기 위해서 잘하고 싶다.		
7. 나는 수업 시간에 가능한 많은 것을 배우고 싶다.		② 7–12 합계: ______
8. 최대한 많은 강의 내용을 이해하는 것이 나한테 중요하다.		
9. 강의에서 좀 더 폭넓고 깊은 지식을 얻기를 바란다.		
10. 강의 내용을 완전히 이해하기를 매우 원한다.		
11. 내용이 배우기 어렵더라도 내 호기심을 만족시키는 교재를 선호한다.		
12. 나는 새로운 것을 배우기 위해 어려운 교재를 선호한다.		
13. 나는 "만약 내가 잘하지 못하면 어떻게 하지?"라는 생각을 자주 한다.		③ 13–18 합계: ______
14. 나는 나쁜 성적을 받을까 봐 걱정한다.		
15. 수업 시간에 다른 사람들 앞에서 실수하는 것에 대한 걱정이 자주 든다.		
16. 다른 학생들 앞에서 못하는 모습을 보이는 것은 피하고 싶다.		
17. 내가 질문했을 때, 그 질문이 한심하다고 여겨질까 봐 두렵다.		
18. 강의에 점수가 없기를 바랄 때가 있다.		

2) Elliot, A. J. & Church, M. A.(1997). p.223에서 인용.

합계점수	목표 성향
①	점수가 높을수록 수행접근목표 성향이 강하다.
②	점수가 높을수록 숙달목표 성향이 강하다.
③	점수가 높을수록 수행회피목표 성향이 강하다.

2) 다른 학생들과 자신의 목표지향성에 대해 이야기해본다.

2. 자기 탐색을 통한 목표설정과 실행

1) 목표설정 효과

목표를 세우기 위한 첫 번째 단계는 자신이 바라는 바가 무엇인지, 원하는 것이 무엇인지를 아는 것에서 출발한다. 두 번째는 목표의 수준을 어느 정도까지 허용할 것인지이다. 그리고 마지막은 자신이 바라는 것을 위해 집중하고 행동하는 것이다. 여기에서의 목표는 '버킷리스트'와는 다르다는 것을 알아야 한다. 소망하는 일을 나열하는 것이 아니라 자신의 비전에 집중하는 것이 중요하다. 이를 위해서 자신이 원하는 삶과 내면에서 진정 바라는 바가 무엇인지를 파악하는 데 집중해야 한다.

목표는 네 가지 방면에서 수행에 영향을 준다. 첫 번째, 목표 자체가 행위에 직접적으로 영향을 준다. 목표는 그것과 관련된 것들에 집중하게 하고 관련 없는 것들에게서는 관심을 멀어지게 한다. 두 번째, 목표는 열정을 키우는 역할을 한다. 높은 목표는 낮은 목표보다 더 큰 노력을 이끈다. 세 번째, 목표는 지속성에 영향을 준다. 예를 들어, 학습자가 자신의 업무에 쓸 시간을 조절하는 경우, 높은 목표는 학습자가 더 긴 시간 노력하게 한다. 네 번째, 목표는 업무 관련 지식과 전략을 찾고 사용하는 식의 간접적 영향을 준다.

목표설정은 효과적인 목표의 중요 특성에 초점을 맞추어야 한다. 구체성과 난이도, 개인과 조직에 대한 목표 효과, 학습목표와 실행목표의 적절한 사용, 목표 효과의 매개체, 다른 장려책의 매개체로서의 목표 역할, 목표 요소(주어진 목표냐, 자기가 정한 목표냐)의 영향 등을 고려하여 목표를 설정하는 것이 효율적이다.

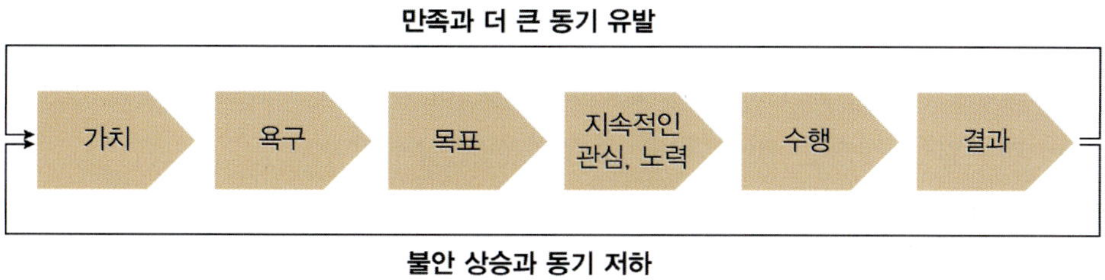

그림 7-1 일반적인 목표설정 이론

출처: F. C. Lunenburg(2011). p.2.

목표설정 이론을 주장한 로크와 라탐(Locke & Latham, 1991; 2002)은 인간이 합리적으로 행동한다는 기본적인 가정에 기초하여, 개인이 의식적으로 얻으려고 설정한 목표가 동기와 행동에 영향을 미친다고 강조하였다. 목표는 개인이 의식적으로 하려고 하는 것 혹은 의식적으로 얻고자 하는 사물이나 상태를 말하며, 장래 어떤 시점에 달성하려고 시도하는 것이다. 이러한 의식적인 생각이 사람의 행동을 조절하기 때문에, 목표를 설정하는 것은 동기와 수행 모두에서 효과적이다. **그림 7-1**은 로크와 라탐이 주장한 목표설정 이론을 단순화한 형태로서 주요한 구성 요소를 보여준다. 개인의 가치나 가치 판단은 무언가 하려는 욕구를 만들고 이 욕구가 반영된 목표는 여러 방식을 통해 수행에 영향을 주게 된다. 그러므로 목표 자체가 집중과 행동으로 이어지고, 어려운 목표가 더 큰 지속적인 노력을 이끌어낸다. 목표성취는 만족감을 주고 더 많은 동기를 가져오지만 성취하지 못하면 좌절감을 주고 동기를 떨어트린다.

목표가 구체적이고 어려울 때, 수행 평가와 피드백을 받을 때, 목표가 몰입과 수용을 끌어낼 때, 가장 효율적인 수행 결과가 나온다. 동기를 높이고 수행을 강화하는 목표설정을 시도하기 위해 고려해야 할 사항은 다음과 같다.

- 목표는 구체적이어야 한다.
- 목표는 어렵되 달성 가능한 수준이어야 한다.

- 목표는 수용 가능해야 한다.
- 목표는 수행 평가나 피드백이 있을 때 더 효과적이다.
- 기한일을 정하는 것이 목표 효율성을 향상시킨다.
- 숙달목표지향성이 수행목표지향성보다 더 나은 수행 결과를 이끈다.

2) 목표설정 방법

목표설정은 이상적인 미래를 생각하는 중요한 과정이다. 이 과정은 당신이 인생을 어느 방향으로 나아갈지 선택하는 데 도움을 주고, 어디에 노력을 쏟아야 할지를 아는 데 도움을 준다. 목표를 세우기 위해서는 무엇보다 우선 자신이 무엇을 이루기를 원하는지를 생각해야 하고, 또 그것에 전념해야 한다. 다양한 분야의 성공한 사람들 혹은 자신의 꿈과 비전을 이루려는 사람들은 목표를 정하고 목표를 향해 나아간다. 목표설정은 당신이 관련 지식을 습득하고 시간과 자원을 활용하게끔 도울 뿐 아니라 목표성취에 대한 자부심과 자기 능력에 대한 자신감을 높일 수 있다. 인생에서 이루고자 하는 목표를 정하고 그것을 이루기 위한 세부적인 목표를 작성하는 단계는 다음과 같다.

Step 1: 비전을 실현하기 위한 생애목표설정

먼저 자신의 인생에서 이루고자 하는 비전을 떠올리며 인생의 목표를 생각해 본다. 이는 단기간에 이루어진다기보다는 장기간의 시간과 노력이 필요한 목표로서, 이와 같은 인생의 목표는 앞으로의 세부적인 목표를 결정하는 데 틀을 제공해준다. 예를 들어, 다음과 같은 범주에서 질문을 던지고 생각해 볼 수 있다.

- **경력**: 직업 경력에서 어느 정도 수준까지 도달하고 싶은가? 혹은 직장에서 무엇을 이루기를 원하는가?
- **재정(자산)**: 얼마나 많은 돈을 벌기를 원하는가? 재정 목표가 어떻게 경력 목표와 관련되어 있는가?
- **공공서비스(공익사업)**: 좀 더 나은 세상을 만들기를 원하는가? 나보다 어려운 사람들에게 도움이 되기를 원하는가?
- **글로벌 공존**: 상생을 위해 글로벌 공동체에 이바지할 수 있는 나의 역할은 무엇인가?
- **교육**: 경력과 재정, 공공서비스, 글로벌 공존 등 다른 목표를 이루기 위해 어떠한 정보와 기술이 필요한가?
- **태도**: 자신의 사고방식이 방해된 적이 있는가? 자신을 화나게 하는 행동방식이 있는가? 그렇다면 이런 문제를 해결하기 위한 목표는 무엇인가?
- **소통**: 자기 생각을 표현하는 전달방식인 소통에 어려움을 겪은 적이 있는가? 경청하는 것보다 말하기를 즐겨하는가? 나의 말에 상대가 관심을 두지 않거나 피하는가? 그렇다면 이런 문제를 해결하기 위한 목표는 무엇인가?

위와 같은 항목들을 시간을 들여 브레인스토밍해보고, 각 카테고리에 한 개 이상의 목표를 선택하여 현실화 가능한 구체적인 목표로 다듬는다. **표 7-4**는 위의 항목 중에서 직업, 재정에 관한 예시이다.

표 7-4 목표 예시

직업목표
• 이 협력 관계의 목표는 마이크로 시스템 측에 뛰어난 컨설팅 서비스를 제공하는 것이다. 그리하여 1순위 협력업체의 자리를 굳건히 지켜내는 것이다. • 내각 꿈꾸는 직업목표는 다른 이들 각자가 지닌 힘을 발휘해 기대 이상의 능력을 발휘하도록 이끄는 것이다. • 내가 가진 작가라는 목표는 소중한 인생을 살아가는 동안 꿈을 좇아야 한다는 사실을 사람들에게 알리고자 하는 것이다. • 내가 예술 작품을 제작하는 목표는 다양한 문화와 전통의 미를 다른 여러 나라에 전달하는 것이다.
재정목표
• 아무런 제약 없이 살아가며 베풀 수 있는 정도의 부를 축적하는 것이 내 목표이다. • 금전적 풍요를 추구하는 목표는 가족, 지인과 더 많은 시간을 함께 할 수 있는 여유를 확보하기 위해서이다. • 젊은 시절 근면으로 최대한 아끼고 저축하여 빚 없는 노후를 누리는 것이 목표이다. • 어려운 사람들을 돕고 기부할 수 있는 여유를 느낄 정도의 부를 축적하는 것이 목표이다.

출처: 소냐 밀러(2013). p.52.

Step 2: 세부목표 설정

인생 목표를 설정한 후에는 1년, 6개월, 한 달 단위의 세부적인 진행계획을 세우고 To-Do list를 만들어 본다. 그리고 계획을 살펴보면서 인생의 목표에 적합한지 생각해본다. 개인적(personal) 목표나 직업적인(professional) 목표를 세울 때, 동기를 유발하는 SMART 목표를 설정하는 것도 좋은 방법이다. 당신은 예전에 목표를 세웠을 때, 모호하거나 무리한 계획이라 성취하기 어려웠던 경험이 있을 것이다.

올바르지 않은 계획을 해내기 위해 애쓰는 것은 벅차고 이루기도 어렵다. SMART 목표는 이와 같은 문제를 해결하는 데 도움을 준다. SMART는 일반적으로 Specific, Measurable, Achievable, Relevant, Time-based를 의미하는 약어로써 목표를 자세히 명확하게 계획하는 틀을 제공한다.

표 7-5 SMART GOAL

Specific	목표는 명확하고 구체적이어야 하며 효율적인 계획으로 세분되어야 한다.
Measurable	진행 상황 등을 확인할 수 있어야 한다. 즉, 목표를 향해 진전을 이루고 있는지 점검할 수 있어야 한다. 중요한 확인 단계를 정하면 진행 상황을 점검하면서 목표를 재평가하고 수정할 수 있다.
Achievable	목표는 성취 가능한 수준이어야 한다. 특정 기간을 정해서 그 기간 내에 목표를 성취하는 것은 동기를 유발할 뿐 아니라 계속해서 목표에 집중할 수 있는 원동력이 된다.
Relevant	목표는 자신의 가치관과 비전의 방향에 맞아야 한다. 세부목표는 인생목표 혹은 장기간의 목표와 관련이 있어야만 한다. 세부목표를 세울 때 이것이 인생목표에 어떻게 기여하고 어떻게 장기목표 성취에 도움이 될 것인지 고려해야 한다.
Time-based	우선순위로 과업을 하기 위해 현실적인 목표 기한을 설정해야 한다. 기한일을 정하면 종료 날짜까지 해야 한다는 동기를 줄 수 있다. 기한일 안에 끝낼 수 없었다면 자신의 목표가 현실적이고 실현 가능한 것인지 재고해야 한다. 혹은 예상치 못한 방해물이 있었다면 그것이 어떻게 작용했고 어떻게 그것을 극복해야 할지 고민해볼 수 있다.

출처: Bogue(2005). 재구성.

예를 들어, "나는 글로벌리더(국제적 지도자)가 되고 싶다."는 상당히 모호하고 무엇을 하고자 하는지 실체가 명확하지 않은 목표이다. 이럴 경우 SMART 목표를 이용하여 이보다 실현 가능성이 큰 목표설정이 가능하다.

표 7-6 SMART GOAL 예시

"나는 글로벌리더가 되고 싶다."	
S	"나는 동물 보호 국제기구에서 자원봉사자 운영팀의 관리직으로 일하고 싶다."
M	"나는 동물 보호 국제기구에서 자원봉사자 운영 관련 채용 공고를 찾아 다섯 군데에 지원할 것이다."
A	"동물 보호 국제기구의 자원봉사자 운영 관련 채용 공고에 지원하기 위해서, 나는 해당 자원봉사기구의 자격요건에 맞는 외국어 능력과 자격증을 습득할 것이다."
R	"동물 보호 국제기구에서 자원봉사자 운영팀의 관리직으로 일하기 위해, 자원봉사 경험을 늘리고 외국어 능력과 자격증을 습득하여 내 이력서를 계속 강화할 것이다."
T	"동물 보호 국제기구에서 자원봉사자 운영팀의 관리직으로 일하기 위해서, 나는 5년 동안 자격요건을 충족하여 다섯 군데의 국제기구 운영 관련 채용 공고에 지원할 것이다."

3) 효과적인 목표설정 단계 정리

위대한 일을 성취한 이들은 위대한 목표를 가지고 있었다. 그들은 높은 목표, 때론 불가능해 보이는 목표를 추구했다.

특별한 기회를 기다리지 마라. 평범한 기회를 잡아 특별하게 만들어라. 약한 자는 기회를 기다리지만 강한 자는 기회를 만든다.
오리슨 스웨트 마든

오리슨 스웨트 마든(Orison Swett Marden)은 하버드대학에서 의학박사 학위를 받은 미국인 작가로서 성공적인 호텔경영자였다. 마든은 목표를 세울 때 가장 중요한 점은 '어떻게 목표를 이룰 것이냐'가 아니라 '왜 목표를 수립하려 하느냐'라고 말한다. 이 '왜'에 대한 답이 명확할수록 목표도 뚜렷해진다. '왜'인지 스스로 설명해보고, 그것을 자신의 전공과 연결하여 기술과 지식을 쌓는 과정이 필요하다.

• **'왜' 이 목표를 세웠는지 생각해 본다.**

무엇을 이루기 위해 대학에 들어왔는지 명확한 이유를 갖는 것이 중요하다. '왜 대학에 들어왔고, 왜 이 목표를 이루고 싶은가?'에 답할 수 있는지 생각할 시간을 충분히 가져야 한다. 성공하는 사람들의 공통적인 특징은 자신의 행동을 이끄는 분명한 목표를 가지고 있다는 것이다. 그리고 그 목표가 갖는 의미를 스스로에게 분명하게 설명할 수 있다.

• **자신의 전공과 앞으로의 직업을 연결해 본다.**

앞으로의 직업에 대해 생각해 보는 것은 이를수록 좋다. 현재 신입생이라도 졸업 후 어떤 직장 경력을 가지고 싶은지 스스로에게 물어본다. 전공과 추구하는 직장 분야가 어떤 접점이 있고, 어떤 부분에 관련이 있는지 생각해보는 것은 도움이 된다.

• **목표를 이루는 데 필요한 기술과 지식을 파악한다.**

목표를 이루기 위해 꼭 필요한 조건들을 파악하는 것이 중요하다. 원하는 직장에 들어가기 위해 거기에서 요구하는 기술이 무엇인지 모른다면 지원조차 제대로 하기 어렵다. 예를 들어, 국제기구에서 근무하기를 원한다면 그 기구의 성격과 지원 자격이 무엇인지 먼저 파악해야 한다. 다문화 관련 사업을 하고 싶다면 국내 다문화 현황을 파악하고, 자원봉사 등을 통한 경험을 쌓고 전문가로부터 관련 지식을 습득해야 한다.

• **목표 기한을 정한다.**

모든 목표는 기한 내에 이루어져야 한다. 모든 목표에 각각의 기한을 설정하자. 기한은 동기와 행동을 촉진시킨다. 기한이 없으면 해야 한다는 긴박함이 없다. 대부분의 사람은 기한이 주어지지 않으면 각각의 단계를 어느 정도로 진행해야 하는지 모른다. 따라서 언제까지 계획을 실행하고 목표를 달성할 것인지 목표 기한을 설정하는 것이 좋다.

• 진행 상황을 계속해서 평가한다.

시간이 지나면서 목표가 바뀌거나 더 높은 목표로 진화할 수 있다. 자신의 실수로부터 배우고 나아가기 위해 목표수행과정을 계속해서 평가해야 한다. 만약 기한 안에 목표 성취에 실패했거나 흐지부지되었다면 실패한 목표의 문제를 열거하고 해결 방법을 생각한다. 자신의 목표가 현실적이고 실행 가능했는지 점검한 후 문제를 반복하지 않는 방법을 생각한다. 그 방법은 명확하면서도 구체적이고 실행할 수 있어야 한다.

• 자신의 목표에 책임감을 갖는다.

목표를 향해 나아갈 때 다양한 역경을 마주치게 된다. 막연한 흥미나 관심만으로는 목표를 향한 계획을 실행하기 쉽지 않다. 가족과 주위 친구들에게 자신의 목표에 대해 말하는 것은 자신의 말에 책임감을 느끼게 하고 주위의 격려를 받으며 포기하지 않게 한다.

• 주위에 도움을 구한다.

새로운 목표를 향해 나아가려 할 때, 주위 사람들로부터 배움과 도움을 구하는 것이 중요하다. 도움을 구하는 것은 부끄러운 일이 아니다. 멘토에게, 전문가에게, 친구에게 조언을 구하는 것은 목표 성취에 한 걸음 다가가는 것이다. 대학을 졸업하고 이미 직장에 다니고 있는 성인이 전문대학에 진학하여 지식을 습득하고 주위 동료와 교류하며 도움을 구하는 것은 드문 일이 아니다.

워크시트

3. 생애목표 세우기

본문의 내용을 참고하여 자신의 생애 목표와 세부 목표를 설정해보세요.

생애목표 설정	
경력(직업)	
재정(자산)	
공공서비스 (공익사업)	
글로벌 공존	
교육	
태도	
소통	

4. 세부목표 세우기

위의 생애목표 중 경력(직업)목표를 SMART 목표를 이용하여 작성해보세요.

경력(직업)목표:	
S	
M	
A	
R	
T	

Chapter

08

자신감과 열정

1. 자신감의 중요성

1) 자신감을 이루는 세 가지 요소

자신감(自信感)은 '자신 있다는 느낌'을 뜻한다. 자신(自信)이란 사전적으로 '어떤 일을 해낼 수 있다거나 어떤 일이 꼭 그렇게 되리라는 데 대하여 스스로 굳게 믿음'을 의미한다. 이와 같은 스스로에 대한 믿음은 학생들이 자신의 학업을 공부하는데도, 직장에서 업무를 수행하고 자신의 의견을 말할 때도, 자신의 비전을 이루기 위해 목표를 수행하는 데도 매우 중요한 역할을 한다.

자신감은 일상적인 용어로 누구나 흔하게 사용한다. '스스로 굳게 믿음'이란 의미처럼 신념의 강도를 가리키지만 다소 막연하고 구체적이지 않은 개념이기도 하다. 자신감의 개념을 구체적으로 이해하기 위해 이와 밀접하게 관련된 세 가지 심리적 요소를 살펴보겠다. 그림 8-1과 같이 자기효능감, 자아존중감(자존감), 회복탄력성이 바로 그것이다. 세 가지 요소가 높은 사람들은 자신의 목표를 성취할 수 있다는 높은 자신감을 보인다.

그림 8-1 자신감[1]

첫 번째, 자기효능감은 과제를 끝마치고 특정 목표를 성공적으로 수행할 수 있는 능력이 있다는 개인의 믿음 혹은 신념을 뜻한다(Bandura, 1997). 즉, 스스로 자신의 동기와 행위, 상황을 조절할 능력이 있다는 자신감을 반영하는 것이다. 자기효능감은 목표를 추진하는 자신의 능력에 대한 신념과 상황에 따른 개인의 선택 등에 큰 영향을 미친다. 자기효능감이 높은 사람은 낮은 사람보다 과제에 더 많이, 더 오래 노력을 기울인다. 계획을 잘 짜기 위해 넓게 보고 어려움이 있으면 더 큰 노력을 기울인다. 반면에 자기효능감이 낮은 사람은 주어진 과제에 대한 계획을 잘 세우지 못해서 쉽게 스트레스를 받고, 금방 낙담하거나 포기하는 경향이 있다.

두 번째, 자아존중감은 자기 가치에 대한 개인의 주관적인 평가이다. 이런 주관적 평가는 감정 상태와 자신에 대한 믿음을 바탕으로 이루어지는 것으로서, 자신을 긍정적으로 평가할 수도 있고 부정적으로 판단하고 평가할 수도 있다. 예를 들어, '나는 매력있어', '나는 그림을 잘 그려', '사람들이 내가 얘기하면 집중하고 좋아해' 등과 같다. 자아존중감은 자신의 '가치'에 대한 판단, 목표를 성취할 수 있는 '능력'에 대한 믿음, 자기 주변 상황을 '통제'할 수 있다는 믿음으로 이루어져 있다. 위의 세 요소가 긍정적이면 자아존중감이 높고, 부정적이면 자아존중감이 낮다고 본다(Damon & Hart, 1982). 아시아의 학생들은 학교 성적으로 비교하는 문화적 분위기 때문에 북미 문화권의 학생들보다 자아존중감이 낮다는 연구가 있듯이, 자아존중감은 개인차도 있지만, 문화적인 차이도 존재한다(Twenge & Crocker, 2002).

마지막으로 회복탄력성은 다양한 시련과 실패를 경험하고도 다시 회복할 수 있는 능력이다. 고무줄은 잡아당겼다 놓으면 다시 제자리로 돌아오는 탄력을 가지고 있다. 이처럼 회복탄력성은 역경과 시련을 경험한 사람이 바닥에 부딪혀도 회복하고 극복해내는 능력을 뜻한다. 회복탄력성이 낮은 사람들은 실패했을 때 부정적으로 상황을 인식하고 그대로 좌절하지만, 회복탄력성이 높은 사

1) 구제 코오지(2016)에서 수정 · 보완하여 재구성.

람들은 세상일을 긍정적으로 받아들이고 문제해결에 집중하여 실패를 발판삼아 더 높이 도약하고 발전한다.

2) 자신감이 부족한 이들의 행동 패턴

자신감이 부족한 사람들은 대개 자기존중감이 매우 낮다. 자아존중감 혹은 자존감을 세우는 일은 목표뿐 아니라 인생 전체를 받쳐주는 토대이다. 자존감을 회복하기 위해서는 자신의 낮은 자존감이 어떤 식으로 나타나는지 확인하는 것부터 시작해야 한다. 그리고 자존감을 높이기 위해서는 우선 자기 자신의 가치와 능력을 인정할 수 있어야 한다. 자기 자신에 대한 정확한 평가는 타인의 평가를 의미하는 것이 아니라 내가 나를 어떻게 느끼느냐를 보여주는 자기평가를 기반으로 한다.

심리학자이자 심리치료사인 로버트 앤서니(Robert Anthony) 박사에 따르면 자존감이 낮은 사람들은 어려운 현실에서 도피하고 자기 합리화하려는 경향이 강하고, 다음과 같은 공통적인 특성을 보인다(Robert Anthony, 2010).

- **비난과 불평을 많이 한다.**

끊임없이 불평하고, 다른 사람을 비난한다. 그럼으로써 일의 책임을 다른 사람에게 전가하고 자신의 책임을 덜어내려고 한다. 자신의 문제와 책임을 인정하기보다는 남을 비난하기가 훨씬 쉬우므로 습관적으로 불평하고 다른 사람을 나쁘게 말한다.

- **타인의 결점을 찾는다.**

자기에게 동조하지 않거나 반대의견을 내놓으면 기분이 상해 상대의 트집을 잡으려고 애쓴다. 상대가 결점이 많다는 꼬리표를 붙여 '내가 옳다'라고 주장하며 위안으로 삼으려 한다. 그리고 부인하고 싶은 자신의 결점을 타인에게서 발견하면 강함 불쾌감을 느낀다.

• 인정받고 싶은 욕망이 강하다.

타인에게 인정받고 싶어 하고 타인을 통해 자신의 존재가치를 확인하려고 한다. 다른 사람으로부터 칭찬을 받으려 하고, 소외되지 않기 위해 사람들의 시선을 끌려고 노력한다.

• 친구를 사귀지 못한다.

자존감이 낮은 사람들은 대개 친구가 적다. 자기 자신에 대한 자신감이 없으므로 자신을 고립시키거나 공격적인 성향을 보여 온전한 인간관계를 갖기 힘든 경우가 많다.

• 경쟁심이 매우 강하다.

일반적으로 의견이 다르면 자신이 옳다고 우겨서 이기려 하는 경우가 많다. 불필요하고 과도한 경쟁심은 열등감의 표현이다.

• 탐닉에 빠지는 경우가 많다.

자신감이 떨어지는 사람들은 결핍된 부분을 충족시켜 줄 무언가를 필요로 한다. 주로 폭식이나 약물, 알코올 등에 의존하여 자신의 불만스러운 현실을 잊으려고 애쓴다. 혹은 SNS와 온라인상에서 거짓 이미지 만들기와 남들의 관심에 지나치게 매달리거나 게임 속 가상현실에서만 충족감을 느낀다.

• 우울증에 시달린다.

현실 상황에서 원하는 것을 갖지 못한다는 생각에 자주 우울해지고, 사회에서 자신의 존재가치를 찾지 못해 불안함을 느끼고 의기소침해진다.

- **피해 의식이 강하고 이기적이다.**

자존감이 낮은 사람들은 피해 의식이 강하고 이기적인 성향을 보인다. 타인을 이해하고 관심을 갖기보다는 자기 자신의 욕구에만 관심 있고, 자신의 실패와 좌절은 타인 탓이라는 원망과 피해의식으로 다른 이를 강하게 비난한다.

- **실수를 두려워한다.**

실수를 두려워하는 경향이 강한 사람들은 아예 아무 일도 시도하지 않거나 어쩔 수 없이 겨우 떠밀려 행동에 옮긴다. 아무 일도 하지 않으면 실수하지 않기 때문에 의사결정을 할 때마다 매우 주저하고 다른 사람에게 결정을 넘기는 경우가 많다. 완벽주의자이면서 실수를 두려워하는 사람은 자신이 늘 옳아야 한다는 우월감에 휩싸여 자신의 실수를 용납하지 않는다.

- **열등감을 감추려고 허세를 부린다.**

자존감이 낮은 사람은 자신을 그럴싸하게 포장하여 자신감 있어 보이고 싶어 한다. 화려한 외모에 치중하거나 유명인사와의 관계를 내세우고, 환심을 사기 위해 물질 공세를 퍼붓기도 한다.

- **자기연민이나 동정에 휩싸인다.**

자신의 삶에 책임을 질 능력이 없는 사람들은 쉽게 자기연민에 휩싸이며 타인의 동정을 구한다. 주변 사람들과 상황에 기대고, 여린 모습을 보여 상대의 동정을 얻으려는 경향이 있다. 타인의 동정을 얻는 것이 자신에게 꽤 효과적인 방식이기 때문에 눈물, 한숨, 질병 등을 습관적으로 이용한다.

자존감이 낮은 사람들의 정서적, 육체적, 심리적 성향[2]

- 정서적 성향: 공격적, 소심함, 과시욕, 허세, 오만, 비판적, 우유부단 등
- 육체적 성향: 조잡한 외양, 힘없는 악수, 힘없는 목소리, 흐리멍덩한 눈동자, 축 처진 어깨, 타인의 시선회피 등
- 심리적 성향: 불안, 동요, 자기비하, 애정 갈구, 집착, 자녀를 통한 대리만족, 연예인이나 유명인 숭배 등

3) 자신감 향상하기

자신감은 타고날 수도 있지만, 성인이 되어서도 습득할 수 있다. 자신감이 부족한 사람은 자신감을 높이기 위해 자기효능감을 향상시키고, 자존감을 회복하는 것이 중요하다.

자기효능감은 목표 성취를 위한 계획이나 업무를 해내는 수행능력과 깊은 관련이 있다. 자기효능감이 있는 사람은 외국인으로 둘러싸인 낯선 환경이나 스트레스가 많은 환경에서도 실력을 발휘할 수 있다고 믿고 또 실제로 그러하다. 자기효능감을 처음 제시한 앨버트 반두라(Albert Bandura, 1977, 1997)는 자기효능감을 높이기 위해 네 가지 요소를 강조한다.

- 자신이 정한 목표를 달성하고 성공한 경험은 다른 과제에서도 '나는 할 수 있다'는 믿음을 강화한다.
- 주위의 다른 사람이 과제를 성공적으로 해내고 목표를 달성한 모습을 보면서 '나도 할 수 있다'는 믿음을 가질 수 있다.
- 주위 사람들에게 능력 있다는 칭찬을 듣고, '그래 난 할 수 있어'라고 반복적으로 말한다.

2) 로버트 앤서니(2010). p.78. 재구성.

- 자신의 심리상태에 따라 분위기를 조절하면서 긍정적인 기분을 유지하도록 노력한다.

자존감을 세우는 일은 목표뿐 아니라 인생 전체를 받쳐주는 토대이다. 낮은 자존감은 '자기인식'의 문제로서 자존감이 낮은 사람은 자신의 가치와 능력을 낮추어 판단한다. 자존감을 회복하기 위해 부정적인 습관을 버리고 좋은 습관을 기르도록 노력해야 한다.

워크시트

1. 학업 행동 자신감 테스트[3)]

학업 자신감 척도를 통해 자신이 대학 학업에 어느 정도의 자신감을 느끼고 있는지 알아본다.

다음과 같은 문장에 대해 얼마나 자신감이 있는가? 1: 매우 자신 없다. 2: 자신 없다. 3. 보통이다. 4: 자신 있다. 5. 매우 자신 있다.	
1. 나는 개별적으로 혼자할 때 효율적으로 공부할 수 있을 것이다.	1 2 3 4 5
2. 나는 시험 볼 때, 내가 할 수 있는 최고의 결과를 얻을 수 있을 것이다.	1 2 3 4 5
3. 나는 과제 마감일을 지키기 위해 업무량을 잘 조절할 수 있을 것이다.	1 2 3 4 5
4. 나는 수업에서 A를 받을 수 있을 것이다.	1 2 3 4 5
5. 나는 과제에서 요구하는 기준에 맞게 과제를 작성할 수 있을 것이다.	1 2 3 4 5
6. 나는 대학에 적합한 작문 스타일로 글을 작성할 수 있을 것이다.	1 2 3 4 5
7. 나는 한 번에 시험 · 평가에 통과할 수 있을 것이다.	1 2 3 4 5
8. 나는 적절한 공부 일정을 계획할 수 있을 것이다.	1 2 3 4 5
9. 나는 학기 내내 학업을 잘하고자 하는 동기가 충분한 상태일 것이다.	1 2 3 4 5
10. 나는 어려운 강의를 수강할 수 있을 것이다.	1 2 3 4 5

위 질문에 대한 답변을 합산한다. 그리고 그 점수에 따라 다음과 같이 학업 자신감 정도를 평가할 수 있다.

- 10–25 학업 자신감이 부족하다. 잘 할 수 있을 거라는 자신이 없는 상태이다.
- 26–40 학업 자신감이 충분하지 않다. 자신의 학업능력에 대한 믿음이 조금 더 필요하다.
- 40–50 학업 행동 자신감은 무엇보다 '성적'과 '공부'에서 나온다. 열심히 공부해서 원하는 성적을 받을 수 있다는 학업 자신감이 충분하다.

3) Sander & Sanders(2006)에서 수정 · 보완하여 재구성.

2. 마이너스 사고 측정 테스트[4)]

다양한 상황에서 다음과 같은 생각을 전혀 하지 않으면 1, 자주 하면 5를 선택하세요.

다음 문장을 읽고, 1~5중에서 선택하세요.

1	2	3	4	5
전혀 하지 않다	하지 않는 편이다	보통이다	하는 편이다	자주 하는 편이다

1. 이 일은 나에게 맞지 않는 일이다.	1 2 3 4 5
2. 이 일은 나보다 다른 사람이 더 잘할 것이다.	1 2 3 4 5
3. 자격요건이 높아 나는 이 직업/일을 하지 못한다.	1 2 3 4 5
4. 나이나 신체조건 때문에 이 일을 하지 못한다.	1 2 3 4 5
5. 이번 일은 잘 안될 거 같은 기분이다.	1 2 3 4 5
6. 안 좋은 일은 또 일어나게 되어 있다.	1 2 3 4 5
7. 내가 하면 또 운이 없을 것이다.	1 2 3 4 5
8. 실패하면 다른 사람에게 폐가 될 것이다.	1 2 3 4 5
9. 실패하면 남들에게 창피할 것이다.	1 2 3 4 5
10. 이 일에 내 잘못은 없다.	1 2 3 4 5
11. 이 일이 잘못된 것은 다른 사람 때문이다.	1 2 3 4 5
12. 실패는 내 탓이 아니다.	1 2 3 4 5
13. 이 일은 나와는 관계없다.	1 2 3 4 5
14. 해야 할 일은 있는데 별로 흥미가 없다.	1 2 3 4 5
15. 이 일은 이렇게 해야 했는데 내 생각과는 다르게 됐다.	1 2 3 4 5
16. 이런 방식은 나에게 불공평한 것이다.	1 2 3 4 5
17. 이 일을 내가 왜 해야 하는지 모르겠다.	1 2 3 4 5
18. 내 방식이 아닌 다른 사람 방식으로 해서 마음에 들지 않는다.	1 2 3 4 5
19. 운이 나쁜 편이다.	1 2 3 4 5
20. 다른 사람의 참견으로 일이 잘 안 된 경우가 있다.	1 2 3 4 5

4) 구제 코오지(2016)에서 재구성.

총점: ____________

- 20-40 긍정적인 사고를 하고 있다.
- 40-60 긍정적인 사고를 하는 편이다. 부정적인 사고로 넘어가지 않도록 긍정적인 사고를 습관화하는 것이 좋다.
- 60-80 부정적인 생각을 약간 하는 편이다. 가끔 자신의 부족한 점에만 집중하다가 '나는 안돼'라고 생각할 때가 있고, 부정적 감정이 강해질 가능성이 있다.
- 80-100 부정적인 사고를 하고 있다. 무엇이든 안된다고 생각하는 무력한 사고가 강하고, 미래에 대해 늘 최악의 가능성을 예상하는 등의 부정적 확대해석을 많이 하는 경향이 있다.

3. 회복탄력성 테스트[5)]

다음 문장을 읽고, 1~5중에서 선택하세요.

1	2	3	4	5
매우 그렇지 않다	그렇지 않다	보통이다	그렇다.	매우 그렇다.

1. 목표를 달성하기 어려운 상황에서 잘못된 것을 바로잡기 위해 내가 할 수 있는 최선을 다한다.	1 2 3 4 5
2. 목표를 수행하는 데 있어서 내가 할 수 없는 것에 대해 걱정하기보다는 할 수 있는 것에 더 힘쓴다.	1 2 3 4 5
3. 비판을 개인적으로 기분 나쁘게 받아들이지 않는다.	1 2 3 4 5
4. 일반적으로 나는 목표를 긴 안목으로 바라보고 수행할 수 있다.	1 2 3 4 5
5. 나는 어려운 상황에서도 침착할 수 있다.	1 2 3 4 5
6. 나는 문제해결 방법을 잘 찾을 수 있다.	1 2 3 4 5
7. 나는 내가 걱정이 많은 사람이라고 생각하지 않는다.	1 2 3 4 5
8. 나는 갈등을 회피하는 편이 아니다.	1 2 3 4 5
9. 나는 상황에 끌려다니기보다는 상황을 제어하려고 노력하는 편이다.	1 2 3 4 5
10. 나는 내 직관력을 믿는다.	1 2 3 4 5
11. 나는 내 스트레스를 잘 조절할 수 있다.	1 2 3 4 5
12. 나는 내가 하는 일이 성공적일 것이라는 자신감이 있다.	1 2 3 4 5
13. 나는 어려운 일을 겪은 후에 빨리 회복하는 편이다.	1 2 3 4 5
14. 나는 작은 문제에 휘둘리는 편이 아니다.	1 2 3 4 5
15. 나는 토론이나 논쟁에서 다른 사람의 공격에도 감정을 잘 통제하는 편이다.	1 2 3 4 5

총점: ______________

- 15–35 회복탄력성이 발달하고 있는 단계. 긍정적으로 사고하는 연습이 많이 필요한 단계
- 35–55 회복탄력성이 어느 정도 자리잡고 있는 단계. 쉽게 포기하지는 않는 단계
- 55–75 회복탄력성이 높고 자신의 스트레스를 조절할 수 있는 단계

5) The Nicholson McBride Resilience Questionnaire(2020)를 짧게 재구성.

2. 열정과 변화

열정은 어떤 일에 대해 열렬한 마음을 가지고 열중하는 것을 뜻한다. 열정은 다른 사람 혹은 어떤 목표에 대한 깊은 몰입의 이미지를 떠오르게 한다. 흔히 연인 사이의 뜨거운 마음을 가리킬 때 사용되지만, 꿈을 이루기 위해 열심히 도전하는 사람들, 새로운 영역을 개척하려는 사람들, 자기 발전을 위해 밤낮으로 애쓰는 사람들을 묘사할 때도 우리는 열정이라는 단어를 자주 사용한다.

퍼트리샤 보버리와 마이클 크로스(2008)는 열정의 본질은 두 가지가 있다고 말한다. 하나는 재미, 즐거움, 열중과 같이 무엇인가 하는 순수한 환희와 흥분을 느끼는 것이고, 다른 하나는 의미, 중요성과 같이 무엇인가에 깊은 관심이나 의미를 두는 것이다. 자신이 하는 일을 열정적인 것으로 변화하기 위해서는 무엇보다 그 일이 재미있고 즐거워야 한다. 자신이 좋아하는 일을 찾고, 그 일을 하는 것은 열정적인 삶을 사는 방법이다. 그리고 작은 일이라도 자신에게 가치 있는 일에 시간을 투자할 때 사람은 즐거움을 느끼고 열중하게 된다. 자신에게 의미가 없는 목표는 지속적인 관심을 끌지도 못하고 열중하지도 못해 결국 목표성취에 실패하게 된다. 열정적인 일을 하는 사람은 어려운 환경에서도 정열적이고 집중력을 유지하면서 생기가 있다. 반면에 열정이 결핍된 일을 하는 사람은 생기가 없고 창의력과 관심이 부족하여 시간이 지나가기만을 바란다. 당신이 지금 하는 업무 혹은 당신이 수강하는 과목이 당신에게 중요하지 않고, 재미도 없다고 느껴진다면 당신은 그것에 열정을 쏟을 수 있겠는가? 당신은 자신이 처한 환경에서 그저 시간이 지나가기를 기다리며 일을 하는 것은 아닌가?

열정을 키우는 방법[6)]

- 잘할 수 있는 일에 모든 정성을 바쳐라.
- 성공할 수 있다는 확신을 가져라.
- 당신의 개성을 찾는다.
- 서로 도울 수 있는 다양한 사람들과 사귄다.
- 능력을 최대로 발휘하게 하려면 최선을 다한 후에야 결과를 기대할 수 있다.
- 다른 사람이 원하는 일에 관심을 가진다.
- 성취목표는 높을수록 유리하다.
- 실패는 누구에게나 있음을 상기시킨다.
- 예를 들어, 자극과 긴장을 준다.
- 함께 하는 일에 자부심을 느낀다.

열정과 관련하여 새롭게 떠오른 개념은 그릿(GRIT)이다. 미국의 심리학자이자 펜실베이니아 대학교 교수인 앤젤라 더크워스(Angela L. Duckworth)는 생애 목표와 같은 장기적인 목표를 수행하기 위한 끈기와 열정을 그릿이라 정의하고, 이것이 성공과 성취를 이끄는 데 결정적인 역할을 한다고 주장하였다. 특히 재능보다 노력의 힘의 중요성을 강조하면서 평범한 사람도 열정과 끈기로 노력하면 최고의 성취를 이룰 수 있다고 설명한다. 그릿은 몇 달 혹은 그 이상 걸리는 장기 프로젝트에서 노력과 흥미 둘 다를 유지하는 능력을 포함한다. 그릿이 높은 사람은 남들의 칭찬이나 격려가 없더라도 자신의 목표를 쉽게 바꾸지 않고, 열심히 도전하고, 역경에 처하고 실패하더라도 노력과 흥미를 지속한다(Duckworth et al., 2007). 그릿이 높은 사람은 목표 성취과정을 마라톤으로 생각한다. 마라토너가 완주하기 위해서 체력이 필요한 것처럼 목표를 성취하기 위해서는 노력과 흥미 차원에서의 활력을 유지하는 것이 중요하다.

생애 목표는 1, 2년 이내에 이룰 수 있는 것이 아니라 몇십 년 혹은 평생이 걸리기도 하고, 세부 목표들도 1년 이상의 장기간이 걸리는 경우가 많이 있다. 아무리 공들여 목표를 세운다고 하더라도 열정과 노력, 끈기 없이는 그 목표에

6) 메드세리프(2006)에서 인용.

도달하기 어렵다. 자신이 열정을 가질 수 있는 환경을 만들고 노력과 흥미를 유지하기 위한 긍정적인 사고를 갖는다면 자신의 비전과 목표에 다가갈 수 있을 것이다.

워크시트

4. 열정 질문지

1) 다음 질문을 읽고 답하세요.[7)]

■ 당신은 열정적인 사람인가? 남들은 당신을 열정적인 사람이라고 얘기하는가?
■ 당신이 진심으로 관심을 가진 것들은 무엇인지 전부 쓰세요.
■ 어떤 사물이나 사람에 대한 열정을 어떻게 경험하고 표현하는가? 혹은 하고 싶은가?
■ 당신의 삶에서 열정이 부족한 부분은 무엇인가? 그 이유는 무엇이라고 생각하는가?
■ 당신은 열정을 갖기 위해 노력을 한 적이 있는가? 있다면 그것은 무엇인가?

7) 퍼트리샤 보버리와 마이클 크로스(2008). p.85에서 재구성.

2) 자신이 하는 일 혹은 학업에 관하여 어떻게 느끼는지 잘 표현한 숫자를 1~10으로 표시하고 응답을 마친 후에 응답의 합을 적으세요.[8)]

1. 당신은 관심 두는 것에 대한 위험부담을 어느 정도 감수할 수 있는가?	
2. 지금까지 열정을 가질만한 일을 어느 정도 발견하였는가?	
3. 열정을 품은 대상을 성취하는데 필요한 능력을 갖추고 있는가?	
4. 자기 일에 관심을 높이고 열정을 갖기 위해 주위 환경을 어느 정도 창조하는가?	
5. 얼마나 지속적으로 자기 일에 관심을 두고 집중하는가?	

총합: ____________

열정의 핵심요소 (30-40 높음/15-29 보통/ 5-14 낮음)
- 높음: 자신의 일에 열정적일 것이다.
- 보통: 자신의 열정적인 일을 찾아보는 데 능동적일 필요가 있다.
- 낮음: 아마도 열정을 갖는 일을 하고 있지 않다.

8) 퍼트리샤 보버리와 마이클 크로스(2008). pp.58-59에서 질문지 재구성.

5. GRIT 검사[9)]

다음 문장을 읽고, 1~5 중에서 선택하세요.

	전혀 그렇지 않다	그렇지 않다	그런 편이다	그렇다	매우 그렇다
1. 새로운 아이디어나 프로젝트가 생기면 전에 하던 일에는 소홀해진다.	5	4	3	2	1
2. 역경으로 좌절하지 않고, 쉽게 포기하지 않는다.	1	2	3	4	5
3. 자주 목표를 세우지만 나중에 다른 걸로 바꾼다.	5	4	3	2	1
4. 열심히 일한다.	1	2	3	4	5
5. 프로젝트가 몇 달 이상 걸리면 계속 몰두하기 힘들다.	5	4	3	2	1
6. 뭐든 시작하면 끝낸다.	1	2	3	4	5
7. 관심거리가 해마다 바뀐다.	5	4	3	2	1
8. 나는 부지런하고, 절대 포기하지 않는다.	1	2	3	4	5
9. 어떤 아이디어나 프로젝트에 잠시 몰두하다가도 곧 흥미를 잃는다.	5	4	3	2	1
10. 중요한 일을 끝마치기 위해 어려움을 극복해 낸 적이 있다.	1	2	3	4	5

점수 합산: ______________ / 10 = ______________

합산 점수를 10으로 나눈 점수가 GRIT Score이다. 미국 성인 대표본을 분석한 바에 따르면, 3.8이 평균이고, 자신의 스코어가 평균 이상이면 높은 그릿을 가지고 있는 것을 의미한다.

Grit Score	2.5	3.0	3.3	3.5	3.8	3.9	4.1	4.3	4.5	4.7	4.9
%	10	20	30	40	50	60	70	80	90	95	99

9) Duckworth, A. L., Peterson, C., Matthews, M. D., & Kelly, D. R.(2007). p.1090에서 질문지 인용.

- 0–20% 그릿이 부족하다. 목표를 세우는 것부터 시작해야 한다. 그리고 최선을 다하도록 자신을 많이 다독여야 한다.
- 21–40% 약간의 그릿이 있다. 가끔 목표를 세우고 어느 정도 노력을 하기도 하지만 더 열심히 해야만 목표에 도달할 수 있다.
- 41–60% 어느 정도 그릿이 있다. 적절한 목표를 가지고 있고, 때때로 그 목표를 향해 열심히 노력하기도 한다. 노력을 지속하도록 애써야 한다.
- 61–80% 충분한 그릿이 있다. 보통 계획을 세우면 대부분 성취하지만, 역경이 닥치면 포기할 수도 있다.
- 81–99% 최대치의 그릿을 가지고 있다. 역경이나 시련이 있어도 결국 목표를 이룬다.

3. 작은 성공의 경험: 자신감과 열정 키우기

샤를 페팽(Charles Pépin, 2020)은 자신감은 실력과 더불어 실질적인 행위로 드러나는 것이라고 강조하였다. 즉, 무언가를 해내는 자신에 대한 믿음이 곧 자신감이므로 자신감을 가지기 위해서는 실력과 실질적인 성공이 있어야 한다는 것이다. 아주 작은 일의 성공이라도 거기에서 자신감이 솟고 작은 성공들이 더 큰 자신감이 되는 것이다. 샤를 페팽은 제한적인 자신감을 언급하면서 자신감을 제대로 드러내는 것이 중요하다고 지적하였다. 제한적 자신감이란 특정 분야나 일부에서만 자신감이 넘치고 그 외에는 자신감을 드러내지 못하는 것을 뜻한다. 심지어 자신이 숙달되고 잘하는 분야에서조차 자신감이 부족한 경우가 많다. 이에 대한 해결책으로 페팽은 즐기는 것을 강조한다. 즐기는 사람은 여유가 있고 실수해도 즐거움을 느끼기 때문에 금세 자신감을 갖는다는 것이다. 이 말은 결국 자신이 좋아하고 즐길 수 있는 분야, 자신의 잠재력을 발휘할 수 있는 분야에서 실력을 쌓는 것이 중요하다는 의미이다. 자신이 좋아하는 분야에서는 비록 한두 번 실패하더라도 금세 회복하여 다시 도전할 수 있는 회복탄력성을 높일 수 있다. 작은 도전에 성공하는 사람들은 어려운 상황에도 끊임없이 시도하고, 그 시도 중에서 일부를 성공으로 이끈다. 예를 들어, 대학교의 팀 프로젝트에서도 많은 어려움을 겪을 수 있다. 주제에 대한 어려움, 팀원과의 의견 차이, 발표 자료 제작 등 일상의 작은 문제들도 포기하지 않고 노력하여 성공적인 결과를 얻는다면 당신의 자신감도 자라나게 될 것이다.

> 언제나 여자가 끊이지 않는 남자가 있었다. 특별히 잘생기지도 않았고 재밌거나 똑똑한 것도 아니었던 그의 '인기비결'은 상당한 미스테리였다. 어느 날 내 친구가 그에게 늘 아름다운 여자가 끊이지 않는 비결이 뭐냐고 물었더니, 그는 의외로 쉽다면서 이렇게 말했다. 마음에 드는 아름다운 여성을 만날 때마다 데이트 신청을 하면 그중에 몇 명은 데이트에 응한다는 것이었다. 수많은 거절을 감수하고 그 대신 몇 번의 성공을 얻는 셈이었다. 여기서 우리는 아주 기본적인 교훈을 하나 얻을 수 있다. 적극적으로 움직여 수없이 시도하는 사람은 그저 앉아서 행운이 찾아오기만 기다리는 사람보다 성공할 확률이 훨씬 높다는 것이다.[10]

스탠포드 대학교 교수인 티나 실리그(Tina Seelig, 2010)는 야단법석을 떨어도 결과가 바뀌지는 않지만 그 결과를 좀 더 빨리 알 수는 있다고 하면서, 결과를 늦게 아는 것보다 빨리 아는 편이 낫다고 말한다. 결과를 빨리 알면 가능성이 없는 곳보다 성공할 가능성이 큰 곳에 좀 더 투자할 수 있다는 것이다. 실패가 두려워서 결과 알기를 미루기보다는 실패에 당당히 맞서는 것이 중요하다. 티나 실리그는 실패는 쓰라리더라도 그것은 배워나가는 과정이므로 당당히 맞서라고 충고한다. 실패를 뒤돌아보며 후회로 시간을 보내는 것은 도움이 되지 않는다. 실수나 실패의 경험은 성공의 토대가 될 수 있다는 것을 잊지 말아야 할 것이다.

10) 샤를 페펭(2020), p.132에서 인용.

워크시트

6. 자신의 실패 이력서와 성공 이력서 쓰기[11)]

살아오면서 겪은 작은 실패와 성공을 작성해 보세요. 자신의 실수를 돌아보면서 교훈을 얻고, 성공을 통해 자신감을 키울 수 있습니다.

실패 이력서
학업상의 실패와 그 이유
• 실패에서 배운 점
개인적인 실패와 그 이유
• 실패에서 배운 점

11) 티나 실리그(Tina Seelig, 2010). p.111.에서 재구성. 티나 실리그는 자신의 클래스에서 자신의 실패 이력서를 공개하였고, 이를 통해 교훈을 얻을 수 있을 거라고 주장하였다.

작은 성공 이력서

학업상의 성공과 그 이유

개인적인 성공과 그 이유

Chapter

09

적극성과 개척정신

1. 능력 향상을 위한 적극성

1) 적극적인 자세

적극성의 사전적인 의미는 긍정적이고 능동적으로 활동하는 성질이다. 자신의 의견이나 감정을 적절하게 표현하고, 필요한 일에 망설이지 않고, 원치 않는 일에 대한 의사 표현을 분명하게 드러내는 사람을 적극적이라고 한다. 남의 의견을 따르기만 하면서 책임지는 것을 회피하는 성향을 소극성이라고 한다면, 적극성은 자신의 의견을 표현하면서도 그에 대한 책임을 질 줄 아는 마음가짐까지 포함하는 것이다. 이는 자신의 의견을 내세우기 위해 상대를 위협하거나 큰 소리를 내는 공격성과는 다르다. 매사 나설 때와 나서지 말아야 할 때를 구분 못 하고 의견을 내거나 항상 자기주장만 내세우고 다른 사람을 이기려고 하는 것은 사회성과 사리분별력이 떨어지는 것이지 적극적인 것이 아니다.

수 해드필드(Sue Hadfield, 2012)는 적극성과 공격성, 소극성, 소극적 공격성을 다음과 같이 정리하고 있다.[1)]

- **적극성**: 다른 사람과 대화할 때 자신감이 있고 솔직하다. 비판에 적절히 대처한다. 다른 사람을 존중하고 남의 의견을 경청하며 문제가 있을 때 협상하고 협조한다. "~하는 것에 대해 어떻게 생각해?", "나는 ~하고 싶어", "나는 ~하는 것이 좋을 거 같아" 등과 같은 상대도 배려하는 표현 방식을 선호한다.
- **공격성**: 거만하며, 자신의 방식을 고집하고 억압적이다. 남을 비난하고 자기주장만을 밀어붙이려고 한다. "너나 해", "하지마", "당장 이렇게 해",

1) 수 해드필드(Sue Hadfield, 2012), pp.17-25에서 재구성.

"네 탓이야" 같은 무례하고 비난하는 표현을 사용한다.

- **소극성**: 자기 생각, 욕구를 억누르고 다른 사람의 필요와 욕구가 채워지길 바란다. 다른 이의 요구와 의견을 우선시하여 남의 뜻에 휘둘리고 부당한 대우에도 표현을 억누른다. 우물쭈물하거나 말끝을 잘 흐리고, "나는 못 해", "나는 괜찮아", "네 말을 따를게"와 같은 표현을 많이 한다.
- **소극적 공격성**: 표현과 행동 방식이 우회적이고 교묘하다. 자신이 원하는 바를 얻기 위해 다른 사람을 이용하거나 교묘히 조종한다. 못 들은 척 무시하거나 교묘히 남을 비꼬고, 책임지는 일은 회피하려는 특징이 있다. 투덜거리고 불평하며 "내가 뭘 잘못했어?", "이러면 절대 안 돼", "할 수 없어", "니가 그렇지 뭐"와 같은 표현을 많이 한다.

적극적인 사람은 스스로 판단하여 자신의 주장과 의견을 전달하고, 그에 대한 비판에도 흥분하거나 화내지 않고 적절하게 대처할 줄 안다. 남들의 비판이나 다른 사람과의 분쟁에 휘말리는 것을 두려워하지 않고, 결과에 기꺼이 책임을 진다. 반면에 공격적인 사람은 자신의 요구가 받아들여지지 않거나 부당한 대접을 받는다고 생각하면 쉽게 분노와 적개심을 드러낸다. 또한 자기중심적이고 다른 사람을 배려하지 않아 언행이 무례하며 남의 말에도 귀 기울이지 않는다.

성격이나 행동 방식은 어릴 때 확립되는 경우가 대부분이다. 적극적인 사람이 되려고 하지만 쉽지는 않은 일이다. 적극성의 중요성을 강조한다고 해서 자신의 성격을 바꾸거나 매사 적극적이어야 한다는 것이 아니라 언제, 어떤 상황에서 적극적이어야 하는지를 알고 행동해야 한다는 것이다. 적극성을 갖추려면 자신감이 있어야 한다. 앞장에서 보았듯이 자신감은 자아존중감(자존감), 자기효능감, 회복탄력성과 밀접하게 관련되어 있다. 즉, 적극성을 갖기 위해서는 자신이 무언가를 해낼 능력이 있다고 믿고, 자신의 가치를 긍정적으로 인정하며, 실패에 쉽게 좌절하지 않아야 한다. 자신감이 없는 사람은 자신의 목소리를 내는 것에 망설이고 자기 생각이 남에게 비웃음을 받을까 봐 걱정하고 움츠러든다. 자신이 상처받고 실패할지도 모른다는 두려운 마음은 자신감과 적극성을 떨어트린다.

2) 적극성을 떨어트리는 요인

적극적이지 않은 가장 큰 이유는 걱정과 두려움이다. 실패자처럼 보이거나 어리석은 사람처럼 보이는 것을 두려워하고, 거절당하거나 손해를 입거나 기회를 놓치면 어쩌나 걱정하다 미리 실망하고 포기하게 된다. 이런 일이 반복되면 무기력해지고 우울해져 적극성과는 더욱 멀어지게 된다. 걱정이 심한 경우 불안장애를 겪을 수도 있고, 사회활동을 피하려고 하며 창피를 당할까 매우 두려워한다. 적절한 두려움과 걱정은 앞날에 대비하고 자신을 보호해주며 위험을 피하는 데 도움이 되기도 한다. 하지만 대부분 걱정이 많은 사람은 앞날의 불확실성을 견디지 못하는 경우가 많고, 목표를 성취하기 위한 도전을 망설이거나 포기한다. 로버트 리히(Robert L. Leahy, 2007)는 다음과 같은 걱정은 걱정을 줄여주기보다는 악화시킨다고 지적하고 그런 습관을 버려야 한다고 주장한다.

걱정이 많은 사람들의 습관[2)]

- 주변 사람을 통해 확신과 안심을 구한다.
- 부정적인 생각을 억누르려고 노력하다가 오히려 더 집중하게 된다.
- 걱정거리와 관련된 정보를 수집하고, 부정적인 상황을 예상하려 한다.
- 끊임없이 확인하여 불안함을 줄이려 한다.
- 걱정을 만드는 불편한 상황을 피한다.
- 과음이나 과식 등을 통해 걱정을 잊는다.
- 지나치게 준비를 많이 한다.
- 문제를 끊임없이 반복해서 생각한다.
- 당장 확신을 느끼고 싶어 한다.
- 허무맹랑한 걱정이라는 것을 인정하지 않는다.

인간은 일상생활에서 발생하는 크고 작은 무수한 상황과 관련하여 늘 두려움을 품고 살아간다. 두려움은 인간이 누구나 가지고 있는 감정이지만 그 크기와 정도에는 사람마다 큰 차이가 있다. 예를 들어, 어떤 이는 외국인과 맞닥트려 서툰 외국어를 사용하는 것을 겁내지 않고 오히려 자신의 목표를 위해 그런 상황을 자주 접하려 노력하지만, 어떤 이들은 큰 두려움을 느끼고 회피하려 한다. 전자의 사람들은 해외에 나가지 않더라도 다양한 미디어를 통해 쉽게 접하는 타문화의 다양성과 개성을 배우고 이해하려 애쓰고 그것을 자신의 목표를 위해 적극적으로 활용한다. 그러나 후자의 사람들은 문화의 다양성과 다른 사고방식을 부정적이고 껄끄러운 대상으로 인식하여 거부감과 두려움을 느낀다. 로버트 앤서니(Robert Anthony, 2010)는 두려움을 "어떠한 노력에도 치명타를 날릴 만큼 파괴적인 감정(p.242)"이며, 자신이 만들어낸 허상이라고 정의한다. 두려움 중에서도 '실패에 대한 두려움'은 가장 강력한 두려움의 하나로서 쉽게 목표를 포기하거나 좌절하게 한다.

두려움을 극복하는 방법으로 로버트 앤서니는 '실행'과 '변화'를 중요하게 꼽는다. 실패에 관한 생각만 반복하면 실제로 실패하고 만다. 도전의 기회를

2) Robert L. Leahy(2007). p.44-60에서 수정 · 보완하여 인용.

가질 때마다 "내가 그렇지 뭐", "나는 안돼"와 같은 부정적인 사고에서 벗어나기 위해 무엇보다 실패와 대면할 수 있어야 한다. 무언가를 시도했을 때 있을 수 있는 최악의 상황을 가정하여 심리적으로 준비태세를 갖추는 것은 실패를 염려하는 것과는 다르다. 두려움을 피하지 않고 현재 주어진 순간에 집중하고 충실하게 주어진 일을 실행하는 것은 막연한 두려움을 이기는 좋은 방법이다. "두려움을 이기는 가장 좋은 방법은 두려워하고 있는 그 일을 하는 것이다(Robert Anthony, 2010, p.244)." '변화'는 차별화를 통해 이루어지는데 의식적으로 '지금과' 혹은 '남들과' 달라지기를 원해야 비로소 변화가 일어난다. 익숙한 일상에 안주한 사람들은 생활의 루트를 흔드는 작은 변화도 두려워한다. 그러나 올바른 변화를 거부하거나 피하지 않고 즐기는 것은 자신의 목표 성취를 위한 디딤돌이 된다. 새로운 경험을 기대하고 변화를 통해 얻을 수 있는 유익함에 집중하여 두려움을 극복할 수 있다.

적극적으로 목표를 추진하고 새로운 일에 도전하는 정신은 글로벌 시대에 필수적이다. 걱정과 두려움을 극복하지 못한 사람은 적극적인 삶을 살기 어렵다. 적극적인 사람이 되기 위해서 무엇보다 부정적인 사고를 버리고 긍정적인 사고를 갖는 것이 중요하다. 두려움과 마주쳤을 때, 자신을 옭아맨 상황의 진정한 이유를 찾아보고, 항상 선택의 주체는 자신이고 다른 선택을 할 수 있다는 것을 기억해야 한다. 하지만 부정적인 사고에 익숙한 경우, 긍정적으로 생각하려고 애써도 금세 부정적으로 돌아오기 때문에 긍정적인 사고를 유지하기 위한 훈련을 꾸준히 반복해야 한다. 수전 제퍼스(Susan Jeffers, 2019)는 부정적인 생각을 제거하기 위해 다음과 같은 방법을 제시하였다.[3)]

- 외부 환경 탓하지 않기
- 자기 자신을 탓하지 않기
- 문제의 본질을 파악하고 변화를 시도하기

3) Susan Jeffers(2019), pp.102-115에서 인용.

- 머릿속에서 떠드는 악마 다스리기(머릿속의 부정적인 생각에 귀 기울이지 않기)
- 두려움의 실제 파악하기
- 원하는 것을 찾고 행동으로 옮기기
- 매 순간 선택할 수 있었다는 사실 기억하기

적극성을 갖기 위한 태도[4)]

- 자신과 자기 일에 확신이 있다.
- 자신을 존중한다.
- 현실적인 기대를 한다.
- 다른 사람의 지지나 도움을 받는다.
- 자신의 가치를 안다.
- 남들이 자신의 말에 귀를 기울이고 존중한다.
- 자신에게 권리가 있다는 사실을 안다.

4) Sue Hadfield(2012), p.36에서 인용.

워크시트

1. 적극성 알아보기

자신의 행동 유형은 적극성, 공격성, 소극성, 소극적 공격성 중에서 어느 쪽에 해당한다고 생각하는가? 왜 그렇게 생각하는가?

자신의 행동 유형:
이유:

2. 다음 문장을 읽고, 자신의 적극성 정도를 1-10으로 적으세요.[5)]

1	2	3	4	5	6	7	8	9	10
매우 그렇지 않다									매우 그렇다

1. 친구에게 각자 먹은 밥값은 각자 계산하자고 이야기한다.	
2. 회원들끼리 서로 친한 동호회에서 모임에 빠진 사람의 험담을 할 때, 그 사람을 변호한다.	
3. 나는 약속이 있는데, 과제를 못 한 친구가 같이 해달라고 한다. 친구에게 '안 되겠어'라고 말한다.	
4. 몇몇 친구가 내 말에 상처를 받았다고 한다. 말도 안된다고 생각하지만, 사과하고 그들이 옳았다고 인정한다.	
5. 수업을 받고 있는데 몇 명의 학생이 계속해서 떠든다. 나는 개인적으로 교수를 찾아가 이 문제에 대해 신경을 써달라고 부탁한다.	
6. 여러 명의 친구와 식당에 갔다. 메뉴를 본 다음 가장 먼저 내가 먹고 싶은 것을 고른다.	
7. 자신에 대해 나쁘게 말하는 동기에게 가서 기분이 안 좋다고 말한다.	
8. 식당에 혼자 앉아 있는데 종업원이 나한테 신경을 안 쓴다. 그래서 그 종업원에게 주문을 받으라고 요구한다.	
9. 의사가 진찰하며 피해야 할 것을 말해준다. 의사의 말이 이해되지 않아 설명해 달라고 하면서 받아 적을 시간을 달라고 부탁한다.	
10. 가게 점원이 많은 구두를 보여주지만 어떤 것도 마음에 들지 않아 그냥 가게를 나온다.	
11. 물건을 주문했는데 제날짜에 오지도 않았고 나중에 하자까지 발생했다. 나는 주문처에 내가 원하는 것을 정확하고 분명하게 설명한다.	
12. 식당에서 아이들이 소리를 치며 뛰어다니고 의자 위에 올라가 뛰기도 한다. 나는 주인에게 그 아이들의 부모에게 주의를 주라고 말한다.	

총점: ______________

- 100점 이상: 자신을 표현하는 데 어려움이 없고 남에게 좌지우지되지 않는다.
- 60점 이상: 나쁘지 않으나 적극성을 높일 필요가 있다.
- 60점 이하: 적극성이 많이 부족한 상태이다. 내면의 두려움을 극복하고, 자신감을 키우기 위해 노력해야 한다.

5) Sue Hadfield(2012). pp.42-43에서 질문지 수정 · 보완하여 인용.

3. 두려움 테스트[6)]

다음 문장을 읽고, 1~5 중에서 선택하세요.

1 매우 그렇지 않다	2 그렇지 않다	3 보통이다	4 그렇다	5 매우 그렇다

1. 돈이 바닥날까 걱정이다.	1	2	3	4	5
2. 내 의견을 제대로 표현할 수 없을까봐 걱정이다.	1	2	3	4	5
3. 장래에 좋은 직업을 얻지 못할 거 같아 걱정이다.	1	2	3	4	5
4. 가족이 나에게 화를 내거나 내가 하는 일을 인정하지 않을까 봐 걱정이다.	1	2	3	4	5
5. 내 야망을 성취하지 못할까 봐 걱정이다.	1	2	3	4	5
6. 일을 정해진 기한 내에 끝내지 못할까 봐 걱정이다.	1	2	3	4	5
7. 돈 문제 때문에 휴가와 여행에 제한을 받을까 봐 걱정이다.	1	2	3	4	5
8. 집중력이 없는 것 같아서 걱정이다.	1	2	3	4	5
9. 필요한 물건들을 살 형편이 안될까 봐 걱정이다.	1	2	3	4	5
10. 불안한 기분이 들고 확신을 못 가질까 봐 걱정이다.	1	2	3	4	5
11. 각종 청구서를 결제하지 못할까 봐 걱정이다.	1	2	3	4	5
12. 내 생활 조건이 부적절할까 봐 걱정이다.	1	2	3	4	5
13. 목적 없는 삶을 살까 봐 걱정이다.	1	2	3	4	5
14. 열심히 일하지 않고 있을까 봐 걱정이다.	1	2	3	4	5
15. 다른 사람이 나를 인정하지 않을까 봐 걱정이다.	1	2	3	4	5
16. 안정적인 관계를 유지하는 것이 어렵게 느껴져서 걱정이다.	1	2	3	4	5
17. 일을 끝마치지 않고 놔두곤 해서 걱정이다.	1	2	3	4	5
18. 자신감이 부족해서 걱정이다.	1	2	3	4	5
19. 매력적이지 않은 것 같아서 걱정이다.	1	2	3	4	5
20. 바보처럼 행동할까 봐 걱정이다.	1	2	3	4	5
21. 친한 친구들을 잃을까 봐 걱정이다.	1	2	3	4	5
22. 많은 것을 성취하지 못하며 살아온 것 같아서 걱정이다.	1	2	3	4	5
23. 사랑받지 못하는 것 같아서 걱정이다.	1	2	3	4	5
24. 약속 시간에 늦을까봐 걱정이다.	1	2	3	4	5
25. 일을 하다가 실수를 해서 걱정이다.	1	2	3	4	5

6) Robert L. Leahy(2007). p.66에서 인용.

걱정 영역	질문 번호	점수	합계	총점
관계	4,16,19,21,23			
자신감 부족	2,10,15,18,20			
목표 없는 미래	3,5,8,13,22			
일	6,14,17,24,25			
재정(돈) 문제	1,7,9,11,12			

관계 5.7, 자신감 부족 10.2, 목표 없는 미래 9.5, 일 7.7, 재정 문제 7.1 이하는 만성적인 걱정을 가진 사람들이다. 총점으로는 40점 정도이다.

4. 긍정도 테스트[7)]

자신이 어느 정도 긍정적인 생각을 하고 있는지 간단한 테스트로 알아보세요. 다음 문장을 읽고 1부터 5중에서 선택하세요.

	전혀 그렇지 않다	그렇지 않다	보통 이다	그렇다	매우 그렇다
1. 나는 미래에 대한 신념이 있다.	1	2	3	4	5
2. 나는 내 삶에 만족한다.	1	2	3	4	5
3. 내가 필요할 때 나를 위해 옆에 있어 줄 사람들이 있다.	1	2	3	4	5
4. 나는 희망과 열정을 가지고 내 앞날을 기대하고 있다.	1	2	3	4	5
5. 전반적으로 나는 나 자신에게 만족한다.	1	2	3	4	5
6. 나는 자랑스러워할 만한 게 많다고 느낀다.	1	2	3	4	5
7. 나는 일반적으로 자신감이 있다.	1	2	3	4	5
8. 가끔 미래가 불투명하게 느껴진다.	5	4	3	2	1

총점: ______________

- 30– 40 현재 긍정적인 사고를 하고 있다. 긍정적인 사고를 유지하면 높은 자신감을 가지고 목표수행에 적극적일 수 있다.
- 17-29 약간의 부정적인 사고를 하고 있다. 부정적인 쪽으로 생각하지 않도록 긍정사고를 연습하는 것이 좋다.
- 8–16 부정적인 사고가 강하다. 이 수준이 오래 유지되면 목표를 설정하고 수행하는 적극성도 떨어진다. 부정적인 사고를 떨쳐내는 방법을 기억하고 실행하도록 노력한다면 충분히 달라질 수 있다.

7) Caprara, et al.(2012)에서 질문지 인용.

2. 적극적인 자세와 기회

긍정적인 생각을 하는 사람들은 일상생활에서 자신감과 적극성을 보이는 경우가 많다. 부정적인 사고와 긍정적인 사고를 말할 때 흔히 다음과 같은 예를 든다.

물이 반쯤 있는 컵을 보고, 어떻게 생각하는가?
물이 반이나 남았다.
물이 반 정도 차 있다.
물이 반밖에 안 남았다.

같은 상황에서 다르게 반응하는 것은 사고와 마음가짐의 차이 때문이다. 상황을 낙관적으로 바라보는 긍정적인 사람은 목표수행에서 어려움을 맞닥트려도 어려움 속에 희망을 찾는다. 그리고 그것은 적극적인 자세의 원동력이 된다. 국제화 시대에 자신의 비전과 목표를 위해 새로운 도전을 한다는 것은 자신의 가치와 능력을 믿고 열정적으로 나아가는 것을 의미한다. 자신이 할 수 있고 충분히 해낼 능력이 있다는 신념은 저절로 생기는 것이 아니기 때문에 이를 위해서는 당연히 자신을 꾸준히 발전시켜야 한다. 예를 들어, 국제기구 중 하나인 국제연합교육과학문화기구(UNESCO) 인턴 프로그램은 다양한 인재를 분야별로 모집한다. 전문적인 인턴은 대학원생과 연구직 등으로 제한되고, 1년 이내의 기간 동안에 업무를 보게 된다. 지원자에게 요구되는 것 중 하나는 언어능력으로 지원자는 사무국의 공식 언어인 영어와 프랑스어 중 하나에 능통해야 한다. 또 다른 국제기구 중 하나인 국제노동기구(ILO)의 인턴은 사회안전, 노동, 여성문제 등과 관련된 전공의 대학원생 과정의 학생들을 대상으로 한다. 이 역시 언어능력이 필수이고, 영어나 프랑스어 중 하나는 능통해야 한다.

국제 사회에 도전하고자 하다면, 자신이 원하는 분야의 전공능력뿐 아니라 의사소통을 위한 외국어 능력을 갖춰야 한다. 특히 국제기구의 경우 공식 언어인 영어, 프랑스어 외에 스페인어, 아랍어, 중국어, 러시아어가 가능하다면 더욱 좋다. 6대 언어는 세계의 절반 이상이 공식 언어로 사용하고 있으므로, 국제기구에서 공용어로 사용된다. 영어는 UN 전체 회원국 중에서 52개국, 프랑스어는 29개국, 아랍어가 24개국, 스페인어가 20개국, 러시아어가 4개국, 중국어가 중국본토, 싱가포르에서 사용되고 있다(이병주, 2011). 그렇지만 UN의 경우, 실무를 볼 때 사용하는 언어는 영어와 프랑스어이기 때문에 둘 중 하나는 사용할 줄 알아야 한다. 특히 영어는 UN의 제 1공용어이므로 반드시 사용할 줄 알아야 한다.

한국 학생들은 중등교육에서 외국어, 특히 영어를 필수로 배운다. 그러나 막상 간단한 영어를 사용하는 상황에서 다들 자신감 없는 모습을 보이고 적극적으로 나서기를 꺼리는 경우가 많다. 그 학생들의 대부분은 자신의 영어 실력이 부족하다고 인식하고 있으며, 남에게 부끄러운 모습을 보이게 되거나 망신을 당할까 두려워한다. 두려움은 사람을 움츠러들게 하고, 도전의 기회조차 얻기 어렵게 만든다.

요즘은 각종 번역기가 발달하여 해외여행을 다니며 간단하고 짧은 대화나 문장을 바로 번역하여 이해할 수 있다. 구글, 파파고 번역기 등의 수준도 초창기보다 월등히 높아져 구조가 복잡하지 않은 단문을 이해하는 데 무리가 없다. 심지어 유튜브의 자동번역기를 사용하면 문장번역보다는 많이 떨어지더라도 대강 이해할 수 있는 수준의 번역 서비스를 받을 수 있다. 이런 시대에 굳이 외국어를 배울 필요가 있겠냐는 질문을 던질지도 모른다. 하지만 우리가 언어를 사용한다는 것은 그 언어의 문화를 이해하고 사회적 특성을 이해하는 것까지 포함하는 것이다. 다른 사람이나 기술의 도움으로 커뮤니케이션하는 것은 번역과 메세지전달 과정에서 처리시간이 걸린다. 동시통역이라고 해도 내가 말하는 것과 동시에 번역되는 것이 아니라 내가 말하고 난 뒤 그것이 다른 언어로 번역되는 형태이다. 예를 들어, 봉준호 감독이 2020년 아카데미 시상식에 올랐을 때, 옆에 동시통역가가 함께 하였다. 관객 대부분이 영어를 모국어로 하는 사람들이었기 때문에 봉준호 감독이 한국어로 말을 하고 뒤이어 통역가가 영어로 번역하여 그의 메시지를 전달하는 것을 시상식을 본 사람들은 기억할 것이다. 훌륭한 통역이었기 때문에 당시 봉준호 감독의 수상 소감 만큼 당시 통역가 역시 화제가 되었을 정도이다. 하지만 여기에서 주목할 점은 봉준호 감독이 긴 내용은 통역가에게 맡겼지만, 짧지만 중요한 메세지는 자신이 영어로 직접 전달했다는 점이다. 그가 "That quote was from our great Martin Scorsese."라고 또박또박 말했을 때, 관객들은 모두 일어나 열렬히 환호하였다. 통역가의 통역도 훌륭하지만 메시지를 전하고자 하는 당사자가 직접 그 언어를 사용하여 전달했을 때의 효과는 훨씬 컸다. 더군다나 대화는 즉각적인 반응과 표현이 중요하다. 만약 번역기를 사용하여 대화를 한다고 하더라도 내 말이 번역되서 나오기까지 약간의 시간이 걸리고 음성은 번역기의 음성으로 전달된다. 당신이라면 각자의 음성으로 바로 의사소통이 가능한 사람과 대화를 선호하겠는가 아니면 번역기의 목소리를 통해서 번역 시간이 추가된 더 긴 대화를 선호하겠는가?

- 봉준호: 너무 감사합니다. 어렸을 때 제가 항상 가슴에 새겼던 말이 있었는데, 영화 공부할 때. "가장 개인적인 것이 가장 창의적인 것이다." 그 말을 하셨던 분이 누구였냐면... 책에서 읽은 거였지만.
- 통역가: Thank you so much. When I was young and studying cinema, there was a saying that I carved deep into my heart. Which is "The most personal is the most creative."
- 봉준호: 그 말은... That quote was from our great Martin Scorsese. so...

(열렬한 박수와 환호)

- 봉준호: 일단... 제가 학교에서 마틴 영화를 보면서 공부했던 그런 사람인데, 같이 후보에 오른 것만으로도 너무 영광인데, 상을 받을 줄 전혀 몰랐었고요.
- 통역가: When I was in school, I studied Martin Scorsese's films. Just to be nominated was a huge honor, I never thought I would win.
- 봉준호: 저의 영화를 아직 미국의 관객들이나 사람들이 모를 때, 항상 제 영화를 리스트에 뽑고 좋아하고 했던 우리 쿠엔틴 형님이 계신데 정말 사랑합니다.

• **통역가**: When people in the US were not familiar with my film, Quentin always put my films on his list. He's here. Thank you so much.
• **봉준호**: Quentin, I love you.

출처: Oscars(2020, March 11).

봉준호 감독도 학창 시절부터 영화에 자신의 열정을 쏟고 다양한 작품으로 실력을 닦았고, 작품 '기생충'에서 한국영화 최초로 아카데미 수상이라는 영광을 거머쥐었다. 적극적으로 자신이 존경하는 감독들에 대한 애정을 표현하고, 수상에 감사하는 모습은 시상식을 지켜본 전 세계인들에게 감동을 주었다. 시상 무대 위에서 그의 모습과 음성은 당당했고 자신감이 있었다. 충분한 실력을 갖추었기 때문에 그의 수상이 가능했다.

준비가 되어있지 않은 사람은 기회가 왔을 때, 그것이 기회라는 것조차 알지 못한다. 기회라는 것을 알아도 자신의 몫이 아니라는 걱정에 사로잡혀 결국 적극적으로 도전하지 못하고 포기한다. 자신이 충분한 실력을 갖추지 못했다는 것을 스스로 알기 때문이다. 결국 자신감은 실력에서 나오는 것이다. 그리고 실력은 강도 높은 연습과 자기계발을 통해 다져지는 것이다. 이는 단시간에 이뤄지는 것이 아니므로 인내가 필요하다.

1993년 미국 콜로라도 대학교의 심리학자 앤더스 에릭슨(Anders Ericsson)은 자신의 논문에서 어떤 분야의 전문가가 되려면 최소한 1만 시간 정도의 훈련이 필요하다고 주장하면서 이를 1만 시간의 법칙(10,000 hour rule)이라고 정의했다. 1만 시간은 매일 3시간씩 훈련할 경우 약 10년, 하루 10시간씩 투자할 경우 3년이 걸리는 시간이다. 1만 시간이 누구나 전문가가 된다는 것을 보장해 주는 것은 아니지만 그만큼의 시간과 노력이 필요하다는 것을 상징적으로 보여준다고 이해하면 될 것이다. 오랜 시간 꾸준히 인내하며 실력을 쌓은 사람들은 자신감이 있고, 적극적으로 자신의 비전과 목표를 추진한다. 국제화 시대에 자신의 목표를 진지하게 결정하였다면 인내를 가지고 실력을 키우는 것이 중요함을 잊지 말아야 할 것이다.

워크시트

5. 외국어 학습 능력에 대한 믿음과 자기효능감 알아보기[8)]

다음 문장을 읽고 1부터 5중에서 선택하세요.

1 매우 그렇지 않다	2 그렇지 않다	3 보통이다	4 그렇다	5 매우 그렇다

1. 외국어는 성인이 돼서 배워도 충분히 잘 할 수 있다.	1	2	3	4	5
2. 외국어를 배워서 그 나라에 여행하거나 유학하고 싶다.	1	2	3	4	5
3. 외국어를 열심히 배우면 나도 유창하게 말할 수 있을 것이다.	1	2	3	4	5
4. 외국인 친구를 사귀고 싶다.	1	2	3	4	5
5. 외국인과 대화가 막힐 때, 더 열심히 노력해야겠다는 생각이 든다.	1	2	3	4	5
6. 다양한 외국 문화를 경험하고 싶다.	1	2	3	4	5
7. 나는 외국어를 배우는 데 재능이 있다고 생각한다.	1	2	3	4	5
8. 외국어 영화를 자막 없이 보고 싶다.	1	2	3	4	5
9. 글로벌 시대에 외국어를 하는 것은 중요하다고 생각한다.	1	2	3	4	5
10. 외국어로 말할 때 틀리거나 실수해도 신경쓰지 않는다.	1	2	3	4	5
11. 외국어를 배우는데 시간을 투자하는 것이 아깝지 않다.	1	2	3	4	5
12. 나는 외국어를 잘 말하고 싶다.	1	2	3	4	5
13. 나는 외국 원어민 친구를 사귀고 싶다.	1	2	3	4	5
14. 외국어를 배우는 것을 내 목표 성취에 도움이 된다.	1	2	3	4	5
15. 외국어를 배울 때 원어민과 말해도 그다지 떨리지 않는다.	1	2	3	4	5

총점: ____________

8) Horwitz(1988)의 질문지 중에서 일부를 발췌하여 수정 · 보완함.

- 60–75 외국어 학습에 대해 긍정적인 태도를 보이고, 외국어 능력을 키우기 위한 동기와 자기 능력에 대한 자신감이 있다.
- 35–60 어느 정도 배우고자 하는 마음이 있으나 자신이 잘할 수 있다는 믿음을 가지고 꾸준히 실력을 키울 필요가 있다.
- 15–35 외국어 학습에 대해 부정적이고, 자신의 능력에 대한 자신감도 부족한 편이다.

3. 글로벌 시대의 도전

현재는 과거와는 다르게 집에서 전 세계의 문화를 보고 즐길 수 있고, 업무를 볼 수도 있는 시대이다. 특히나 전례가 없을 정도로 전 세계에 코로나19라는 전염병이 장기간 유행하고, 그로 인해 사람과 사람 간의 접촉을 피하는 '언택트'라는 개념이 새로이 등장하였다. 직접 대면하거나 다른 국가를 방문하기가 어려워지고 대신 온라인을 통해 업무를 보는 것이 일상이 되는 형태로 생활·문화적인 전환기를 맞이한 것이다. '언택트'는 영어 단어 contact와 부정과 반대의 의미를 갖는 영어 접두사인 un을 합성하여 만들어낸 신조어이다. 영어로는 non-contact가 맞는 표현이지만 우리에겐 신조어인 언택트가 익숙한 표현이다.

자신의 삶이 국제적인 것과 거리가 멀다고 생각하는 사람들이 많으나 실제 글로벌 공존 시대에 사는 우리의 삶 자체가 이미 국제적인 것과 많은 부분에서 밀접하게 관련되어 있다. 우리는 해외에서 발생한 질병으로 인하여 '언택트'를 강조한 일상생활을 오랜 기간 경험하였고, 아프리카 지역의 내전으로 인해 아시아 지역까지 난민이 이주하는 것도 매체를 통해 종종 접하고 있다. 이웃국가에서 발생한 황사나 미세먼지로 인하여 심한 대기오염을 겪는 것은 이미 오래되었다.

글로벌 시대의 공존이라고 하면 국제기구를 통한 활동이나 직업을 떠올리는 경우가 많다. 실제로 국제기구는 '글로벌' 단체로 어느 한 국가에 속하지 않고 다양한 국가의 사람들이 국적과 상관없이 참여하고 있는 조직이다. 국제기구는 국제기관, 국제조직, 국제단체라고도 불리며, 두산백과에 따르면 '조약에 입각하여 복수의 주권국가로 구성되어 일정한 목적하에 국제법상 독자적으로 존재하는 동시에 자체 기관에 의하여 독자적인 행동을 하는 조직체'이다. 국가를 구성단위로 하여 국가의 정부가 모인 조직을 '정부 간 기구(inter-governmental organization: IGO)'라고 하고, 각국의 정부가 아닌 국제적 민간단체가 참여한

기구는 '국제비정부기구(Non-Governmental Organization: NGO)'라고 한다. 일반적으로 국제기구라고 하면 UN(United Nations), 즉 국제연합을 가장 많이 떠올린다. UN은 하나의 체제로서 활동은 크게 평화유지활동, 군비축소활동, 국제협력활동 등으로 나누고, 체제 안에 5개의 주요 기관과 그 산하에 수십 개의 보조기구와 전문기구를 포함한다. UN 외의 다양한 국제기구는 **그림 9-1**을 참고하면 알 수 있다.

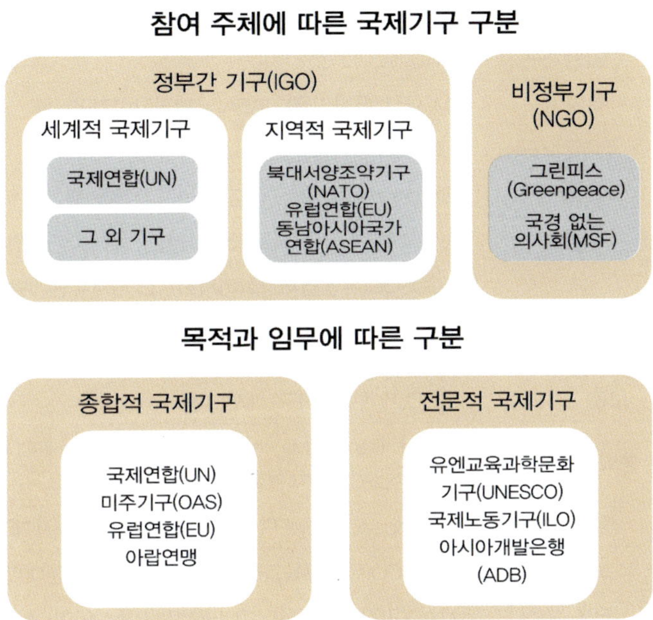

그림 9-1 국제기구 구분[9]

그림 9-1에서 볼 수 있듯이 정부 간 기구 내에서도 관할 범위에 따라 세계적 국제기구와 지역적 국제기구로 나뉜다. 세계적 국제기구의 대표적인 것이 UN이고 그 외에 ILO(국제노동기구) 등이 있다. 지역적 국제기구에는 북대서양조약기구(NATO), 유럽연합(EU), 동남아시아국가연합(ASEAN) 등이 있다. 또한

9) 이정은(2017). p.19에서 수정 · 보완하여 재구성함. 이정은은 국제기구와 UN의 집합 관계로 설명함.

설립 목적과 임무가 평화, 경제 · 사회 협력 등의 분야를 포괄하는 종합적 기구이냐, 특정 분야에 집중하는 전문적인 국제기구냐로 구분한다. 기구가 수행하는 기능이 인권이냐, 아니면 개발원조, 보건 및 의료, 통화 · 금융 · 무역, 환경보호냐에 따라 세분화하여 구분할 수 있다(표 9-1 참조). 이런 기능적인 측면을 보면서 자신의 전공과 관련된 분야를 참고할 수 있다.

표 9-1 분류기준

분류기준		국제기구
설립 목적	일반기구	UN
	특별기구	IMF(국제통화기금), IAEA(국제원자력기구) 등
참여 주체	정부간기구	UN, ILO(국제노동기구) 등
	비정부기구	Greenpeace, MSF(국경 없는 의사회) 등
수행 기능	인권	ILO, UNICEF, AI(국제사면위원회), UNHCR(유엔난민기구)
	개발원조	ECOSOC(유엔경제사회이사회), UNDP(유엔개발계획), OECD UNICEF(유엔아동기금), WFP(세계식량계획), IBRD(국제부흥개발은행) 등
	보건 및 의료	WHO(세계보건기구), MSF 등
	통화 금융 무역	World Bank, IMF, WTO(세계무역기구), IFC(국제금융공사), IRBD, OECD(경제협력개발기구) 등
	환경 기상	Greenpeace, UNEP(유엔환경계획), WMO(세계기상기구) 등
	교육 문화	UNESCO(유엔교육과학문화기구), UNU(유엔대학) 등
	교통 통신	ICAO(민간항공기구), ITU(국제전기통신연합) 등
	복지 거주	UNCHS(유엔인간거주센터) 등

출처: 이병주(2012). p.16. 재구성.

글로벌 시대에 국제기구에서 자신의 직업을 찾거나 거기서 경력을 쌓는 것은 큰 도전이 될 수 있다. 국제기구에서 도전할 마음을 먹었다고 해서 반드시 외교관이나 의사, 금융전문가가 될 필요는 없다. 자신의 전공이 무엇인지 고려하고, 자신이 정말 하고 싶은 일인지를 먼저 파악하는 것이 중요하다. 만약 직업 목표가 국제공무원이라면 자신이 진출하기 원하는 희망 분야가 무엇인지 자신의 전공이나 흥미와 관련된 분야가 있는지 알아봐야 한다. 국제공무원은 전문적인 대학원 학위와 폭넓은 경험을 요구하므로 지원 분야 업무와 관련된 민간기업, 정부기관, 공기업, NGO 등에서 경력을 쌓는 것이 유리하다. 그러나 국제기구 종사자가 모두 국제공무원으로 있는 것은 아니고, 다양한 분류의 사람들을 필요로 하므로 무엇보다 필요한 정보를 얻는 것이 중요하다.

표 9-2는 국제기구 종사자의 종류를 보여준다. 정직원에 해당하는 국제공무원은 공무를 수행하며 특권과 면제, 기타 수당과 다양한 혜택을 누리는 직원으로서, 그중에서도 전문직/고위직은 대부분 석사나 박사 학위자를 대상으로 채용이 이루어진다. 일반직과 관리직은 전문직과 고위직을 보조하면서 일반사무 및 행정보조 역할을 하는 자리이고, 현장 전문직은 현장에서 필요로 하는 업무를 수행한다. 일반직 · 관리직과 현장 전문직은 본부나 사무국이 아닌 현지에서 주로 채용한다. 여기에서 현지란 인력이 필요한 현장을 가리키고 현지 채용되는 경우, 국적이 외국인이어도 현지인처럼 대우받는다. 국가 전문직 채용은 해당 국가의 언어, 문화를 잘 알고 있는 인력을 필요로 하므로 대게 해당 국가의 국적 소유자가 선발된다. 선출직은 총회가 임명하는 사무총장과 사무총장이 임명하는 부사무총장, 사무차장 등을 가리킨다(이정은, 2017).

표 9-2 국제기구 종사자 종류

범위	직군
국제공무원	전문직/고위직
	일반직/관리직
	국가 전문가
	현장 전문가
	선출직
기타 직원	임시직
	인턴
	국제기구초급전문가(JPO)
	자원봉사자
	정부 파견 공무원
	전문가/개별 컨설턴트
	외부 위탁

출처: 이정은(2017). p.35.

기타 직원은 국제기구에서 일하지만, 국제공무원이 아닌 직원들을 가리킨다. 여기에 해당하는 직군은 임시직, 인턴, 국제기구초급전문가(JPO)와 영프로페셔널(YP), 자원봉사자, 정부 파견 공무원, 전문가 · 개별 컨설턴트, 외부 위탁 직원 등이다. 여기에서 주목할 부분은 인턴과 JPO이다. 국제기구 취업 중 대학 졸업생이나 사회 초년생이 경험을 얻기 가장 좋은 방법은 인턴십이나 수습직인 국제기구초급전문가에 지원하는 것이다. 국제기구의 인턴사원은 일반적인 회사의 수습사원이라고 보기는 어렵다. 대부분 무급인 경우가 많고 기간도 2~3개월 정도의 단기에 교통비 등의 경비도 지원받지 못한다. 그렇기 때문에 지원을 받기 위해서는 국가나 단체, 대학의 인턴 프로그램을 통하는 것이 좋다. 인턴을 했다고 채용된다는 보장은 없지만, 자신의 경력이나 취업을 위해 큰 도움이 된다.

대부분의 국제기구가 인턴 프로그램을 하고 있으나 지원 자격과 채용 절차는 국제기구마다 차이가 있다. 우리나라에서 다양한 인턴십과 단기계약직을 공고하는 UNESCO의 예를 들어보겠다. 다음 예시는 UNESCO한국위원회 홈페이지의 채용공고에 올라온 것이다.

2019년도 유네스코한국위원회 대학생 기자단 모집 공고[10)]

2019 유네스코한국위원회 대학생 기자단을 모집합니다!
유네스코는 교육, 과학, 문화, 커뮤니케이션 등 인류의 지적 활동 분야에서 국제협력을 통해 세계평화에 기여하는 유엔전문기구입니다. 유네스코한국위원회는 「유네스코 활동에 관한 법률」에 따라 설립된 기관으로 국내외에서 대한민국을 대표해 교육, 과학, 문화, 커뮤니케이션 분야에서 유네스코 활동을 펼치고 있습니다.
유네스코 및 유네스코한국위원회 활동과 언론/홍보/SNS 분야에 관심 있는 분들의 많은 지원 바랍니다.

– 모집요강 –

1. 지원자격: 유네스코 활동 및 언론/홍보/SNS에 관심이 있는 국내외 대학(원)생
   ※ 단, 활동기간 중 국내 거주자에 한함(발대식 등 월 1회 정기회의 참석 필수)
2. 선발인원: O명
3. 우대사항: 작문 능력이 뛰어난 자, 블로그/SNS 운영 경험자, 영상 제작 및 편집 가능한 자, 언론홍보/미술/디자인/일러스트/사진 등 전공자, 영어능력 우수자
4. 활동기간: 2019년 2월 ~ 11월(10개월)
   * 우수 활동자 중 희망자에 한해 최대 2년까지 활동 가능
5. 모집기간: 2019. 1. 7(월) ~ 1. 17(목) 자정까지
6. 접수방법: 유네스코한국위원회 홈페이지에서 지원서 다운로드 및 작성 후 이메일(news@unesco.or.kr) 접수
   * 메일 제목은 '유네스코한국위원회 대학생 기자단 지원_성명 OOO'으로 할 것)
   * 지원서에 본인의 SNS 활동 내역 필수 작성
7. 선발일정
   – 지원서 접수: 2019. 1. 7.~17.
   – 서류합격자 발표: 2019. 1. 21.
   – 면접전형: 2019. 1. 23.
   – 최종합격자 발표: 2019. 1. 24.
   – 임명식 및 오리엔테이션: 2019. 1. 28(잠정)

10) 2019년도 유네스코한국위원회 대학생 기자단 모집 공고.(2019). 유네스코한국위원회 홈페이지에서 발췌.

※ 면접 및 최종합격자 발표, 임명식 일정은 여건에 따라 변동될 수 있으며, 합격자에 한하여 별도 공지 예정

8. 대학생 기자단 활동 사항
   - 홍보 아이디어 제안 및 기획(월 1회 기획회의 참가 및 기획안 제출)
   - 유네스코한국위원회 관련 행사 참여, 취재
   - 유네스코 및 유네스코한국위원회 관련 SNS 콘텐츠 제작
   - 〈유네스코뉴스〉 게재용 기사 작성
9. 활동혜택
   - 수료증 지급(활동 완료 시)
   - 작성 기사가 〈유네스코뉴스〉에 게재될 경우 원고료 지급
   - 소정의 회의비/취재비 등 지원
   - 활동 수당 지급(매 2개월당 10만원)
10. 참고
    - 유네스코한국위원회 홈페이지: https://unesco.or.kr/
    - 월간 〈유네스코뉴스〉: https://www.unesco.or.kr/data/unesco_news/
    - 페이스북: www.facebook.com/unescokr
    - 인스타그램: www.instagram.com/unescokor/
    - 트위터: https://twitter.com/unescokr
    - 블로그: http://blog.unesco.or.kr/
11. 문의처

    유네스코뉴스 편집부: news@unesco.or.kr

    유네스코한국위원회 페이스북: https://www.facebook.com/unescokr

국제기구 수습직인 JPO는 만 32세 이하라면 도전해 볼 수 있는 프로그램으로서 외교부의 지원을 받으며 경험을 쌓을 수 있다. 외교부 국제기구인사센터 홈페이지의 JPO공고를 보고 지원할 수 있고, 국제기구가 직접 지원자들을 평가한다. YP의 경우 국내에서는 UNESCO로의 진출이 두드러지는데, 최근 지원 공고의 지원 자격에서는 학력 제한이 없고, 나이는 19세 이상 34세 이하면 지원할 수 있다.

2020년 국제기구 유급 인턴 모집 공고(산학협동재단 장학금 지원 사업)[11]

1. 산학협동재단(무역협회 출연기관)은 유급 인턴십 기회 제공으로 우리 청년들의 국제기구 진출 발판을 마련하고자 「국제기구 인턴십 장학금」 사업을 시행하고 있습니다.
   ※ 정부기관(외교부 및 기획재정부)은 국제기구 인턴 수요 파악, 파견 직위 협의 등 선발 지원

2. 이에 따라 국제기구에서 근무할 유급 인턴을 모집하오니, 관심 있는 분들께서는 붙임 공고 및 직무기술서를 참고하시어 2020.7.31.(금) 24:00까지 지원해 주시기 바랍니다.
   ※ 대한민국 국적자만 지원 가능
   ※ UNHCR(한국대표부)는 2020. 7. 24.(금)까지 서류 접수 마감

(지원서 접수처)
- 유엔교육과학문화기구(UNESCO) : Trainee2020.FEJ@unesco.org
- 유엔자원봉사단(UNV) : https://jobs.undp.org/cj_view_job.cfm?cur_job_id=92414
- 유엔난민기구(UNHCR) : admin@unhcr.or.kr

글로벌 시대의 글로벌 인재가 되기 위한 몇 가지 방법들을 살펴보았다. 도전정신을 가지고 과감히 국제기구의 다양한 프로그램과 인턴을 선택하여 지원하기 위해서는 앞장에서 보았던 자신감과 열정, 적극성이 필수일 것이다. 자신감을 바탕으로 적극적으로 목표를 향해 수행하는 것은 마음가짐만 가지고 되는 것은 아니다. 이를 위한 준비와 실력을 키우는 것은 자신의 가치를 높이는 가장 효율적인 방법 중의 하나이다. 공고를 보고 무턱대고 호기심으로 원서를 내보는 것은 적극적인 행위라기보다는 의미 없는 행위에 가깝다. 한 번에 수십 또는 수백 건의 지원서를 평가하는 채용 담당자는 준비 안 된 지원서를 단번에 걸러낸다. 의미 있는 지원서가 되기 위해서는 무엇보다 자신의 역량을 키우는 것이 중요하다. 그리고 다양한 문화에 대한 유연한 사고를 갖추었는지 일상 속의 문화 이슈들을 잘 처리할 수 있는지에 대한 것도 중요하다. 평생직장으로서는 아니더라도 국제기구에서 다양한 인종과 문화를 접하면서 경험을 쌓고 역량을 개발하기 위해 한 번 도전해보면 어떨까?

11) 2020년 국제기구 유급 인턴모집 공고(2020). 외교부 국제기구인사센터 홈페이지에서 발췌.

워크시트

6. 인턴 공고 찾기

1) 책에서 다루지 않은 국제기구 중에서 관심이 가는 곳을 골라 인턴, JPO, YY 등의 공고를 인터넷으로 찾아봅시다.

국제기구 명칭:
모집인원:
근무기간:
근무조건(무급/유급):
업무내용:
지원자격:
접수 방법:

2) 다른 학생들과 자신이 찾은 국제기구와 공고 내용을 공유하고, 왜 그곳에 흥미가 있는지 설명하세요.

1장 참고문헌

김상철. (2012). 글로벌 교양과 리더십. 한국외국어대학교 출판부.
유종현. (2010). 세계화와 글로벌 에티켓. 도서출판 한울.
이광수, 이수경. (2011). 한국인이 가장 많이 틀리는 TOP 70 영어실수 바르게 고치기. 다락원.
이은실. (2020). 제2 언어 습득과 외국어 학습. 서울 : 경문사.
한국학중앙연구원. (2007). 한국민족문화대백과. 외국어교육 항목 (https://terms.naver.com/entry.naver?docId=569028&cid=46615&categoryId=46615)

Aida, Y. (1994). Examination of Horwitz, Horwitz, and Cope's construct of foreign language anxiety: The case of students of Japanese. *The Modern Language Journal, 78,* 155-168.

Brown, H. D. (2007). *Teaching by Principles: An interactive Approach to Language Pedagogy* (3rd ed.). White Plains, New York: Pearson Education.

Cho, H. (2018). The Variation of Language Anxiety in Relation to Learner Variables and Language Performance. *Foreign Languages Education, 25, pp.1-22.*

EF Education. (2020). 국제화 시대에 언어능력이 핵심인 이유. https://www.ef.co.kr/blog/language

Ellis, R. (2015). *Understanding second language acquisition* (2nd ed.). Oxford, England: Oxford University Press,

Griffiths, C. (Ed.). (2008). *Lessons from good language learners*. Cambridge: Cambridge University Press.

Han, H. (2002). Otto Jespersen and the reform of English education in Denmark. *Language Research 38*(1), 365-384.

Horwitz, E. K. (1988). The Beliefs about Language Learning of Beginning University Foreign Language Students. *The Modern Language Journal, 72,* pp.283-294..

Horwitz, E. K., Horwitz, M. B., & Cope, J. (1986). Foreign language classroom anxiety. *The Modern Language Journal, 70,* 125-132.

KOTESOL International Conference. (2006). *A Catalogue of Errors Made by Korean Learners of English.* https://onlinepedagogy.wordpress.com/2009/08/11/a-catalogue-of-errors-made-by-korean-learners-of-english/

Lightbown, P. M. & Spada, N. (2013). *How languages are learned* (4th ed.). Oxford, England: Oxford University Press,

Liu, M. H., & Jackson, J. (2008). An exploration of Chinese EFL learners' unwillingness to communicate and foreign language anxiety. *The Modern Language Journal, 92,* 71-86.

Luo, H. (2013). Foreign Language Anxiety: Past and Future. *Chinese Journal of Applied Linguistics, 36*(4), 442-464.

Mansilla, B., & Jackson, A. (2013). *Educating for Global Competence: Learning Redefined for an World.* Solution Tree.

McWorther, J. (2004). *The story of Human Language. Chantily.* The Great Courses.

OECD. (2019). *PISA 2018 Assessment and Analytical Framework*, OECD Publishing.

Richard, O. (2020). Foreign Language Anxiety – *What It Is And 6 Easy Steps To Overcome. https://www.iwillteachyoualanguage.com/blog/foreign-language-anxiety*

The TOEFL® Family of Assessments. (2019). https://www.ets.org/toefl

Tsutsui, K. (2008). The analysis of intercultural misunderstanding. *Intercultural Forum, 1*(2).

UN (2015). Sustainable development goals. Retrieved from https://www.un.org/sustainabledevelopment/education/

University of Minnesota. (2019). *Overview of Error Analysis.* https://carla.umn.edu/learnerlanguage/error_analysis.html

2장 참고문헌

공공누리. 공유마당. 한국교육방송공사. (2017.11.30.). 세계테마기행_프랑스_풍경_식당2. [digital image]. https://gongu.copyright.or.kr/gongu/wrt/wrt/view.do?wrtSn=13059438&menuNo=200018

공공누리. 공유마당. 한국저작권위원회. (2018.10.10.). 비즈니스019. [digital image]. https://gongu.copyright.or.kr/gongu/wrt/wrt/view.do?wrtSn=13157591&menuNo=200018

공공누리. 공유마당. 한국저작원위원회. (2018.10.10.). 비즈니스021. [digital image]. https://gongu.copyright.or.kr/gongu/wrt/wrt/view.do?wrtSn=13157593&menuNo=200018

공공누리. 공유마당. 한국저작권위원회. (2018.11.19.). 신미식_해외_오세아니아_뉴칼레도니아_0455. [digital image]. https://gongu.copyright.or.kr/gongu/wrt/wrt/view.do?wrtSn=13147682&menuNo=200018

권경리, 한광종. (2014). 국제매너와 이미지메이킹. 백산출판사.

김상철. (2012). 글로벌 교양과 리더십. 한국외국어대학교 출판부.

김은겸. (2008). 대학생의 경조사매너교육에 대한 인식 연구. 성신여자대학교 문화산업대학원 석사학위논문.

네이버 영화. (2015.02.11. 개봉). 영화 <킹스맨 시크릿에이전트> 포스터. [digital image]. https://movie.naver.com/movie/bi/mi/basic.nhn?code=114249

네이버 지식백과. (2006.10.31). 글로벌 스탠더드. https://terms.naver.com/entry.nhn?docId=941318&cid=47333&categoryId=47333

뉴시스. (2011.5.19.). 샤카 손인사하는 오바마 대통령. https://news.naver.com/main/read.nhn?mode=LSD&mid=sec&sid1=104&oid=003&aid=0003862889

동아일보. (2010.3.12.). 좌빵우물'… 냅킨은 무릎에 한번 익히면 해외서도 당당. https://www.donga.com/news/Culture/article/all/20100311/26782245/2

매일경제. (2016.7.25.). 글로벌 인재 3대 특성 보편 · 다양 · 문제 해결력. https://www.mk.co.kr/opinion/columnists/view/2016/07/530535/

매일신문. (2011.6.16.). 우리에게 필요한 에티켓: 글로벌 에티켓 시대. http://news.imaeil.com/LifeAll/2011061614331516638

매경춘추. (2010.6.25.). 스마트한 글로벌 인재. https://www.mk.co.kr/opinion/contributors/view/2010/06/318549/

미디어인 뉴스. (2020.9.01.). 변화하는 SNS 예절과 매너. 우리는 어떻게 사용하나요?. http://www.mediainnews.com/news/articleView.html?idxno=10841

박용정 외. (2019). BTS의 성공요인분석과 활용방안. 현대경제연구원 경제주평, 통권842호, 1-15.

서울시 관광재단. (2020.6.30.). 이것만은 알고 타자! 한국 대중교통 매너. https://korean.visitseoul.net

서울신문. (2013.06.18.). 마크 저커버그. 허리 굽혀 깍듯…IT 거물들. 악수 예의도 가지각색. https://www.seoul.co.kr/news/newsView.php?id=20130618500031

세계일보. (2015.5.11). 매너가 사람을 만든다. 내 매너점수는?. http://m.segye.com/view/20150511003109

연합일보. 연합백과. 이슬람 베일. http://oh.yna.co.kr/publish/2016/05/02/YNO20160502186300039.html

오미영. (2013). 커뮤니케이션. 커뮤니케이션북스.

유종현. (2010). 세계화와 글로벌 에티켓. 도서출판 한울.

외교부. 의전과 의례. 자동차 탑승 이지 의전과 의례 중 자동차의 상석. [digital image]. http://www.mofa.go.kr/www/wpge/m_4061/contents.do#etiquette09

위키 미디어, 수리야 도나 바닉. (2010.4.13.). 군중 속에서 와이를 수행하는 늙은 여자. [digital image]. https://commons.wikimedia.org/wiki/File:Old_woman_performing_a_

wai_in_a_crowd.jpg#/media/%ED%8C%8C%EC%9D%BC:Old_woman_performing_a_wai_in_a_crowd.jpg

위키 트리. (2015.3.6.). 세계 각국의 독특한 인사법 10가지. https://www.wikitree.co.kr/articles/210052

이인경. (2015). 인파워&서비스이미지메이킹. 백산출판사.

장순자. (2015). 서비스매너. 백산출판사.

조영대. (2018). 글로벌 에티켓과 매너. 백산출판사.

중앙일보. (1996.5.26.). 샬롬! 샬롬!. https://news.joins.com/article/3273069

코트라 국가정보. (2020.10.26 검색). https://terms.naver.com/list.nhn?cid=44634&categoryId=44634

하와이언 항공. (2020.10.26 검색). 샤카의 기원. https://www.hawaiianairlines.co.kr/hawaii-stories/culture/origin-of-the-shaka

한겨레. (2013.4.29.). 쉿. 벨소리 민폐 걱정 뚝…스마트폰의 품격. http://www.hani.co.kr/arti/economy/it/585121.html

한국경제. (2018.9.28.). 글로벌 인재가 갖춰야 할 세 가지 조건. https://www.hankyung.com/economy/article/201809285377a

한국대학신문. (2020.9.14). 가상공간이 교실이 된 현실. 온라인 에티켓 이렇게 지키자. https://news.unn.net/news/articleView.html?idxno=234599

한국산업인력공단. (2016). NCS 직업기초능력. https://www.ncs.go.kr/th03/TH0302List.do?dirSeq =121

한국일보. (2020.8.29.). 멋진 한글 있는데…한자 경조사 봉투 바꾼 성제훈 농진청 대변인. https://www.hankookilbo.com/News/Read/A2020082809440003631?did=GO

효성그룹사보. (2014.3.11). 글로벌 인재란. 글로벌 역량을 갖추고 원칙을 지키는 사람!. 효성타운3월1호(통권 74호). https://blog.hyosung.com/1381?category=619562

홍미화 외. (2010). 글로벌 에티켓 교육. 교육과학기술부.

pixabay. (2017.10.4.). 헌화. [digital image]. https://pixabay.com/images/search/%ED%97%8C%ED%99%94/

pmg 지식엔진연구소. (2017). 시사상식사전. 박문사. https://terms.naver.com/entry.nhn?docId=5953145&cid=43667&categoryId=43667

3장 참고문헌

공의식 외. (2005). 새로운 일본의 이해. 다락원.

김현주 외. (2012). 중동의 사회 · 문화적 배경에 따른 무슬림 여성패션 연구. 디자인연구 통권 101호, 25(2). 147-156.

대학 내일. (2018.11.27). 외국인 유학생들이 말하는 문화 충격 7. https://univ20.com/94076

오마이 뉴스. (2019.10.14.). 인류 역사상 가장 친환경적인 주거 형태.

http://www.ohmynews.com/NWS_Web/View/at_pg.aspx?CNTN_CD=A0002577025&CMPT_CD=P0010&utm _source=naver&utm_medium=newsearch&utm_campaign=naver_news

오마이 뉴스. (2020.10.14). 자유 결혼은 먼 풍문. 인도의 굳건한 '카스트제도'. http://www.ohmynews.com/NWS_Web/View/at_pg.aspx?CNTN_CD=A0002684025

오익근. (2015). 글로벌 문화와 관광. 백산출판사.

우문호 외. (2006). 글로벌시대의 음식과 문화. 학문사.

위키미디어. 중국에서 온 피터 모건(Peter Morgan). (2005.02.06.). Chinese 새해의 poetry.jpg. [digital image]. https://commons.wikimedia.org/wiki/File:Chinese_New_Year%27s_poetry.jpg

위키미디어. 테이크 아웃. (2009.4.14.). 송크란 002aa.jpg. [digital image]. https://commons.wikimedia.org/wiki/File:Songkran_002aa.jpg

위키미디어. Nesnad. (2017.5.). AmishFarmer-May2017.jpg. [digital image]. https://commons.wikimedia.org/w/index.php?curid=59362196

조선뉴스프레스. (2015.2.3.). 중국은 왜 福자를 거꾸로 붙이나. http://pub.chosun.com/client/news/viw.asp?cate=C03&nNewsNumb=20150216561&nidx=16558

조선닷컴. (2014.7.14.). 세계의 특별한 결혼 문화. http://danmee.chosun.com/site/data/html_dir/2 014/07/09/2014070902961.html

최영민 외. (2014). 관광과 세계문화. 백산출판사.

충북인 뉴스. (2009.12.2.). 한국과 베트남의 서로 다른 금기사항들. http://www.cbinews.co.kr/news/articleView.html?idxno=60847

프레시안. (2015.10.15.). 중국 갈 때 '녹색 모자'를 쓰지 마세요!. https://www.pressian.com/pages/articles/130447

한국학중앙연구원. (2004). 한국향토문화전자대전. 금기. https://terms.naver.com/entry.nhn?docId=2600254&cid=51884&categoryId=53390

허브 줌 라이프 데일리. (2018.10.29.). 결혼하는 모습도 가지각색인 나라별 독특한 결혼문화. https://hub.zum.com/daily/33491

JTBC뉴스. (2018.9.17.). 몽골에서 누군가의 발을 밟았다면…. http://news.jtbc.joins.com/article/ article.aspx?news_id=NB11697948

pixabay. (2017.03.26). 중국결혼식. [digital image]. https://pixabay.com/ko/photos/%EC%A4%91%EA%B5%AD-%EA%B2%B0%ED%98%BC%EC%8B%9D-%EA%B2%B0%ED%98%BC%EC%8B%9D-2546373/

4장 참고문헌

국가인권위원회. (2003). 한국사회의 인종차별 실태와 인종차별 철폐를 위한 법제화 연구.

매일경제. (2009.2.3.). 평화와 탐욕의 두 얼굴 국제분쟁.

장성인. (2020). 세계시민. 풀빛.

한겨레신문. (2020.8.13.). 유엔 인권기구들 '차별금지법 제정' 한 목소리.

21세기연구회. (2018). 한눈에 꿰뚫는 세계민족 도감. 이다미디어.

토니 블래킷. (2019.4.17.). 인종차별과 편견에 맞서는 여섯 가지 방법. Amnesty International NZ. https://amnesty.or.kr/28540/

한국국제협력단. https://www.koica.go.kr/

United Nations. https://sustainabledevelopment.un.org/

OECD. (2019). DAC 29개 회원국 ODA 잠정통계.

ODA 정보포털. (2020). http://www.oda.go.kr/opo/masc/mainPage.do

Scheme of Sustainable Development. (2006).

United Nations Conference on Environment and Development. (1992).

5장 참고문헌

김명광. (2020). BTS의 온라인 한국어 교육 영향도에 대한 일고 -미국 지역을 중심으로. 국제어문, 85, 9-34.

김미라. (2008). 리얼리티 데이트프로그램 시청이 데이트와 이성관계에 대한 시청자인식에 미치는 영향에 관한 연구. 한국언론학보, 52(2), 353-377.

김정덕, 모경환. (2011). 문화성향과 다문화 감수성 관계 연구. 교육문화연구, 17(3), 193-226

데니스 맥퀘일. (1990). 매스커뮤니케이션 이론 (오진환 역). 나남.

두안페이린, 김성민, 이훈. (2020). K-POP 영상물은 방한의도에 영향을 미칠까? - AIDA 모델을 중심으로. 관광학연구, 44(1), 179-200.

삼성경제연구소. (2010). 아이돌 그룹이 이끄는 신한류시대. SERI 경영노트, 76, 삼성경제연구소.

송지원. (2018). 스웨덴, 노르웨이, 덴마크의 육아휴직제도 및 사용실태. 국제노동브리프, 18년 1월호, 65-72.

래리 A., 사모바 외. (2015). 문화 간 커뮤니케이션 (이두원 외 역). 커뮤니케이션북스

리자 뷔르츠바허. (2018). 한국 다문화 TV프로그램이 대학생 시청자의 다문화 감수성에 미치는 영향 - JTBC<비정상회담>을 중심으로. 서울대학교 대학원 석사학위논문.

우형진. (2008). 텔레비전 시청자의 다이어트 행위의지에 영향을 미치는 요인들 간의 구조적 관계 연구. 한국방송학보, 22(6), 290-326.

원티흐엉양, 조미나, 차재빈. (2020). 한류문화 콘텐츠이미지가 자아일치성 및 문화전이, 한국제품 구매의도에 미치는 영향: 베트남 현지 소비자를 중심으로. 한국관광학회 국제학술대회 발표집.

이규림. (2011). 유아교사의 다문화 감수성, 다문화교육 이해 및 태도의 관계: 다문화교수 효능감의 매개효과. 전남대학교 대학원 박사학위논문.

이창호, 정의철. (2010). 다문화사회 대중매체의 사회통합적 역할 탐구: 다문화정책 담당자 및 다문화방송 제작자 인식분석을 중심으로. 한국방송학보, 24(5), 370-414.

이현정, 안재웅, 이상우. (2013), 다문화 콘텐츠가 다문화 수용성에 미치는 영향에 관한 실증연구, 한국언론학보, 57(3), 34-57.

이호영 외. (2012). 디지털 한류와 트랜스미디어 시대의 문화정책방향. 정보통신정책연구원.

임선일 외. (2018). 초·중등학교의 다문화감수성교육 다양화 방안. 경기도교육연구원.

임선일 외. (2016). 경기도내 학생의 다문화수용성 지수 비교분석연구. 경기도교육연구원.

을마즈 제흐라, 이수범. (2020). 한류 콘텐츠에 대한 태도에 따른 한국의 국가이미지와 유학의도: 터키 여학생을 대상으로. 커뮤니케이션학 연구, 28(3), 139-161.

정연구 외. (2011). 뉴스미디어의 결혼이주여성보도가 수용자의 부정적 고정관념과 다문화지향성에 미치는 영향. 한국언론학보, 55(2), 405-427.

차나영. (2013), 다문화 프로그램 생산과정 연구: KBS<러브인아시아>의 다문화 가족 재현을 중심으로. 고려대학교 대학원 석사학위논문.

최정호, 강현두, 오택섭. (1990). 매스미디어와 사회. 나남.

한수진, 정진경. (2012). 초등학생의 다문화경험과 문화간 감수성의 관계. 한국아동권리학회, 16(1), 173-194.

행정안전부. (2020). 행정안전통계연보.

Bennett, C. I. (2007). *Comprehensive multicultural education: Theory and practice*(6th ed.).

Allyn & Bacon.

Bennett, M. J. (1993). Towards ethnorelativism: A developmental model of intercultural sensitivity, In R. M. Paige (Ed.), *Education for Intercultural Experience* (pp. 21-71). Intercultural Press.

Berry, J. W. (1980). Acculturation as varieties of adaptation, In A. M. Padilla (Ed.), *Acculturation: Theories, models and findings* (pp. 9-25). Westview.

Chen, Guo-Ming, & Starosta, W. J. (2000), The Development and Validation of the Intercultural Sensitivity Scale. *Human Communication*, *3*(1), 3-14.

Cortes, C. E. (2003). Knowledge construction and popular culture: The media as multicultural educator. In J. A. Banks & C. A. M. Banks (Eds.), *Handbook of research on multicultural education* (pp. 169-183). Jossey-Bass.

DeFleur, M. L., & Ball-Rokeach, S. J. (1982). *Theories of Mass Communication.* Longman.

Gerbner, G., & Gross, L. (1976). Living with television: The violence profile. *Journal of Communication, 26*(2), 172-199.

Gullahorn, J. T., & Gullahorn, J. E. (1963). An Extension of the U-Curve Hypothesis. *Journal of Social Science, 17,* 33-47.

Hall, E. T. (1976). *Beyond Culture*. Doubleday.

Hofstede, G. (2001). *Culture's Consequences: Comparing Values, Behaviors, Institutions and Organizations across Nations.* Sage.

Hofstede, G. (2011). Dimensionalizing Cultures: The Hofstede Model in Context. *Online Readings in Psychology and Culture, 2*(1).

Kohls, R. (1984). *The Values Americans Live By*. Meridian House International.

Lasswell, H. D. (1948). The structure and function of communication in society, In L. Bryson (Ed.), *The Communication of Ideas*. Institute for Religious and Social Studies.

Lustig, M. W., & Koester, J. (2006). *Intercultural competence: Interpersonal communication across cultures* (5th ed.). Pearson.

McDaniel, E. (2011). Crossing Cultural Borders: Intercultural Communication from the Interpretation and Translation Perspective. *Journal of Interpreting and Translation Studies*, *14*(2), 347-380.

Schneider, A. (2003), On 'Appropriation'. A Critical Reappraisal of the Concept and its Application in Global Art Practices. *Social Anthropology, 11*(2), 215-229.

6장 참고문헌

건강보험심사평가원. (2020). HIRA이슈; 인류와 함께 공존해 온 감염병.
기후변화연구실. (2017). 2014년 세계 이산화탄소(CO2)배출 현황과 구조변화 분석.
더스쿠프. (2020.8.12.). 탈세계화, '선택의 시간'이 앞당겨졌다.
브릿지경제. (2020.10.22.). 세계적인 공감을 얻고 있는 '2050 탄소제로' 방안.
산업통상자원부. (2020). 세계로 통하는 세상.
서울경제. (2020.8.13.). 지역의 여섯 번째 눈문, 대멸종 또 오나.
세계일보. (2020.7.28.). 탈세계화 · 국가주의 가속화… 문명사 바꿀 AC 시대 다가온다.
시사저널. (2020.10.17.).
연합뉴스. (2020.3.27). 코로나19 비상사태서 뭉친 G20; 세계경제에 5조달러 투입중.
에드워드 윌슨. (2017). 지구의 절반 (이한음 역). 사이언스북스.
오오마에 겐이치, 노규성. (2020). 2020-2022 코로나 쇼크 이후 세계의 변화 (박세정 역). 북스타.
윤지영. (2020). 글로벌 연대와 협력을 향해: 코로나19 사태를 맞이하며. VOICE, 4(1), TEPI
제레미 리프킨. (2020). 오늘부터의 세계 (안희경 역). 메디치미디어.
제프리 삭스. (2006). 빈곤의 종말 (김현구 역). 21세기북스.
지구촌빈곤퇴치시민네트워크 KOREA. (2020).
한국은행. (2020.7.). 코로나19 이후 경제구조 변화와 우리 경제에의 영향.
환경부 · 기상청. (2020). 한국 기후변화 평가보고서 2020.

Concern Worldwide · Welthungerhilef · IFPRI. (2019.10.). 2019년 세계기아지수.
IPCC. (2018.10.). Global Warming of 1.5℃.
UNCHA. (2020.3.). Global Humanitarian Response Plan COVID-19.
UNEP CLIMATE CHANGE SCIENCE COMPENDIUM. (2009).
World Bank. (2020.3.). East Asia and Pacific: Countries Must Act Now to Mitigate Economic Shock of COVID-19.

7장 참고문헌

김미희. (2020.8.26). '수원시 공유냉장고' 지속가능발전대상 대통령상. 이데일리. https://news.naver.

com/main/read.nhn?mode=LSD&mid=sec&sid1=100&oid=018&aid=0004722623

새천년개발목표(Millennium Development Goals). (연도미상). Doopedia. https://www.doopedia. co.kr/doopedia/master/master.do?_method=view&MAS_IDX=101013000879838

소냐 밀러. (2013). 당신이 마음껏 기적을 빚어낼 수 있도록 (이민정 역). 프롬북스.

손영우. (2014). 목표 설정 이론. 심리학용어사전. https://terms.naver.com/entry.nhn?docId=2070226&cid=41991&categoryId=41991

MBN. (2007.5.22.). 반 총장 “중앙아, 새천년 개발목표 달성 과제 많아”. 네이버 뉴스. https://news.naver.com/main/read.nhn?mode=LPOD&mid=tvh&oid=057&aid=0000058430

pmg 지식엔진연구소. (2017.6.16.). 지속가능한발전목표. 시사상식사전. https://terms.naver.com/entry.nhn?docId=3595806&cid=43667&categoryId=43667

Ames, C. (1992a). Achievement goals and the classroom motivational climate. In D. H. Schunk & J. L. Meece (Eds.), *Student perception in the classroom* (pp. 327-348). Lawrence Erlbaum Associates.

Ames, C. (1992b). Classrooms: Goals, structures, and student motivation. *Journal of Educational Psychology, 84*(3), 261-271.

Ames, C., & Archer, J. (1988). Achievement goals in the classroom: Students' learning strategies and motivation processes. *Journal of Educational Psychology, 80*(3), 260-267.

Benbunan-Fich, R., & Hiltz, S. R. (2004). Mediators of the effectiveness of online courses. *IEEE Transactions on Professional Communication, 46*(4), 298-312.

Berger, J. B., & Milem, J. F. (2002). The impact of community service involvement on three measures of undergraduate self-concept. *NASPA Journal, 40*(1), 85-103.

Bogue, R. L. (2005, April 25). *Use S.M.A.R.T. goals to launch management by objectives plan.* https://www.techrepublic.com/article/use-smart-goals-to-launch-management-by - objectives-plan/

Dweck, C. S., & Leggett, E. L. (1988). A social-cognitive approach to motivation and personality. *Psychological Review, 95*(2), 256-273.

Eggen, P., & Kauchak, D. (2004). *Educational psychology: Windows on classrooms* (6th ed.). Pearson Education Inc.

Eggen, P., & Kauchak, D. (2012). *Strategies and Models for Teachers: Teaching Content and Thinking Skills* (6th ed.). Pearson.

Elliot, A. J., & Church, M. A. (1997). A hierarchical model of approach and avoidance achievement motivation. *Journal of Personality and Social Psychology, 72*(1),

218-232.

Latham, G. P. (2003). Goal setting: A five-step approach to behavior change. *Organizational Dynamics, 32*(3), 309-318.

Li, D., & Tsai, C. (2020). An Empirical Study on the Learning Outcomes of E-Learning Measures in Taiwanese Small and Medium-Sized Enterprises (SMEs) Based on the Perspective of Goal Orientation Theory. *Sustainability, 12*(12), 1-23.

Locke, E. A., & Latham, G. P. (1990). *A theory of goal setting and task performance.* Prentice Hall.

Locke, E. A., & Latham, G. P. (1991). Self-Regulation through Goal Setting. *Organizational Behavior and Human Decision Processes. 50*(2), 212-247.

Locke, E. A., & Latham, G. P. (2002). Building a practically useful theory of goal setting and task motivation. *American Psychologist, 57*(9), 705-717.

Lunenburg, F. C. (2011). Goal-Setting Theory of Motivation. *International Journal of Management, Business, and Administration, 15*(1), 1-6.

Midgley, C., & Urdan, T. (2001). Academic self-handicapping and achievement goals: A further examination. *Contemporary Educational Psychology, 26*(1), 61–75.

Pekrun, R., Goetz, T., & Titz, W. (2002). Academic emotions in students' self-regulated learning and achievement: A program of qualitative and quantitative research. *Educational Psychologist*, *37*(2), 91-105.

Whitaker, B. G., & Levy, P. (2012). Linking feedback quality and goal orientation to feedback seeking and job performance. *Human Performance, 25*(2), 159-178.

8장 참고문헌

로버트 앤서니. (2010). 기적의 자신감 수업 (이호선 역). 청림출판.

메드 세리프. (2006). 찬스: 가둬두기엔 너무 아까운 내 인생의 일곱 가지 기회 (이동길 역). 서무한.

샤를 페펭. (2020). 자신감 단 한 걸음의 차이: 자신감을 끌어올리는 9가지 법칙 (김보희 역). 아이템하우스.

티나 실리그. (2010). 스무살에 알았더라면 좋았을 것들 (이수경 역). 엘도라도.

퍼트리샤 보버리, 마이클 크로스. (2008). 나의 일과 열정 그리고 행복 (나승일 역). 시그마프레스.

Bandura, A. (1977). Self-efficacy: Toward a unifying theory of behavioral change. *Psychological Review, 84(*2), 191–215.

Bandura, A. (1986). *Social foundations of thought and action.* New York: Prentice-Hall.

Bandura, A. (1993). Perceived self-efficacy in cognitive development and functioning. *Educational Psychologist, 28*(2), 117–148.

Bandura, A. (1997). *Self-Efficacy: The exercise of control.* W. H. Freeman.

Bandura. A. (2001). Social cognitive theory: An agentic perspective. *Annual Review of Psychology, 52*(1), 1–26.

Bandura, A. (2006). Toward a psychology of human agency. *Perspectives on Psychological Science, 1*(2), 164–180.

Damon, W., & Hart, D. (1982). The development of self-understanding from infancy through adolescence. *Child Development, 53*(4), 841-864.

Duckworth, A. L., Peterson, C., Matthews, M. D., & Kelly, D. R. (2007). Grit: Perseverance and passion for long-term goals. *Journal of Personality and Social Psychology, 92*(6), 1087–1101.

Duckworth, A. L., & Quinn P. D. (2009). Development and Validation of the Short Grit Scale (Grit–S). *Journal of Personality Assessment, 91*(2), 166–174.

Resilience Questionnaire. (2013). http://www.crowe-associates.co.uk/wp-content/uploads/2013/01/Resilience-questionnaire-PDF.pdf

Sander, P. (2009). Current developments in measuring academic behavioural confidence. *Psychology Teaching Review, 15*(1). 32-44.

Sander, P., de la Fuente Arias, J., Stevenson, K., & Jones, T. (2011). A validation of the Academic Behavioural Confidence Scale with Spanish psychology students. *Psychology Learning and Teaching. 10*(1), 11-24.

Sander, P., & Sanders, L. (2006). Understanding Academic Confidence. *Psychology Learning and Teaching , 12*(1) 29-39.

Sander, P., & Sanders, L. (2009). Measuring academic behavioural confidence: The ABC Scale revisited. *Studies in Higher Education, 7*(1), 19-35.

Sigmundsson, H., Haga, M., & Hermundsdottir, F. (2020). The passion scale: Aspects of reliability and validity of a new 8-item scale assessing passion. *New Ideas in Psychology, 56,* 1-6.

Twenge, J. M., & Crocker, J. (2002). Race and self-esteem: Meta-analyses comparing whites, blacks, Hispanics, Asians, and American Indians and comment on Gray-Little and Hafdahl (2000). *Psychological Bulletin, 128*(3), 371-408.

9장 참고문헌

국제기구. (연도미상). Doopedia. https://www.doopedia.co.kr/doopedia/master/master.do?_method=view&MAS_IDX =101013000724570

로버트 리히. (2007). 당신의 고민을 산뜻하게 정리하는 걱정 활용법 (서영조 역). 푸른숲.

로버트 앤서니. (2010). 기적의 자신감 수업 (이호선 역). 청림출판.

외교부 국제기구인사센터. (2020.6.25.). 2020년 제24차 국제기구초급전문가(JPO): 공개경쟁 선발시험 시행계획 공고. https://unrecruit.mofa.go.kr/new/jpo_ncre/jpo_ncre_notice_view.jsp

외교부 국제기구인사센터. (2020.7.6.). 2020년 국제기구 유급 인턴모집 공고(산학협동재단 장학금 지원 사업). http://unrecruit.mofa.go.kr/new/community/notice_view.jsp?seq=31335

유네스코한국위원회. (2019.1.7.). 2019년도 유네스코한국위원회 대학생 기자단 모집 공고. https://unesco.or.kr/introduce/careers_info_view/1417/page/20?

이병주. (2011). 도전 국제기구 취업. 리북.

이병주. (2012). 국제기구 취업가이드. 지식여행.

이정은. (2017). 나도 국제기구 간다!. 꿈결.

Caprara, G. V., Alessandri, G., Eisenberg, N., Kupfer, A., Steca, P., Caprara, M. G., Yamaguchi, S., Fukuzawa, A., & Abela, J. (2012). The Positivity Scale. *Psychological Assessment, 24(*3), 701-712.

Caprara, G. V., Castellani, V., Alessandri, G., Mazzuca, F., La Torre, M., Barbaranelli, C., Colaiaco, F., Gerbino, M., Pasquali, V., D'Amelio, R., Marchetti, P., & Ziparo, V. (2016). Being positive despite illness: The contribution of positivity to the quality of life of cancer patients. *Psychology and Health, 31,* 524-534.

Caprara, G. V., Eisenberg, N., & Alessandri, G. (2017). Positivity: the dispositional basis of happiness. *Journal of Happiness Studies: An Interdisciplinary Forum on Subjective Well-Being, 18*(2), 353-371.

Davey, C. L. & Tallis, F. (Eds.). (1994). *Worrying: Perspectives on theory, assessment, and treatment*. Wiley.

Oscars. (2020, March 11). *Bong Joon Ho wins Best Director.* Youtube. https://www.youtube. com/watch?v=ekMl5VHBH4I&ab_channel=Oscars

저자소개

■ 조혜원

이화여자대학교 영어교육학 박사
현) 극동대학교 교양대학 교수

■ 고영구

중앙대학교 경제학 박사
현) 극동대학교 글로벌경영학과/교양대학 교수

■ 김희진

성균관대학교 중어중문학 박사
현) 극동대학교 교양대학 교수

■ 이민주

서울대학교 언론정보학 박사
현) 극동대학교 언론홍보학과/교양대학 교수

글로벌시대 공존전략 개정판

초　판 1쇄 발행 / 2021년 2월 20일
개정판 1쇄 발행 / 2023년 1월 30일
개정판 2쇄 발행 / 2024년 8월 30일

공저자 / 조혜원·고영구·김희진·이민주
발행인 / 이　중　수
발행처 / **동　문　사**

서울특별시 서대문구 홍제원 1길 12
(홍제동 137-8)
Tel : 02)736-3718(대), 736-3710, 3720
Fax : 02)736-3719

등록번호 : 1974.04.27. 제9-17호
가격 : 20,000원

ISBN : 979-11-6328-505-2 (93370)
E-mail : dong736@naver.com
www.dongmunsa.com